W0062204

**BASTEI
LÜBBE**
TASCHENBUCH

Prolog

Einsamer geht es kaum. Siedlungen oder vereinzelt stehende Hütten – Fehlanzeige. Weit und breit kein Mensch. Nicht einmal weiße Kondensstreifen von Flugzeugen verwehen hier in den Luftströmungen der Atmosphäre. Fünf Tagesreisen sind wir von dem kleinen Indianerdorf entfernt, das an der Mündung des Rewa liegt, einem Zufluss des großen Stroms Rupununi. Im unteren Bereich des Flusses haben wir noch kleine Unterstände von Fischern gesehen. Irgendwann passierten wir dann aber die letzte menschliche Behausung, ohne uns dessen bewusst zu sein. Wir schippern nun tief durch die amazonisch geprägte Wildnis von Guyana. Und sind ganz auf uns allein gestellt.

Das Knattern der Motoren unserer hoffnungslos überladenen Kanus dringt schon lange nicht mehr in unser Bewusstsein. Schleife um Schleife lassen wir hinter uns und winden uns den Fluss hinauf. Kilometer für Kilometer. Wir haben die Boote durch Stromschnellen gezogen und sie, um mehrere Wasserfälle zu umgehen, sogar weite Strecken durch den dichten und unwegsamen Dschungel ziehen und schleppen müssen.

Flussaufwärts bedeutete dann bergaufwärts. Das alles ist zu einer zeitraubenden und kräftezehrenden Angelegenheit ausgeartet. Und genau das macht den Unterschied aus: Denn wo der Fluss die einzige Verbindung zu anderen darstellt, sind die Menschen darauf angewiesen, dass er auch schiffbar ist. Kein Wunder also, dass hier zwischen all den Stromschnellen und Wasserfällen niemand wohnt. Wir sind mitten in der unberührten Natur angekommen. Und genau das war unser Ziel. Hier müssen sie einfach sein. Hier hindert sie niemand daran, zu kolossalen Ausmaßen heranzuwachsen: Anakondas, die größten Schlangen der Welt.

Die Große Anakonda kommt nicht nur in den Gewässern Amazoniens einschließlich der Orinoko-Region vor, sondern ist bis weit in den Süden Brasiliens, Paraguays und Boliviens beheimatet. Wenn auch keine Unterarten existieren, so ist es doch offensichtlich, dass sich die Schlangen regional unterscheiden. In den Überschwemmungssavannen von Venezuela werden sie nicht so groß wie in den Flüssen tief im Dschungel. Heftig wird darüber spekuliert, warum das so ist.

Als Biologe kann ich schwerlich dem Reiz widerstehen, in die unberührte Wildnis vorzudringen, in der die Tierwelt den Menschen nicht kennt und ihm noch unbekümmert gegenübertritt. Wo sonst wäre es möglich, einen natürlichen Bestand zu erfassen? Als Anakonda-Experte ist es zudem eine euphorisierende Gelegenheit, sich auf die Spuren von Anakondas von außergewöhnlichem Kaliber zu begeben, um die Hintergründe ihres Riesenwuchses zu erforschen.

Während und nach meiner Promotion an der Uni Bonn über Systematik und Vorkommen der Anakondas hielt ich über 800 Anakondas in meinen Händen. Ein großes lebendes Exemplar über fünf Meter Länge war allerdings bisher nicht darunter. Größtenteils hatte es sich um konservierte Anakondas aus wissenschaftlichen Sammlungen von Naturkundemuseen in vielen Ländern Europas und Südamerikas sowie den USA gehandelt. Mehrfach habe ich in Südamerika Feldforschungen mit Blick auf die insgesamt vier Anakonda-Arten betrieben. Bis in ein entlegenes Gebiet ganz ohne menschliche Aktivitäten bin ich dabei noch nie gekommen.

Auf der aktuellen, ganz besonderen Expedition nach Guyana begleitet mich der Bonner Kollege Jörg. Er ist von Haus aus Ornithologe, also ein Vogelkundler, den insbesondere Raubvögel und alles Krähenartige faszinieren. Im letzten Moment hat er sich unserer Expedition angeschlossen. Dieses Abenteuer, diese einmalige Gelegenheit will er sich nicht entgehen lassen.

Ich kam schon nach kurzer Zeit nicht umhin, Jörg einen etwas speziellen Charakter zu attestieren. Er gehört zu der Spezies von Biologen, die sich das Philosophieren zu eigen gemacht haben. Jörg ist intelligent, aber eben auf seine Art. Er atmet einen Gedanken ein, zerpflückt ihn im Kopf, bis der ursprüngliche Sinn hoffnungslos verloren ist. Was dann aus ihm heraussprudelt, nötigt zum Nachdenken. Letztens noch begann er über das »Nichts« zu philosophieren, das vor dem Urknall herrschte. Dazu stellte er folgende Thesen auf:

- Aus dem »Nichts« kann nichts entstehen, was einem jeder Physiker bestätigen wird.
- Alles, was vor dem Urknall das »Nichts« war, ist demzufolge auch danach ein »Nichts«.
- Folglich sind wir selbst auch Teil des »Nichts« und also bei genauer Betrachtung nicht existent …

Er schließt seine philosophischen Exkurse am liebsten mit den Worten »Quod erat demonstrandum«, was zu beweisen war! Kurzum: Jörg ist ein wenig anstrengend. Und dies ist seine erste Expedition in den Dschungel Südamerikas.

Hintergrund unserer Expedition ist die fünfteilige Tierserie *Big Five Südamerika*, zu der wir unseren Teil beitragen. In Anlehnung an die »Big Five« Afrikas haben sich Filmteams aufgemacht zu den Andenbären, den Jaguaren, den Großen Ameisenbären, den Riesenottern – und eben den Großen Anakondas. Eine geniale Idee der Redakteure Bernd Strobel und Udo Zimmermann vom Bayrischen Rundfunk!

Auf Tierexpeditionen geschieht viel Spannendes und Unterhaltsames, während die Kamera nicht läuft oder keine verwertbaren Bilder liefert. Es sind vor allem die Tierfilmer und Biologen, die sich in der Wildnis den Tieren nähern, sie beobachten und ihnen manchmal näher kommen als beabsichtigt. Der Fernsehzuschauer sieht dann das Ergebnis, den fertigen Film. Er folgt gebannt den Berichten. Doch er erfährt nur wenig darüber, wie der Film oder bestimmte Szenen zustande gekommen sind. Dahinter verbergen sich oft abenteuerliche Geschichten voller Entbehrungen und Mühen, gelegentlich aber auch erheiternde Geschehnisse. Immer, wenn sich eine gute Gelegenheit bot, habe ich deshalb mit Biologen und Tierfilmern das Gespräch gesucht, und wir erzählten uns mit glänzenden Augen von heranpreschenden Flusspferden, beißwütigen Schlangen oder von den Tricks und Begebenheiten, die zu gelungenen Aufnahmen führten.

Wider Erwarten mussten dann auch Jörg und ich uns eine lange Nacht im Dschungel von Guyana um die Ohren schlagen. Wir lagen aber nicht im Tarnzelt auf der Lauer. Weit gefehlt. Wir bewachten eine riesige Anakonda! So hatten wir viel Zeit, uns von ganz außergewöhnlichen Begebenheiten zwischen Menschen und Tieren zu erzählen, von denen im Folgenden die Rede sein wird.

Brechen Sie also mit mir auf in die Wildnis. Fiebern Sie mit, und sehen Sie den unglaublichsten Begegnungen zwischen Tieren und Menschen entgegen!

1
Nachtwache mit Anakonda

Sie hat endlich Ruhe gegeben. Der vor mir liegende massige Leib atmet tief ein und aus. Ich denke, der mit schwarzen Punkten versehene, überdimensioniert wirkende Feuerwehrschlauch sammelt neue Kräfte. Das ist gut so, das ermöglicht es mir, mich in Ruhe auf meine Nachtwache vorzubereiten. Ich kippe viel zu viel Kaffeepulver und etwas Zucker in meinen Becher, gieße kaltes Wasser darüber und rühre um. Ich habe noch eine lange Nacht vor mir, in der ich es mir niemals verzeihen würde, einzuschlafen. Neben den dreibeinigen Campinghocker lege ich den neuen Roman von Frank Schätzing, nehme meinen Laptop auf den Schoß und klappe ihn auf.

Erst vor wenigen Minuten hat mich mein Kollege Jörg geweckt, damit ich die letzte Nachtwache übernehme. Mit einem Baumwollsack über ihrem Kopf liegt die Anakonda nun friedlich zusammengerollt vor mir. Am Abend war sie noch sehr unruhig und versuchte immer wieder, sich aus dem Staub zu machen. Es war nervenaufreibend für uns und kostete viel Kraft, diesen Koloss ein ums andere Mal in die Mitte unseres Camps zurückzuverfrachten.

Während ich mich einrichte, erzählt Jörg von den drei Stunden seiner Nachtwache. Die Riesenschlange wollte trotz des Baumwollbeutels mehrfach wegkriechen. Ich sinniere kurz darüber, wie geschlaucht der Schlauch vor mir wohl ist, und frage Jörg, wie er sie daran hindern konnte, ganz auf sich allein gestellt.

Er gähnt herzhaft und sagt: »Indem ich ihr die Hand auf den Kopf gelegt habe!«

Das Koffein wirkt noch nicht. Ich bin noch zu verschlafen, um einen möglichen Scherz zu erkennen, und plappere ihm verständnislos nach: »Du hast ihr also die Hand aufgelegt?«

. »Ja!«

»Und sie ist einfach liegen geblieben?«

»Ja.«

Ich schaue ihn an und kann immer noch keinen Witz ausmachen. Endlich lässt er sich zu einer Erklärung herab: »Die Anakonda spürte dann, dass ich noch da war, und hat es aufgegeben, sich verdrücken zu wollen.«

So einfach soll es sein, die riesige Schlange zum Bleiben zu bewegen? Ich bin mir noch immer nicht sicher, ob Jörg sich einen Scherz mit mir erlaubt: »Mach das mal vor, ich will das sehen!«

»So!«, sagt Jörg und legt seine Hand auf den Kopf der Schlange.

Die Schlange bewegt sich etwas, bleibt aber liegen. Das überzeugt mich – vorläufig.

»Und sie hat dabei nicht versucht zu beißen?«, frage ich.

»Nein.«

Ich bin erstaunt, aber nicht über die spärliche Reaktion der Schlange, sondern darüber, dass sich Jörg so kurzfasst. Derart wortkarg habe ich ihn noch nie erlebt. Allerdings habe ich auch noch nie um drei Uhr nachts mit ihm gesprochen. Es ist bestimmt die Müdigkeit, die ihn so einsilbig werden lässt. Das ist vielleicht auch gut so, denke ich.

Er wird sich gleich schlafen legen, und ich kann in Ruhe aufschreiben, was wir gestern alles erlebt haben. Nach Tagesanbruch werde ich ohnehin nicht dazu kommen, denn Hektik ist vorprogrammiert. Ich werde die Anakonda vermessen und wissenschaftlich untersuchen, während die Kameras auf uns gerichtet sind.

Ich spüle mehr von der etwas zähflüssigen Brühe in meinem Becher hinunter, um die Wirkung des Koffeins zu beschleunigen.

»Schmeckt's?«, fragt Jörg grinsend. Ich nicke, obwohl es nicht stimmt. Das war vielleicht ein Fehler, ich hätte besser den Kopf schütteln sollen, denn nun öffnet er die Dose und lässt Kaffeepulver in seine Tasse rieseln. Es ist eine fließende Bewegung, mit der er Wasser darüberkippt und umrührt. Er setzt sich neben mich auf einen Holzstamm. Das wird wohl nichts mit dem Schreiben, denke ich und behalte recht, denn nun werden seine Sätze länger.

»Du bist echt ziemlich verrückt, ausgerechnet mit diesen grottigen Ungeheuern wissenschaftlich zu kuscheln. Wenn mich meine Vögel mal zwacken, umarmen sie mich nicht gleich so heftig wie deine Anakondas.« Am Tag zuvor hatte er eine Ahnung davon bekommen, was passieren kann, wenn man einer großen Anakonda zu nahe kommt. Jörg spielt darauf an, dass Riesenschlangen ihre Beute umschlingen und erwürgen.

»Welcher Teufel hat dich bloß geritten, dich auf diese Viecher einzulassen? Was hast du dir eigentlich dabei gedacht, als du gestern zu der Anakonda ins Wasser gesprungen bist?«

»Ich hatte keine Zeit, darüber nachzudenken, es ging alles viel zu schnell«, antworte ich ausweichend.

»Wenn ich mir unsere Aktion von gestern durch den Kopf gehen lasse, hm, das war nicht nur leichtsinnig, das war ein atemberaubender Irrsinn! Was wäre passiert, wenn die Anakonda uns ernsthaft angegriffen hätte?«

Ich staune, Jörg wird nachträglich vom Wenn und Aber eines bestandenen Abenteuers geplagt. Darum geht es also, denke ich. Er will Absolution für seine ausgestandene Angst. Oder steht er unter Schock? »Das kann ich dir auch nicht sagen. Sicher, der Kampf hätte für uns weit schlimmer ausgehen können, wenn sie einen von uns gebissen und umschlungen hätte. Hat sie aber nicht. Darüber zermartere ich mir lieber nicht das Hirn.«

Wir schweigen jetzt beide und brüten vor uns hin.

Irgendwie hat Jörg mich angesteckt, denn nun beginne ich mich selber zu fragen, ob es zu verantworten war, dass wir uns gestern Hals über Kopf in ein gefährliches Abenteuer gestürzt haben. Und ich weiß, dass die Eindrücke des vergangenen Tages – so wie vergleichbare frühere – noch oft auf der Leinwand meines Kopfkinos abgespult werden ...

Von Anakondas gepackt

»Mit denen stimmt etwas nicht!« Es war Frühling 1995, als Professor Wolfgang Böhme diesen Satz zu mir sprach. Er ist Herpetologe und hat im Zoologischen Forschungsinstitut und Museum Alexander Koenig in Bonn eine der bedeutendsten Amphibien- und Reptiliensammlungen Deutschlands aufgebaut. Wenn mir jemand bei meinem Problem würde helfen können, dann er, zumal er der Betreuer meiner Diplomarbeit über die Reptilien Boliviens war.

Er hatte bereits eine scheinbar endlos lange Zeit auf die Fotos gestarrt, die ich ihm unter die Nase hielt. Seinen Kopf hielt er ein wenig schief, während sein viel gerühmtes fotografisches Gedächtnis arbeitete, wie immer schnell und präzise. Dass er diesen Satz von sich gab, war schon einmal gut. Ein Stein fiel mir vom Herzen. Ich hatte befürchtet, mich gnadenlos zu blamieren. Tief in den Eingeweiden des Museums hatte ich mich tagelang mit einem Problem herumgeschlagen: Ich brütete über den Fotos zweier Anakondas. Es war zum Mäusemelken, ich hatte die gesamte Fachliteratur aus der Bücherei des Museums durchgearbeitet, um immer wieder an denselben Punkt zu kommen: Es war mir einfach nicht möglich, die Anakondas zu bestimmen. Ich hatte die Fotos im Herbst 1994 für meine zoogeografische Diplomarbeit in Bolivien gemacht, mich dort aber nicht weiter mit den Riesenschlangen befasst. Woher hätte ich wissen sollen, was man alles nicht weiß? Ich hätte es nicht für möglich gehalten, welch immense Wissenslücken es bei diesen spektakulären Großreptilien bislang noch gab. Die Anakonda ist immerhin die größte Schlange der Erde!

Die beiden Exemplare hatten meinen Weg rein zufällig gekreuzt. Meine erste Anakonda lag mehrfach überrollt, blutig und zerquetscht im Straßenstaub. Ein überaus trauriger Augenblick im Leben eines angehenden Reptilienforschers. Ich hatte sie zunächst nicht einmal als Schlange wahrgenommen, als ich mit dem Jeep eine Vollbremsung machte, um nicht auch noch über den großen, langen Gegenstand auf der Piste zu brettern. Sie war etwas über drei Meter lang. Ich wusch ihr dann den Schmutz vom Kopf, legte sie schlangenförmig neben die Straße und schoss einige Fotos.

Ein paar Tage später bremste ich erneut abrupt ab. Emsige Tätigkeiten folgten: Ich riss die Tür des Jeeps auf und streifte mir im Hinauslaufen meinen Fanghandschuh für größere Schlangen über die Hand. Eine knapp zwei Meter lange Anakonda überquerte gerade die Piste. Fast hätte ich sie überfahren, beherzt griff ich nun zu. Natürlich wusste ich, dass Anakondas nicht giftig sind. Ich umfasste ihren Nacken, ihre Beißversuche blieben erfolglos. Stattdessen wickelte sie sich um meinen Arm und übte kräftig Druck darauf aus. Sie dankte mir mein Interesse, indem sie ein äußerst übel riechendes weißes Analsekret abließ. Noch lange nachdem ich die Anakonda wieder freigelassen hatte, hielt ich deshalb den Arm aus dem Fenster des Jeeps.

Damals konnte ich mir nicht vorstellen, dass diese zwei anscheinend gewöhnlichen Anakondas die Initialzündung zu meiner Doktorarbeit sein würden: Das Thema Anakondas hatte mich gepackt! Erst konnte ich es nicht fassen, dass weder die Verbreitung der einzelnen Arten annähernd erforscht war, noch, wie viele Arten überhaupt existieren. Die beiden Anakondas aus Bolivien stellten sich sogar als neue Art heraus.

Grundlagenforschung findet zum größten Teil in den Forschungseinrichtungen dieser Welt statt. Viele Fragestellungen in Bezug auf die Anakondas ließen sich jedoch nur beantworten, indem ich zu ihnen nach Südamerika reiste. Es ist, jenseits von Fachbüchern und Computern, immer diese unmittelbare Nähe zu ihnen in schlammigen Flüssen und Seen gewesen, die für mich den besonderen Reiz meiner Forschungsprojekte ausgemacht hat: Ich bin dann mitten unter ihnen im wilden Amazonien, hinterlasse meine Fußabdrücke in ihren schlangenförmigen Spuren, trinke das Wasser, in dem sie leben.

Der perfekte Platz

Das Prasseln des Regenschauers hat schlagartig aufgehört. Die Sonne taucht den Fluss wieder in gleißendes Licht. Wallende Dunstschwaden steigen jetzt aus dem feuchten Urwald auf und lassen die Umrisse der Bäume mehr oder weniger durchschimmern, je nachdem, wie weit sie von uns entfernt sind. Ich denke an die Dampfhölle des Planeten Jupiter. Allerdings ist die Stimmung friedlich und ruhig wie in einer Traumlandschaft oder einem verwunschenen Märchen. Bei Einsetzen des tropischen Regengusses hatten wir schnell an einer Uferböschung festgemacht und uns abwartend unter eine Plane gekauert. Als die Regenwolken ausgewrungen sind und nur noch letzte Nachzügler ins Wasser ploppen, luge ich unter der Plane hervor. Was ich erblicke, lässt mich einen tiefen Seufzer ausstoßen.

Ganz in der Nähe sehe ich eine Landzunge, die in samtenes Sonnenlicht gehüllt ist. Das Ufer ist halb mit einer angespülten Sandbank, halb mit einem kurz geknabberten Kräuterrasen bedeckt. Meistens sind es Wasserschweine, die das frische, zarte Grün am Wasserrand abweiden. Die wiederum sind ein begehrter Happen für größere Anakondas. Inmitten dieser einladenden Landzunge ist ein Baum ins Wasser gestürzt, von dem nur noch das Gerippe der dickeren Äste vom Stamm absteht. Lediglich seine ehemals obere Hälfte taucht in das Wasser ein. Besser geht es nicht. Da ist er, der optimale Platz. Es kann gar nicht anders sein, hier muss einfach eine Anakonda hausen. An einem solchen Ort fühlt sie sich wohl, ich weiß es genau, ich spüre geradezu ihre unsichtbare Präsenz.

Doch es ist keine Anakonda in Sicht. Entgegen jeder Wahrscheinlichkeit ist sie wohl ausgerechnet in diesem Augenblick ausgeflogen. Ich bin mir sicher, vor dem Regen war sie noch da. Bestimmt hat sie ausgerechnet jetzt eine Beute erspäht, der sie sich tauchend nähert. Wer will es ihr verdenken, dass sie sich einen gehaltvollen Happen holt, der ihr den Magen füllt? Anakondas sind an das Leben im Wasser angepasst. Sie schwimmen exzellent und können lange tauchen. Nasenöffnungen und Augen liegen wie bei den Krokodilen oben am Kopf, sodass sie kaum wahrnehmbar im Wasser lauern können. Am liebsten verdrücken sie Säugetiere, Reptilien und Vögel. Wenn sie noch klein sind, fressen sie aber auch schon mal Fische und Amphibien.

Vielleicht beobachtet sie uns ja, ohne dass wir es bemerken. An mir nagt der unrealistische Gedanke, dass dieser Situation eine besondere Pointe zugrunde liegt: Kaum, dass wir dann diesen Ort verlassen haben, wird eine gigantische Anakonda aus den Fluten an dem Baumstamm emporkriechen und sich hämisch grinsend in der Sonne aalen. Und es macht mir in diesem Moment wenig Mut, dass Anakondas nicht wirklich grinsen können.

Diese Art von Gedanken wird durch die Tatsache verstärkt, dass wir schon seit mehreren Wochen erfolglos nach Anakondas suchen. Mit Mick und Bill, die beide von Ureinwohnern abstammen, sowie Jörg bin ich längst viel weiter den Fluss im ehemaligen British Guyana hinaufgefahren, als ursprünglich geplant war. Zwei Boote inklusive Besatzung haben wir im Basiscamp zurückgelassen, einem Gebiet, in dem wir ursprünglich die Anakondas finden und filmen wollten. Mit nur einem Boot haben wir weitere Wasserfälle und Stromschnellen bezwungen. Wir sind seit einer gefühlten Ewigkeit auf dem Fluss unterwegs und haben keine einzige Anakonda gesehen. Das ist frustrierend. Tag um Tag haben wir die Ufer des Stroms mit unseren Blicken nach den Riesenschlangen durchforstet. Der Rücken eines jeden von uns meldet mittlerweile immer wieder das Bedürfnis nach einem weichen Sofa oder einer wohltuenden Massage an – vergeblich. Rückenlehnen sind ein Luxus, den unsere Boote nicht bieten.

Große Anakondas müssten doch nicht wie Nadeln, sondern wie Baumstämme im Heuhaufen zu entdecken sein, denke ich, mal wieder vor mich hin brütend. Ehrfürchtig betrachte ich den perfekten Platz, auf dem nur eines fehlt: eine fette Anakonda. Optimale Orte wie diesen hier habe ich schon viele gesehen – sehr viele. Und es schmerzt mich jedes Mal erneut, wenn sich wieder einmal keine Anakonda auf einem für die Kamera genialen Sitzplatz, wie ich ihn gerade vor mir habe, niedergelassen hat. Die schlangenlose Landzunge kommt mir vor wie eine sommerliche Blütenwiese ohne Schmetterlinge und Bienen oder wie die Serengeti ohne Gnu- und Zebraherden.

Wir sind ratlos. Seit Wochen fahren wir den Fluss entlang, ohne bisher auch nur die Spur einer Anakonda erblickt zu haben. Wir verstehen die Welt nicht mehr. Sollte es an der etwas verregneten Trockenzeit liegen? Oder kommen Menschen sogar bis in diese entlegene Gegend, Jäger vielleicht, die es auf die Häute der Anakondas abgesehen haben? Meine Hoffnung, eine intakte Anakonda-Population anzutreffen, sinkt von Tag zu Tag.

Die Liebe war noch nie ein leichtes Spiel

Eine intakte Population zur richtigen Jahreszeit. Das wäre der Hauptgewinn schlechthin! Dann könnten wir auch das unvergleichliche Liebesleben der Anakondas beobachten. Zunächst das Übliche: Die Weibchen dieseln ihre Umgebung mit einem verlockenden Liebesparfüm ein. Die Männchen können den Pheromonen nicht widerstehen und strömen in Scharen herbei. Dann aber wird es speziell: Sie alle schlingen sich um das viel größere Weibchen. Bis zu 15 Männchen sind in diesen Paarungsknäueln schon gezählt worden. Die Männchen versuchen sich in die für die Paarung richtige Position zu quetschen und die Konkurrenten wegzudrücken. Das sieht dann aus, als würden armdicke Spaghetti sich gegenseitig umarmen. Für das Weibchen ist das eine anstrengende Angelegenheit. Über vier Wochen kann dieses liebestolle Knäuel zusammenbleiben. Die Weibchen lassen sich dabei auf mehrere Männchen ein. Während ihrer Paarungszeit und Trächtigkeit fressen sie nicht. Nach der Geburt der kleinen Schlangen können sie daher bis zu 40 Prozent ihres ursprünglichen Gewichts verloren haben. Kein Wunder, dass die Weibchen anschließend schon mal ein Jahr mit der Fortpflanzung pausieren und Kräfte sammeln für die folgende Saison.

Auch die rudimentären Beine in Form von zwei beweglichen Spornen rechts und links der Kloake spielen bei der Paarung eine Rolle. Die Beckenknochen sowie die Oberschenkelknochen in den Spornen gelten als sicherer Beweis für die Abstammung der Schlangen von vierbeinigen Echsen. Die Männchen kitzeln und kratzen die Weibchen mit diesen Spornen bei der Paarung. Es wurde beobachtet, dass diese Stimulation die Weibchen dazu veranlasst, eine für das Männchen günstigere Paarungsposition einzunehmen. Wer weiß, vielleicht empfinden die Weibchen es weniger als Kratzen denn als erregende Massage, die sie empfänglicher werden lässt? Einer anderen Theorie zufolge soll das Bewegen der Sporne dazu dienen, die Spermapfropfen der Vorgänger zu entfernen. Vielleicht ist ja an beiden Hypothesen ein Funke Wahrheit dran.

Männchen suchen aktiv nach möglichst großen Weibchen. Der Vorteil liegt auf der Hand: Ein großes Weibchen kann mehr und größere Nachkommen produzieren. 81 junge Schlangen sind schon gezählt worden, denn Anakondas sind lebend gebärend. Aber auch die Weibchen sind aktiv an der Auswahl der Männchen beteiligt, denn sie positionieren bevorzugte Männchen an optimaler Stelle, indem sie diese mit ihrem Schwanz festhalten. Von anderen Schlangenarten ist bekannt, dass die Weibchen ihre Kloake verschließen können, wenn ein Männchen nicht gefällt. Das dürfte den Anakonda-Weibchen auch in den Kram passen. Immerhin bevorzugen sie größere Männchen. Warum aber sind dann die Männchen im Verhältnis zum Weibchen so viel kleiner? Größere Männchen haben doch einen Selektionsvorteil! Es muss also noch einen anderen Faktor geben, der die Größe der Männchen begrenzt. Dazu gibt es folgende These: Da größere Männchen versehentlich von kleineren für Weibchen gehalten und umschlungen werden, kommen diese nicht zum Zug. Daraus ergäbe sich ein Nachteil für zu große Männchen. Die optimale Größe hätte deshalb ein Männchen, das möglichst groß, aber immer noch klein genug ist, um nicht von den Konkurrenten versehentlich für ein Weibchen gehalten und umärmelt zu werden.

Wir verstauen die Plane, die uns vor dem Tropenregen geschützt hat, starten den Außenborder und legen ab. Sehnsuchtsvoll schaue ich zurück zu dem perfekten Anakonda-Platz, bis er hinter der nächsten Flussbiegung verschwindet. Monoton lärmen die Motoren, während wir erneut dem mäandernden Flusslauf folgen. Kehre um Kehre. Wenn wir nicht in der Mitte des Flusses fahren, hören wir die Wellen ans Ufer klatschen, die unser Boot verursacht. Das Kreischen der davonfliegenden Papageien verkündet unser Kommen schon lange im Voraus. Das stört uns aber nicht, schließlich können Schlangen nicht hören.

Anakonda-Flimmern

Plötzlich drosselt Bootskapitän Mick den Motor. Als wir die Ursache für den Halt erkennen, ist es wie ein Fieberschub, der uns für einen existenziellen Kampf pusht. Endlich haben wir sie entdeckt, die Königin der Seen und Flüsse Südamerikas! Ein kleines Stück voraus liegt eine Anakonda am Ufer. Ein gigantisches Prachtexemplar! Wir sind noch weit entfernt, doch je näher wir kommen, desto begeisterter sind wir: Sie ist exorbitant groß, eine monumentale Wuchtbrumme. Wir sind total aus dem Häuschen! Sie ist der Grund unserer Reise und das Ziel unserer Sehnsüchte. Der erhoffte Sechser im Lotto, und zwar mit Zusatzzahl. Jetzt müssen wir nur noch näher an sie herankommen, bevor sie in die Unsichtbarkeit des braunen Wassers entfleucht.

Unter Experten ist man sich einig, dass es besonders mächtige Exemplare der Großen Anakonda kaum noch in der Nähe von Menschen gibt. Im Gegensatz zu Säugetieren wachsen Reptilien zeit ihres Lebens. Insbesondere Riesenschlangen legen auch nach der Geschlechtsreife noch kräftig zu. Proportional zu ihrer Größe wächst leider auch die Angst der Menschen vor ihnen, ob nun begründet oder nicht. Der Mensch schafft sich seine Umwelt, und was er für gefährlich hält, wird ausgemerzt. In Mitteldeutschland hat er Wolf und Bär ausgerottet, in Südamerika tötet er die großen Anakondas.

An ihrer Größe erkenne ich sofort, dass es sich um ein Weibchen handelt. Männchen erreichen selten mehr als eine Länge von drei Metern, niemals jedoch die Größe des Weibchens, das wir aus vielleicht 50 Metern Entfernung sehen. Auch ist die Anakonda viel zu massig für ein Männchen. Weibchen wiegen ein Vielfaches der Männchen. Es heißt sogar, dass von allen Landwirbeltieren bei Anakondas der größte Gewichtsunterschied zwischen den Geschlechtern besteht.

Unser Prachtexemplar sonnt sich auf einer flachen, lehmigen Stelle unter einer steil abfallenden, bröckeligen Uferböschung. Direkt neben ihr stehen große Sträucher, deren teils unterarmdicke, überhängende Äste weit in den Fluss hineinragen. Das Geäst verdeckt sie teilweise, ihr Kopf ist für uns nicht zu sehen. Dieser schmuddelige Platz entspricht so gar nicht unseren Vorstellungen von einem perfekten Liegeplatz. Aber das ist jetzt vollkommen unwichtig.

Zunächst steuern wir die andere Seite des Flusses an. Hier beratschlagen wir, wie wir weiter vorgehen. Um die Situation besser einschätzen zu können, paddeln Mick und Bill zuerst langsam den Strom hinauf. Es geht darum, auszukundschaften, ob es möglich ist, vom Land aus an die Riesenschlange heranzukommen. Die beiden erklettern sodann die mehrere Meter hohe Uferböschung auf der anderen Seite und schleichen sich an die Anakonda heran. Die nimmt keine Notiz von unseren Scouts und bleibt zum Glück bewegungslos liegen. Nach ihrer Rückkehr fällt das Urteil der beiden Kundschafter eindeutig aus: »Keine Chance.« Die Anakonda wäre längst im Fluss verschwunden, bis wir die matschige Böschung bis zu ihrem Platz hinuntergeklettert wären.

Es ist bereits später Nachmittag, und in der Ferne braut sich erneut ein bedrohliches Gewitter zusammen. Es ist absehbar, dass sich in kurzer Zeit die dunkle Wolkenfront vor die Sonne schieben und sich wieder kühles Nass über uns ergießen wird. Ich denke an die alten Edgar-Wallace-Filme, bei denen gespenstische Gewitter ein Unglück ankündigen und die Spannung steigen lassen. Ist es ein Vorzeichen, das uns warnt? Wir haben indes keine Zeit, darüber nachzudenken, denn wir vermuten, dass die Anakonda bei Gewitter ihren Sonnenplatz verlassen wird.

Kurz diskutieren wir. Dann steht der Plan. Wir versuchen die Schlange vom Boot aus zu fangen. Das ist kritisch, da wir nur zu viert sind. Wir werden die Anakonda überraschen, indem wir ganz plötzlich mit dem Boot vor ihr erscheinen. So versperren wir ihr den Fluchtweg ins Wasser.

Ich werde alles daransetzen, ihr eine Seilschlaufe um den Kopf zu legen, die an einem Stock befestigt ist. Nach dem Zuziehen der Schlaufe wollen wir sie, Kopf voran, mit gemeinsamen Kräften ins Boot ziehen.

Bevor wir starten, bauen wir am Ufer gegenüber eine Kamera auf, richten sie auf die Anakonda und lassen sie laufen. Wir besteigen unser Boot und lassen uns bewegungslos abtreiben. Erst als wir aus dem Sichtfeld der Anakonda verschwunden sind, kreuzen wir den Fluss. Der Außenborder wird gestartet. Das knatternde Motorengeräusch ist nicht weiter problematisch, da sie uns ja, wie gesagt, nicht hören kann. Die Gehörknöchelchen werden im Schlangenschädel nicht mehr dazu verwendet, Schall weiterzuleiten, sondern dazu, das Maul noch weiter aufzureißen, um große Beute als Ganzes zu verschlingen.

Das Anakonda-Patt

Dicht am Ufer preschen wir zum Liegeplatz der Anakonda vor. Noch kann sie uns nicht sehen, da die ins Wasser hängenden Sträucher ihr die Sicht versperren. Was wird geschehen? Eine unerträgliche Spannung hat mich gepackt. Eine Art Lähmungszustand. Ähnlich muss sich ein Fußballer fühlen, bevor er zu einem spielentscheidenden Elfmeter antritt. Nur dass es sich bei ihm um einen Sport handelt, wir uns jedoch weit draußen in der Wildnis in wenigen Augenblicken auf den Kampf mit einer mordsmäßig großen Anakonda einlassen werden. Dann ist es so weit, die Anakonda taucht vor uns auf. Sie hebt sofort den Kopf in unsere Richtung und scheint verwirrt zu sein. Der Überraschungseffekt jedenfalls ist gelungen. Da ich vorne im Bug mit Stock, Seil und Schlaufe stehe, schaut sie in meine Richtung. Ihre Augen blitzen mich an. Es ist ihr anzumerken, dass sie beunruhigt ist. Ihre muskulösen Körperschlingen bewegen sich. Ich bin jetzt genau vor ihr, vielleicht einen Meter von ihrem Kopf entfernt. Das ist der Augenblick der Entscheidung, denke ich. So schnell wie möglich stoße ich den Stock vor, um die darunter hängende Schlaufe um ihren Kopf zu bugsieren. Als Nächstes bräuchte ich nur noch an dem Seil zu ziehen, und die Schlaufe würde sich fest um ihren Hals legen. Wir hätten sie, und könnten sie ins Boot ziehen. Doch Theorie und Praxis sind oft wie Feuer und Eis. So auch hier, denn die Anakonda reißt ihren Kopf blitzschnell nach hinten, die Schlaufe baumelt im Leeren. Hat sie geahnt, was ich vorhatte, oder war es der Reflex eines Raubtieres? Jedenfalls kann ich ihren Kopf vom Boot aus nicht mehr erreichen.

Die Anakonda wirkt durch unser störendes Auftauchen in ihrer unmittelbaren Nähe gereizt und zieht es vor, sich seitlich davonzumachen. Sie kriecht flott auf die ins Wasser hängenden Äste und Zweige zu. Schon taucht ihr Kopf ins trübe Flusswasser ein und verschwindet in der braunen Flut.

Dann traue ich meinen Augen kaum. Mick springt plötzlich in den Fluss und kämpft sich durchs Wasser ans Ufer vor. Er packt eine hintere Körperschlinge und stemmt sie in die Höhe. Selbst noch bis zum Bauch im Wasser stehend, reicht er uns das schuppige Reptil und schreit: »Nehmt den Schwanz und zieht sie ins Boot!« Sofort greifen sechs Hände gleichzeitig nach dem Reptil, und tatsächlich gelingt es uns in gemeinsamer Anstrengung, die Anakonda festzuhalten. Das Boot schwankt bedenklich und treibt etwas mit der starken Strömung ab. Wasser schwappt herein, als ein Teil des Anakonda-Körpers auf dem Bootsrand aufliegt. Das Boot ist aus Metall und würde sofort sinken, wenn es mit Wasser volliefe. Wir verlagern also schnell unser Gewicht auf die andere Seite, ohne die Schlange loszulassen.

Wir wollen die Anakonda ins Boot hieven, doch so leicht lässt sich diese gigantische Schlange nicht überwältigen. Sie ist Kraft pur und hat sich im Gewirr der Sträucher um dicke Äste gewickelt. Eine Pattsituation ist entstanden. Die Anakonda kann nicht flüchten, wir sie nicht ins Boot ziehen. Und wieder traue ich meinen Augen nicht, als Mick im Wasser in das Dickicht zu der Anakonda vordringt. Der ist ja komplett lebensmüde, denke ich. Er versucht sie von den Ästen zu lösen. Mick ist in Reichweite ihres Kopfes, der zunächst noch unter der Wasseroberfläche abgetaucht bleibt. Die Anakonda kämpft und will sich aus unserem Griff befreien.

Mick schafft es alleine nicht. Plötzlich sehe ich, wie er ins Wasser greift und angestrengt an seinem Bein hantiert. Die Anakonda hat eine Schlinge um sein Bein gelegt! Wenn sie ihn jetzt beißt, weitere Schlingen um ihn legt und ihn unter Wasser zieht, dann hat er ein ernstes Problem. Mick ist in großer Gefahr. Doch das Gesträuch vor mir ist viel zu dicht, als dass ich ihm direkt zu Hilfe kommen könnte.

Ohne nachzudenken, springe ich trotzdem auf der Flussseite ins Wasser, schwimme um das Boot herum und arbeite mich zu ihm in das Gestrüpp vor. Mir ist äußerst mulmig zumute, als ich unter zwei dicken Ästen hindurchtauchen muss, um zu Mick zu gelangen. Bei ihm angekommen, packen wir gemeinsam den sich windenden Körper und befreien mühsam sein Bein.

Das Haupt der Medusa

Plötzlich taucht der riesige Kopf des Reptils zwischen uns und dem Boot auf. Womöglich braucht die Schlange frische Luft. Ich weiß allerdings aus Erfahrung, dass Anakondas viel länger ohne Sauerstoff auskommen. Vermutlich will sie sich orientieren – oder sich aggressiver zur Wehr setzen. Dicke Regentropfen prasseln mittlerweile ins Wasser und erschweren der Anakonda die Orientierung. Doch sie hat mich entdeckt und starrt mich bewegungslos an. Dieser Moment von Angesicht zu Angesicht lässt mir das Blut in den Adern gefrieren. Ich verharre bewegungslos.

Schon mehrfach bin ich von Schlangen gebissen worden. Für die Psyche gibt es kaum etwas Schlimmeres als das panische Erschrecken angesichts eines auf dich zufliegenden Schlangenkopfes mit weit geöffnetem Maul, dessen Zähne sich unweigerlich in deine Haut und dein Fleisch graben werden. Ein Schock vom Feinsten! Dann der Biss. Ganz kurz nur, das ist ausreichend. Die kleinen nadelartigen Wunden sind allerdings nicht wirklich das Problem, außer natürlich bei Bissen von Giftschlangen. Aber: Wer weiß schon, ob ihn eine giftige oder eine harmlose Schlange gebissen hat?! Wie aus einem dunklen Albtraum kriecht die Angst ins Bewusstsein, dass die Schlange ein tödliches Gift injiziert haben könnte. Manch einer ist schon am Schock und der Angst vor einem giftigen Biss gestorben, obwohl die Schlange zu den harmlosen gehörte.

Mich haben bisher immer nur ungiftige Schlangen erwischt, vermutlich, weil ich als Schlangenexperte entsprechend lässig mit denen umging, die ich als ungiftig erkannte. Gebissen wurde ich immer in die Hände. Auch auf dieser Expedition bin ich nicht verschont geblieben. Die Kameraleute hatten mich gebeten, einen Hundskopfschlinger – ja, so heißt die Art wirklich – aus dem Schatten auf einen Ast in das blendende Licht des herannahenden Abends zu setzen. Diese Schlangenart ist giftgrün und gehört wie die Anakonda zu den Riesenschlangen. Allerdings ist sie bedeutend kleiner und darauf spezialisiert, mit zwei besonders langen Fangzähnen Vögel aus der Luft zu erbeuten. Ich hatte nicht bedacht, dass Schlangen, die Vögel im Flug abgreifen können, extrem schnell sind. Als ich sie losließ, schoss sie auf meine Hand zu und hieb ihre beiden Fangzähne mit Schwung in meinen Daumen. Es tat ziemlich weh. Ich säuberte und desinfizierte die beiden Wunden, klebte ein Pflaster darüber und war bereit, den Vorfall schnell zu vergessen. Die Leute um mich herum allerdings, die das beobachtet hatten, erwarteten besorgt, dass ich bald umfallen würde. Da nützten auch alle Beteuerungen nichts, dass die Schlange ungiftig sei.

Von einer Anakonda wurde ich zum ersten Mal 1998 gebissen. Ich erläuterte gerade einem bolivianischen Kollegen ein spezielles Schuppenmerkmal am Maul einer 1,80 Meter langen Beni-Anakonda. Er hielt die Anakonda in seinen Händen – und dabei bin ich ihrem Kopf mit meinem Zeigefinger zu nahe gekommen. Völlig überraschend biss sie blitzschnell kräftig in meinen Finger. Reflexartig zog ich meine Hand zurück. Dadurch rissen ihre Zähne Wunden, die stark bluteten. Nachdem die Blutungen endlich gestoppt waren, schaute ich mir mit einer gewissen Faszination die ungefähr 20 nadelstichartigen Bissstellen an meinem Finger an. Sie waren in kleinen Reihen angeordnet. Immerhin: Ich bekam dadurch einen unwiderlegbaren Beweis geliefert für ein Detail des Kieferbaus der Riesenschlangen, das nur in speziellen Fachbüchern beschrieben steht: Sie haben innen im Oberkiefer eine zweite Zahnreihe, die sich anhand der Bissspuren an meinem Finger abzeichnete. Sich beißen zu lassen wäre also eine ideale Methode, um Biologiestudenten die Kieferanatomie der Riesenschlangen nachhaltig einzuprägen. Ärgerlich an meinem Erlebnis war nur, dass der Anakonda eine Zahnspitze abgebrochen war und dies erst Wochen später wegen einer dadurch entstandenen Eiterbeule von mir entdeckt wurde.

Marías Biss

Auch María biss mich in die Hand. María war allerdings kein Bond-Girl, sondern ein frei lebendes, 1,50 Meter langes Weibchen der Paraguay-Anakondas. Diese Art ist kleiner als die weiter nördlich beheimatete Große Anakonda. María nimmt an einem Forschungsprojekt teil, durch das die Lebensgewohnheiten der Anakondas erforscht werden sollten. Ihren Namen gab ihr der argentinische Biologe Tomás Waller. Schon lange stand ich in regem Austausch mit diesem Kollegen und freute mich darauf, ihn und seine Anakondas endlich kennenzulernen. 2002 besuchte ich ihn in Argentinien. Ein Kamerateam eines Privatsenders begleitete mich, um eine Dokumentation über sein Anakonda-Projekt zu drehen.

María trug einen Sender, mit dem sie zielgenau geortet werden konnte. Die Batterie des Senders war jedoch fast leer und sollte ausgetauscht werden. Das bedeutete: anpeilen und sie einfangen. Das Kamerateam war begeistert. Endlich wieder Action, nachdem wir zuvor kein Glück dabei gehabt hatten, eine andere Anakonda des Projekts mit Namen Vicky aufzuspüren. Wir hatten uns Vicky mit Antenne und Empfänger genähert, doch sie war zu tief in Wurzelhöhlen am Ufer eines Sees versteckt. Mein Kamerateam war enttäuscht. Ich hatte meinen ganzen Arm in die Höhle gesteckt und versucht, die Anakonda zu ertasten. Dabei hielt mir das Team das Mikro vor die Nase, und ich sollte darüber sprechen, was ich da mache und ob ich Angst habe, gebissen zu werden. Wer würde das schon vor laufender Kamera zugeben! Ich verneinte.

Die Filmcrew hoffte, dass mein Arm um eine daran hängende Anakonda verlängert wäre, wenn ich ihn wieder aus der Höhle ziehen würde. Eine blutüberströmte Hand mit einer in die Finger verbissenen Anakonda, das wäre gut für die Einschaltquoten gewesen, erklärte mir der Kameramann später ...

Doch zurück zu María: Sie hatte es sich in einem flach abfallenden See bequem gemacht, wie uns das Pling des Peilgerätes mitteilte. Wir folgten dem Signalton ungefähr 15 Meter weit in das hüfthohe kalte Wasser hinein. María musste uns längst entdeckt haben und war auf Tauchstation gegangen. Als das Pling des Peilgerätes bei senkrechter Stellung am lautesten zu hören war, bedeutete dies: Die Schlange war direkt unter uns! Mit unseren Armen tasteten wir in die trübe Tiefe. Es stellte sich dann heraus, dass sie sich gut einen Meter unter der Wasseroberfläche zwischen großen, inselartigen Grasbüscheln verbarg. Patricio, ein Mitarbeiter des Projektes, bekam sie in die Hände und hob sie langsam aus dem Wasser. Das passte María gar nicht, und als der Kopf zum Vorschein kam, war deutlich die Angriffsstellung der Anakonda zu erkennen. Den vorderen Körperteil hielt sie s-förmig, so konnte sie nach vorne schnellen und zubeißen. Der Angriff auf Patricio stand direkt bevor. Sofort versuchte ich, sie hinter dem Kopf zu fassen. Da drehte sich María erstaunlich flink zu mir um. Und schoss vor. Gut ein Dutzend Zähne bohrten sich in meine Hand. Blut lief die nassen Finger hinab und färbte meine Hand rot. Das alles geschah zu meinem Leidwesen ausgerechnet in bestem Blickwinkel vor laufender Kamera. Das Team freute sich, jetzt hatten sie ihre erhofften Bilder. Diese Szene wurde später in der Dokumentation mehrfach und in Zeitlupe gezeigt!

Abends betrachtete ich das Muster der nadelstichartigen Bisswunden. Es kam mir vor, als hätte mir María ihren persönlichen Stempel hinterlassen. Vielleicht war es ja ihre Unterschrift zur Teilnahme am Projekt, die sie ausgerechnet mir geben wollte. Wenn ich heute darüber nachdenke, dann sah es allerdings eher nach einer Kündigung aus.

Keine der Schlangen, die mich gebissen haben, ist jedoch annähernd so groß gewesen wie die Anakonda, mit der ich mich jetzt in Guyana, im Fluss lauernd, konfrontiert sehe. Sie nimmt mich ins Visier und hat guten Grund, verärgert zu sein. Bei ihr würde ich die Hand nicht zurückziehen können, sollte sie mich mit ihren gut 100 etwa drei Zentimeter langen Zähnen packen.

Die Anakonda würde nicht nur beißen, sondern sich auch um mich wie um eine Beute winden und zudrücken. Anakondas sind bei dieser Nahkampfmethode besonders geschickt. Sie jagen im Wasser und drücken den umschlungenen Angreifer unter die Wasseroberfläche. Die Beute ersäuft elendiglich. So werden die Anakondas im Kampf kaum verletzt und müssen weniger Energie aufbringen. Im Wasser sind sie klar im Vorteil, folglich auch besonders gefährlich.

Mick und ich sind immer noch im Wasser und in Reichweite des Anakonda-Weibchens. Ein Frontalangriff des Reptils wäre jetzt fatal. Sie ist die Herrscherin des Flusses und es nicht gewohnt, dass sich Tiere an sie heranwagen. Immer noch funkeln mich ihre Augen an, während sie mich mit ihrem Blick fixiert. Das sieht nicht gut aus, denke ich. Vielleicht ist es aber genau dieser Blick zu mir, der sie von dem Geschehen um sie herum ablenkt. Geistesgegenwärtig hat sich Bill den Stock mit der Seilschlaufe geschnappt und legt sie ohne Umschweife um ihr Haupt. Er zieht die Schlaufe zu, sofort will die Anakonda seitlich ausbrechen. Zumindest kann sie uns jetzt nicht mehr erreichen, denke ich. Jörg hält noch immer den Schwanz in seinen Händen. »Lass jetzt den Schwanz los, hilf mir mit dem Seil!«, brüllt Bill hektisch. Jörg lässt den Schwanz ins Wasser platschen, und gemeinsam ziehen sie nun den Kopf der sich heftig wehrenden Anakonda zum Boot. Als sie den Kopf über den Bootsrand hieven, schnappt sich Bill den Hals des Ungetüms mit beiden Händen, um zu verhindern, dass sich seine langen, spitzen Zähne in Arme oder Beine der Bootsbesatzung bohren. Die Anakonda droht: Das Maul ist weit aufgerissen. Ihr zischender Atem vermischt sich mit dem von Bill.

Das Boot schaukelt heftig und gerät erneut in Schieflage. Wieder schwappt Wasser über die Reling. Stück für Stück ziehen Bill und Jörg die Schlange ins Boot. Mick und ich helfen, tief im Strom stehend, mit, indem wir immer wieder ihren in die Sträucher verschlungenen Körper losmachen – und auch unsere Beine von ihm befreien. Wir sind völlig außer Atem, nass, verdreckt, zerkratzt und erschöpft, als das letzte Ende der Schlange endlich über den Bootsrand rutscht.

Ich wate zum Boot, um mir einen Überblick zu verschaffen. Es schüttet jetzt aus allen Kübeln. Bill hält weiterhin den Kopf der Schlange fest, während Jörg noch mit dem sich windenden Körper kämpft. Wir klettern schnell ins Boot und helfen ihm, die Schlange zu halten. Jetzt haben wir sie sicher. Ich schaue auf die Anakonda und kann es kaum fassen: Was für ein kapitaler Fang! Geschätzte 120 Kilogramm Schlange wälzen sich vor mir im Boot. Später beim Vermessen werde ich feststellen, dass sie eine Länge von annähernd sechs Metern besitzt. Sie ist größer als die über 500 Anakondas eines Forschungsprojektes in den Überschwemmungssavannen im benachbarten Venezuela. Wir sind begeistert. Ein Volltreffer! Uns ist der große Wurf geglückt. Dieses Exemplar ist ein Beleg dafür, dass die Anakondas an ganzjährig Wasser führenden Flüssen größer werden als in Regionen mit saisonaler Trockenheit. Wir sind uns sicher: Wenn wir noch weitere Anakondas in der unberührten Wildnis Guyanas finden, werden noch weit größere Exemplare darunter sein. In glaubwürdigen Berichten ist von bis zu neun Meter langen Schlangen die Rede.

Und es gab sogar noch größere Schlangen: *Titanoboa*, eine nahe Verwandte der Anakondas, lebte vor 60 Millionen Jahren in Südamerika. Paläontologen fanden extrem große Wirbel dieser Schlange. Daraus errechneten sie eine Länge von unglaublichen 15 Metern! Ein wahrlich unglaublicher Titan muss sie gewesen sein und ganz sicher die Herrscherin über ihre längst vergangene Welt. Noch mehr als bei den Anakondas muss das Leben dieser Giganten ans Wasser angepasst gewesen sein. Selbst große Anakondas sind an Land sehr langsam, wirken eher plump und unbeholfen als schnell und agil.

Etwa 15 Minuten haben wir mit der Anakonda gerungen – uns erschien es allerdings wie eine Ewigkeit. Ohne Micks beherzten Sprung ins Wasser und seinen Mut, sich zwischen den Sträuchern in die Reichweite des riesigen Mauls der Anakonda zu begeben, hätten wir dieses muskulöse Kraftpaket niemals gefangen. Bestimmt gehörte auch eine gehörige Portion Glück dazu, dass wir es tatsächlich geschafft haben, ohne dass einer von uns größere Blessuren davongetragen hat.

Die Himmelsschleusen öffnen sich jetzt wie zur ultimativen Sintflut. Der Regen holt uns in die Wirklichkeit zurück, kühlt unsere erhitzten Gemüter ab. Wir ziehen der Schlange einen Baumwollbeutel über den Kopf. Ein solcher Beutel bietet entscheidende Vorteile: Das Reptil kann atmen, sieht aber nichts mehr – und kann nicht mehr richtig zubeißen. Erfahrungsgemäß bleiben Reptilien mit einem Beutel über dem Kopf ruhig liegen. Jetzt erinnern wir uns wieder an die Kamera, die nach wie vor am gegenüberliegenden Ufer steht und filmt. Zum Glück hatten wir sie mit einem Regenschutz versehen. Als wir sie holen, stellen wir enttäuscht fest, dass sich fast die ganze Szene außerhalb des Blickwinkels der Kamera abgespielt hat, weil die Anakonda seitlich ins Gestrüpp ausgewichen ist. Lediglich der schwankende Bug des Bootes und Wellen im Wasser lassen erahnen, welches Drama sich soeben abgespielt hat.

Durch den Regen fahren wir mit Vollspeed zu unserem kleinen provisorischen Dschungelcamp. Hier wuchten wir die Anakonda an Land und legen sie zwischen uns auf den Boden. Im Moment ist sie ruhig und akzeptiert für den Augenblick, dass sie erst einmal in unserer Gesellschaft sein wird. Uns ist vollkommen klar, dass das auf Dauer so nicht bleibt. Die letzten Sonnenstrahlen blitzen bereits durch die Baumwipfel. Sehr bald schon wird es dunkel sein. Wir sind klitschnass, vom Fahrtwind durchgefroren und erledigt. Noch jagt das Adrenalin durch unsere Blutbahnen. Wir stehen um die Schlange herum und fragen uns, wo wir sie über Nacht lassen. Es kommt der Vorschlag auf, sie in mein Zelt zu packen. Das lehne ich vehement ab: »Seid ihr verrückt, ich brauche das Zelt noch! Die Anakonda drückt einmal gegen beide Seiten, und die Nähte platzen. Außerdem wäre sie weg.« Die drei anderen schlafen in Hängematten unter gespannten Planen. Daraus lässt sich jedenfalls kein sinnvoller Aufbewahrungsort für die Schlange herstellen. Je länger wir nachdenken, desto mehr kristallisiert sich heraus, dass wir für unseren Gast kein Zimmer freihaben. Ein zweites Boot der Expedition soll erst in den nächsten Tagen mit weiterer Ausrüstung zu uns stoßen. Es gibt nur eine Lösung: Uns bleibt nichts anderes übrig, als uns nachts rund um die Uhr zu ihr zu setzen und ihr abwechselnd Gesellschaft zu leisten. Mike und Bill übernehmen die ersten Nachtwachen, danach ist Jörg dran. Ich bin der Letzte, meine Nachtwache dauert von drei bis sechs Uhr morgens. Ich gehe früh ins Zelt, stelle meinen Wecker auf drei Uhr früh, lege mich auf meine Luftmatratze und krieche in den Schlafsack. Ich höre das Gemurmel der anderen drei, die sich angeregt unterhalten. An Schlaf ist allerdings nicht zu denken, ich bin innerlich noch viel zu aufgeregt. In Gedanken male ich mir aus, wie ich die Anakonda am nächsten Tag am besten vermessen und weitere Merkmale von ihr ermitteln werde. Die Enttäuschungen der letzten Wochen sind wie fortgeblasen. All die Strapazen, die wir auf uns genommen haben, führten uns schließlich hierher, zum Höhepunkt der Reise. Ich seufze auf, dieses Mal jedoch vor Erleichterung. Der Knoten ist geplatzt, ich fühle mich wie befreit. Leicht ist mir ums Herz, als ich müde und glücklich endlich einschlafe. Mein letzter Gedanke: Expeditionen sind eben keine Urlaubsreisen, jedoch viel schöner als diese, wenn das gesteckte Ziel erreicht wird!

2

Wie wir den Biber zum Beißen brachten

03:16 Uhr

»Unsere Anakonda hier ist jedenfalls kein Menschenfresser!«, beruhige ich Jörg und blicke auf die anscheinend friedlich dösende Anakonda vor uns.

»Wieso denn nicht?«, fragt Jörg. »Sie dürfte zumindest groß genug sein, um einen nicht allzu großen Menschen zu verschlingen. Außerdem wird dir aufgefallen sein, dass die Indianer um einiges kleiner und leichter sind als die Menschen unserer Wohlstandsgesellschaften.«

»So weit richtig! Aber wann bist du hier, abgesehen von den Mitgliedern unserer Filmcrew, zum letzten Mal Menschen begegnet?«

Jetzt versteht Jörg, worauf ich hinauswill. Hier leben keine Menschen. Und wo niemand ist, kann auch niemand gefressen werden.

»Du hast natürlich recht«, gibt Jörg zu, »aber das könnte sich theoretisch schon morgen ändern. Unser kleinster Indianer mag um die 50 Kilos wiegen und eignet sich damit durchaus als größere Beute. Anakondas fressen ja auch ausgewachsene Wasserschweine, die ähnlich schwer werden können.«

»Das erinnert mich an die Wasserschweine, die wir gefilmt haben. Die hatten überhaupt keine Angst, das war wie im Paradies!«, schwärme ich. »Jede Wette, die haben noch nie einen Menschen gesehen, und Motorboote erst recht nicht.«

Erst wenige Tage zuvor hatten wir eine erstaunliche Begegnung mit einer kleinen Gruppe von zehn Wasserschweinen. Wir waren mit unseren Motorkanus den Fluss entlanggeknattert, bis plötzlich vom Ausguck im Bug das Handzeichen für ein gesichtetes Tier kam. Sofort wurde der Motor gedrosselt, tuckerte aber immer noch gut vernehmbar vor sich hin. Die griffbereiten Kameras wurden in Position gebracht. Am Ufer saßen die Wasserschweine verstreut zwischen den Gräsern und schauten uns an, als kämen wir vom Mond. Das verwunderte uns, denn für gewöhnlich fliehen sie mit Karacho ins nächste Gebüsch oder tauchen im Wasser unter. Nach einigen Augenblicken standen die Wasserschweine dann aber langsam auf, verließen nacheinander, neugierig hinter sich schauend, das Ufer und verschwanden im Wald. Erst nach einer Minute waren sie alle weg – und wir hatten eine wunderbare Filmsequenz im Kasten und schöne Fotos geschossen ...

»Ob sie uns für harmlose Vegetarier halten?«, sinniere ich vor mich hin. »Einer unserer indianischen Führer hat mir erzählt, dass sie keine Wasserschweine jagen. Dass sich die Einwohner hier den Luxus erlauben, auf diese Beute zu verzichten, überrascht mich jedoch. Ich hätte vermutet, die sind froh um alles, was sie jagen oder fischen können.«

Im Dschungel leben die Tiere viel versteckter und mehr für sich als in den Savannen Afrikas, wo riesige, weithin sichtbare Herden durchs Land ziehen. Viele Europäer, die schon einmal eine geführte Dschungeltour gemacht haben, sind enttäuscht, dass sie dort meist kein größeres Tier zu Gesicht bekommen. Deswegen scheint es in unseren Augen auch viel schwerer zu sein, im Dschungel Beute zu machen.

Doch Jörg weiß es mal wieder besser: »Weit gefehlt! Hier hat jeder Stamm ein paar Tiere, die nicht gejagt und gegessen werden. Unsere Guyaner mögen keine Affen, Ameisenbären und Wasserschweine. Angeblich schmecken ihnen Wasserschweine einfach nicht. Wusstest du, dass in Südamerika oft Meerschweinchen auf dem Speiseplan der ursprünglichen Bevölkerung stehen und große Käferlarven zu einer Art fettigem, glibberigem Pudding zerstampft werden?«

»Na klar, das ist doch ein alter Hut«, antworte ich.

»Übrigens wurde mir erzählt, dass die Felle der Wasserschweine nicht viel taugen.«

Ich stelle mir einen Indianer in Wasserschweinbekleidung vor und muss unwillkürlich grinsen. »Kein Wunder, es ist ja auch warm genug in den Tropen, und bei den Damen der Indianerstämme sind Pelzmäntel einfach nicht in Mode gekommen.«

»Besser so! Dann bleibt den Wasserschweinen wenigstens das Los unserer heimischen Biber erspart. Vor ein paar Jahrzehnten gab es in Deutschland kaum noch Biber. Immerhin scheinen die Schutzmaßnahmen die Biber vor der totalen Ausrottung bewahrt zu haben. Jetzt rächen sie sich: An der Oder graben sie Höhlen in wichtige Hochwasserdämme. Da sie geschützt sind, darf ihnen niemand etwas antun, und die Bestände erholen sich zusehends.«

»Das war ja mal ganz anders«, werfe ich ein. »Die Biber wurden nämlich nicht nur wegen ihres Pelzes dezimiert. Da in der Fastenzeit bekanntlich kein Fleisch gegessen werden durfte, Fisch aber erlaubt war, wurde der Biber im Mittelalter vom Klerus kurzerhand zum Fisch erklärt. Als deutliche Beweise für die Eignung des Bibers als Fastenspeise galten die Schwimmhäute und der schuppige Ruderschwanz. Ein Kloster mit 50 Mönchen hatte sicherlich einen Bedarf von

500 Bibern während der Fastenzeit. Und es gab viele Klöster! Während der Biber bei uns also fast ausgestorben war, ist er in Südamerika zur großen Plage avanciert.«

Ich sehe in Jörgs ratlosem Gesicht Verwirrung. »Biber kommen in Südamerika nicht vor! Meinst du jetzt Wasserschweine, Agutis oder etwa noch andere Nager?«

Ich sehe ihn triumphierend an, klappe den Laptop zu und lehne mich an den Baumstamm hinter mir. »Dann erzähle ich dir jetzt mal etwas von der Invasion Feuerlands!«

Bibertango

Feuerland an der Südspitze Südamerikas. Eine kleine Gruppe Biber läuft einen Biberpfad an einem See entlang. Es ist Nacht, Wolken ziehen vorbei. Ab und an schimmert das trübe Licht des Halbmonds durch die Wolkendecke. Dies ist für die tagsüber ruhenden Biber eine Nacht, wie sie normaler nicht sein könnte. Zuerst werden sie hier und da Gräser und Kräuter fressen oder an saftiger Rinde knabbern und sich so die Mägen füllen. Muttertiere werden sich um ihre Jungen kümmern. Vatertiere wiederum werden dafür sorgen, dass es den Muttertieren nicht langweilig wird. Das sollte man aber jetzt nicht falsch verstehen, denn Biber leben monogam. Später werden sie tun, was schon unzählige Generationen von Bibern vor ihnen auch gemacht haben: Sie werden ihre Nagezähne ins Holz hauen. Sie werden raspeln und hobeln, dass die Späne nur so durch die Luft fliegen.

Doch Biber nagen nicht planlos mal hier ein wenig und fällen dann da mal einfach so einen Baum. Sie fällen Bäume, um eine Ordnung herzustellen, ihre eigene artspezifische Ordnung. Sie arbeiten nach einem Masterplan, den sie in ihre Wiege gelegt bekommen haben. So wie jede Spinne mit genetisch fixiertem Wissen ein für die jeweilige Art charakteristisches Netz webt, jede Vogelart ein typisches Nest baut und Honigbienen perfekt sechseckige Waben aneinanderreihen. Der Masterplan der Biber hat jedoch weit reichende Konsequenzen. Nacht für Nacht fällen sie Bäume, beißen sich passende Äste zurecht und schichten sie zu Dämmen auf, die das Wasser stauen und so bald aus einer Flusslandschaft ein Seengebiet machen. Ganze Landstriche gestalten sie so zu ihrem Vorteil um. Die Biber erschaffen sich ihr eigenes Burgenland. In einem Nationalpark in den USA wurde ein Biberdamm von über 800 Metern Länge entdeckt. Viele Bibergenerationen müssen daran gearbeitet haben.

Die Nagetiere haben eine genaue Vorstellung davon, wie sie mit ihren Konstruktionen aus Stöcken und Schlamm Kanäle und Seen schaffen und den Wasserstand ihrer Seen regulieren. Dies ist einzigartig im Tierreich. Sollte jemals ein Forscher auf die Idee kommen, einen Biber in die Röhre eines Magnetresonanztomografen zu stecken und ihn da drin einen Ast durchnagen zu lassen, würde der Forscher vermutlich stolz verkünden können, dass er entdeckt hat, dass beim nagenden Biber im Gehirn insbesondere die Region aktiv ist, die dem räumlichen Denken zugeordnet wird.

Die Mitglieder unserer feuerländischen Bibergruppe haben also viel zu tun, doch nichts deutet darauf hin, dass sie ihre Arbeit nicht gerne erledigen würden. Sie huschen am See entlang, schnuppernd, neugierig und voller Tatendrang. Alles scheint in der Biberwelt am Bibersee in bester Ordnung zu sein. Doch plötzlich bleiben die Tiere irritiert stehen und betrachten verwundert das einsame kleine Bäumchen mitten auf ihrem ausgetretenen Biberpfad. Wäre es stockfinster gewesen, der vorderste Biber der tatendurstigen Bibergruppe wäre womöglich mit der Nase voran gegen den Baum gelaufen, der da plötzlich vor ihnen aufgetaucht ist. Die Biber kennen ihre Umgebung genau und wissen, dass dieser Baum hier vorher nicht stand. Die Bäume in der näheren Umgebung ihrer Burg hat die Sippschaft längst alle gefällt. Alles Vertikale ist längst ins Horizontale gebracht und dann weiterverarbeitet worden. Argwöhnisch schnuppern sie am Bäumchen, das auf so wunderliche Weise erschienen ist, trollen sich dann aber, um wieder ihrem nächtlichen Treiben nachzugehen.

Baum ist Baum, ob urplötzlich erschienen oder nicht, mag sich in der darauffolgenden Nacht ein Biber gedacht haben, der an dem Stamm nagte, bis der Baum ins Wasser kippte und von ihm zerlegt und abtransportiert wurde. Der Masterplan eines Bibers lässt einfach keinen einzelnen Baum zu, der so verführerisch am Uferrand nahe der Biberburg steht. Ordnung muss sein!

Uwe Müller betrachtet am nächsten Tag den Baumstumpf und freut sich. Er ist sich jetzt sicher, die Bilder eines Bäume fällenden Bibers schnell im Kasten zu haben. Mit seinem Team und seiner Kamera ist er schon seit ein paar Wochen am See. Da die Biber sich bereits an ihn gewöhnt haben, hat sich die Fluchtdistanz der Nager zwischenzeitlich deutlich verringert. Auch kennen sie seinen Geruch und verknüpfen ihn mit dem harmlosen Verrückten, der ständig eine Kamera durch die Gegend schleppt. Der Tierfilmer benutzt aber noch einen weiteren Trick, um die Biber an sich zu gewöhnen. Er steht am Seeufer und spricht mit ihnen. Manchmal schüttet er ihnen sogar sein Herz aus. Intuitiv scheinen sie zu erkennen, dass von ihm keine Gefahr für sie ausgeht. Solange er ihnen nicht zu sehr auf die Pelle rückt, scheinen sie ihn nicht einmal mehr zu bemerken.

Munter plappert Uwe Müller drauflos und erzählt den Bibern von seinem Filmprojekt über die Geschichte der Besiedlung Feuerlands und auch, dass ihm die entscheidende

Szene für seinen Film, in der einer von ihnen einen Baum fällt, noch fehle. Freundlich erklärt er ihnen, dass sie in der nächsten Nacht doch bitte wieder an der Stelle erscheinen mögen, an der er für sie ein neues Bäumchen eingepflanzt habe.

Natürlich sind die Biber in Deutschland als heimische Tierart schon mehrfach Thema von Naturfilmen gewesen. Man hat es schwer mit ihnen, denn in Mitteleuropa sind sie extrem scheu. Jahrhundertelang sind sie wegen ihres besonders dichten und wärmenden Pelzes erbarmungslos gejagt worden. Bis zu 23 000 Haare sollen einem Biber auf nur einem Quadratzentimeter Haut wachsen. Beim Menschen sind es gerade mal 600. Es ist nur schwer vorstellbar, dass auf einen derart kleinen Raum so viele Haare passen. Wiederum gut vorstellbar ist aber, dass es den Bibern darunter mollig warm ist, selbst wenn sie im Winter bei starkem Frost den Bau verlassen. Hiervon existieren phänomenale Bilder Europäischer Biber in Auwäldern im Dreiländereck von Österreich, der Slowakei und Bayern.

Der deutsche Naturfilmer Jan Haft hatte einen Hinweis bekommen, dass hier Biber das Eis zufrierender Gewässer aufnagen, um einen Ausstieg aus dem Wasser und eine Möglichkeit zum Luftholen zu bekommen. Er verbrachte Wochen bei Temperaturen weit unter dem Gefrierpunkt. Als die Biber dann tatsächlich mit ihren großen Zähnen das Eis regelrecht zersägten, wurde es mordsmäßig laut im friedlichen, tief verschneiten Auwald. Niemand wäre auf die Idee gekommen, dass Biber Verursacher eines derartig lauten Getöses sein können. Mehrere Zentimeter dicke Eisplatten lösten sie aus der Eisfläche und hebelten sie beiseite. Vor Schreck und Verwunderung hielt Jan Haft die Kamera schief, doch ließ sich zum Glück das Filmmaterial später am PC zurechtrücken.

Die Invasion Feuerlands

Als Uwe Müller beschloss, einen Film über Biber zu drehen, suchte er nach einer neuen Perspektive, einer gut erzählbaren Geschichte, die es so noch nicht gab. Bei seinen Recherchen über diese Nagetiere stieß er auf die unglaubliche Bevölkerungsexplosion der Biber im argentinischen Feuerland. 1946 waren dort gut zwei Dutzend Kanadische Biberpaare ausgesetzt worden. Jäger und Händler hofften, dass sie sich vermehrten und man mit dem Pelzhandel Geld verdienen könnte.

Kanadische Biber? Es gibt zwei Biberarten. Neben den bei uns heimischen Europäischen Bibern ist in Nordamerika der Kanadische Biber beheimatet, der erstaunlicherweise sechs Chromosomen mehr besitzt. Erst vor ungefähr 10 000 Jahren ist in Nordamerika eine dritte Biberart ausgestorben. Diese Biber wurden zweieinhalb Meter groß und wären heute die größten Nagetiere weltweit. Sie dürften den indigenen Völkern, die von Asien über die zu jener Zeit noch existierende Landbrücke nach Alaska eingewandert waren, noch über den Weg gelaufen sein. Vielleicht sind sie sich allzu oft begegnet, denn es könnte sein, dass die Menschen am Verschwinden der Riesenbiber beteiligt waren. Heute sind jedenfalls die Wasserschweine die weltweit größten Nagetiere.

In Feuerland fanden die anpassungsfähigen Kanadischen Biber paradiesische Verhältnisse vor: Es gibt jede Menge Flüsse, Seen und Wälder in mehr als dürftig besiedelten Gegenden. Auch erwartete die Biber in Feuerland ein ähnliches Klima wie in Kanada. Noch erfreulicher für sie war, dass Luchs, Bär und Wolf in ihrer neuen Heimat fehlten. Aus Bibersicht gab es nur einen unliebsamen Bekannten, den Puma. Und als die Pelzpreise fielen, machten nicht einmal mehr die Menschen Jagd auf sie. Niemand kümmerte sich mehr um die Biber. Die aber nagten, einem flächendeckenden Sägewerk gleich, einen Baum nach dem anderen um.

Ich selber konnte mich von der unglaublichen Leistung der Biber an einem naturnahen Stück der Spree, 20 Kilometer vor Berlin, selbst überzeugen. Nicht einmal zwei Stunden mit dem Rad von der pulsierenden Hauptstadt entfernt, scheinen sich die munteren Nagetiere pudelwohl zu fühlen und haben etwas von ihrer erworbenen Scheu vor den Menschen abgelegt. Wer den Fluss entlangpaddelt, kommt aus dem Staunen nicht mehr heraus. Zahllose Baumstümpfe riesiger gefällter Pappeln stehen modernd am Spreeufer. Darunter sind Bäume, die annähernd so dick waren wie ein Ölfass: Bei einigen beträgt der Umfang mindestens zwei Meter. Nachts wurde ich Zeuge der Aktivität der Biber und konnte ihnen beim Nagen zuhören. An den dicken Pappeln nagten sie einige Tage oder sogar über eine Woche, bis die Bäume endlich umkippten. Eine kleinere Weide schafften sie in einer Nacht – bis zu 100 können sie in einem Jahr fällen.

Ihre Artgenossen in Feuerland sind da nicht anders: Fleißig und unbehelligt bauen die Biber dort einen Staudamm nach dem anderen. Auch der Bau von Burgen in den aufgestauten Seen ist tief im Masterplan der nagenden Architekten verankert. In je einer Burg lebt ein Elternpaar mit zwei Generationen von Jungtieren. Zunächst sind die Kleinen wasserscheu. Doch das Muttertier fackelt nicht lange, packt die Nachkömmlinge und wirft sie ins Wasser, als würden sie getauft werden. Die ältere Generation von Jungtieren hat ausreichend Zeit, sich die Fertigkeiten der Elterntiere anzueignen, bevor sie nach zwei Jahren fortgejagt werden. Sie wandern dann die Flüsse entlang, manchmal bis zu 100 Kilometer weit, suchen sich einen Partner und bauen ebenfalls

Dämme und Burgen. So schritt die Invasion der Biber in Patagonien immer weiter voran. Die kleinen Raubritter der Flüsse und Seen residierten in ihrem selbst erschaffenen Burgenland. Längst galten sie als eine große Landplage. Mittlerweile schätzt man, dass aus den zwei Dutzend ausgesetzten Tieren eine Population von über 120 000 Tieren geworden ist.

Uwe Müller freute sich jedenfalls, er hatte seine Geschichte gefunden. In einer Art Tierspielfilm wollte er die Invasion Feuerlands als Duell um die Vorherrschaft zwischen den ausgesetzten Kanadischen Bibern und argentinischen Viehzüchtern in der Region schildern. Natürlich sollten dabei die Biber im Vordergrund stehen. Nur, für seinen Film *Duell der Eroberer* fehlte ihm immer noch die entscheidende Schlüsselszene: Ein Biberfilm ohne einen fallenden Baum funktioniert einfach nicht. Er brauchte die meißelnden Zähne und fliegende Holzspäne, am besten in einer Nahaufnahme. Der Zuschauer sollte erkennen können, wie gekonnt die Nager den Baum anknabbern, damit er nicht aufs Land, sondern ins Wasser fällt, wo er dann weiterverarbeitet und abtransportiert werden kann. Die Spannung steigt, wenn der Baum erste knirschende Laute seines bevorstehenden Umkippens von sich gibt. Wie reagieren dann die Biber? Was machen sie in dem Moment, wenn der Stamm unter kreischendem Krachen zerbirst?

Ungebetene Gäste

Zoologisch betrachtet haben die Biber in Argentinien nichts verloren. Sie kommen zwar in Nordamerika vor, haben es aber auf natürlichem Wege nicht bis Südamerika geschafft. Die Biber Feuerlands gehören zu den Neozoen. Übersetzt bedeutet Neozoen »neue Tiere«. Diese Neuankömmlinge sind Tierarten, die bisher nicht in einer Lebensgemeinschaft zu finden waren. Sie können neu eingewandert, über Flüsse oder das Meer verfrachtet oder vom Menschen unbeabsichtigt oder beabsichtigt eingeschleppt oder ausgesetzt worden sein. Manchmal sind sie auch einfach nur der menschlichen Obhut entflohen.

Wenn in Bremen eine Anakonda ausbüchsen und sich in der Weser von Ratten, Schwänen und Enten ernähren würde, zählte sie noch nicht zu den Neozoen. Sie würde definitiv die Kälte des nächsten Winters nicht überleben. Aber auch der Braunbär Bruno, der noch vor Kurzem durch unsere deutschen Wälder streifte und erstaunlich lange die Jäger zum Narren hielt, wird nicht zu den Neozoen gezählt. Zwar ist er eingewandert, wenn auch im Rahmen eines Ansiedlungsprojektes, doch zu einer dauerhaften Ansiedlung gehört die Fortpflanzung. Bruno war einsam und alleine in Deutschland, das nächste frei lebende Weibchen unerreichbar weit entfernt.

Sind jedoch genügend Tiere in einen neuen Lebensraum gelangt, der gute Bedingungen liefert, kann eine Besiedlung sehr schnell vonstattengehen. Tigerpythons und Netzpythons lebten ursprünglich nur in Asien und kamen nicht in der Neuen Welt, also Nord- und Südamerika, vor. Heute aber gehören sie zur Tierwelt der Everglades, einer großen Sumpflandschaft in Florida. Die Pythons haben hier optimale Temperaturen und Lebensbedingungen gefunden, zum Leidwesen der Tiere, die jetzt zu ihrer Beute gehören. Mittlerweile sind hier sogar die ersten, vermutlich von Menschen freigelassenen Anakondas gesichtet worden, die bisher nur in Südamerika vorkamen.

Wenn Neozoen in der Lage sind, eine stabile Population zu gründen, besteht die Gefahr, dass sie heimische Arten verdrängen oder sogar ausrotten. Unsere Kaninchen sind ein Beispiel für Neozoen, die die Flora und Fauna eines ganzen Kontinents durcheinanderbrachten. Allerdings nicht in Mitteleuropa, sondern in Australien und Neuseeland. Dort wollte man nicht auf den beliebten Sonntagsbraten verzichten und setzte sie deshalb schon in einem frühen Stadium der Besiedlung der neu entdeckten Länder aus. Der Kaninchenbraten dürfte den Siedlern jedoch bald im Halse stecken geblieben sein, denn die knabbernden Kuscheltierchen fielen, einer Heuschreckenplage gleich, über die Pflanzen Australiens her, entzogen so manchem anderen Pflanzenfresser die Nahrungsgrundlage und zerstörten den Lebensraum vieler einheimischer Tierarten.

Man hat anscheinend aus diesem Beispiel nicht viel gelernt. Denn 1935 setzte man an der australischen Ostküste die Aga-Kröte zur Schädlingsbekämpfung aus. Die Weibchen der robusten und anpassungsfähigen Kröte können im Freiland bis über ein Kilogramm schwer werden. Damit zählt sie zu einem der größten Froschlurche überhaupt. Die Aga-Kröte macht Jagd auf alles, was sie erwischt. Bedauerlicherweise passen in ihr riesiges Maul nicht nur landwirtschaftliche Schädlinge bis zur Größe junger Ratten, sondern auch viele andere Tierarten, die von ihr bis zur drohenden Ausrottung dezimiert werden. Natürliche Feinde hat sie kaum, denn die potenziellen Raubtiere Australiens meiden die Kröte wegen ihrer giftigen Hautdrüsensekrete. Die Population von Waranen brach sogar zusammen, da Fressversuche von ihnen meist tödlich endeten. Auch heute noch breitet sich die Aga-Kröte bis zu 40 Kilometer pro Jahr aus und rollt wie ein Flächenbrand über den Kontinent.

Aus gutem Grund ist der Begriff Neozoen immer häufiger auch in deutschen Medien zu finden. Nicht zuletzt unser Land wird regelrecht von fremden Arten infiltriert. Amerikanische Ochsenfrösche verdrängen unsere heimischen Grünfrösche, Waschbären machen neuerdings sogar in Großstädten Radau, und die Presse schildert in bunten Farben die Gefahr von Krankheiten übertragenden tropischen Moskitos, die wegen der Erderwärmung immer weiter nach Norden, also zu uns, vordringen.

Das Erstaunen einiger Angler an Rhein, Neckar und Erft dürfte nicht schlecht gewesen sein, als sie anstatt Barsch oder Zander plötzlich Piranhas am Haken zappeln hatten. Immerhin scheinen die Angler vorsichtig mit den Fischen umgegangen zu sein, denn ein Biss wäre ein gefundenes Fressen für die Regenbogenpresse gewesen. Aber nicht nur für Freizeitsportler sind dies alarmierende Nachrichten. Zoologen befürchten eine Gefahr für die heimischen Fischarten durch die eingeschleppten Räuber. Noch ist nicht bekannt, ob die Piranhas auch dauerhaft im Rhein und seinen Nebenflüssen überleben können. Eigentlich ist es im Winter für diese tropischen Raubfische viel zu kalt. Sie überleben aber ganz offensichtlich nahe Einmündungen heißer Abwässer wie beispielsweise denen von Atomkraftwerken. Aktuell scheint es so zu sein, dass sich angesichts des beschlossenen Atomausstiegs die Piranhas zukünftig warm anziehen müssen. Übrigens: Auch die Biber werden mit dieser nicht ungefährlichen Art der Energiegewinnung in Verbindung gebracht – der Name der Behälter, in denen der Atommüll transportiert wird, heißt Castor. Und Castor ist auch der zoologische Gattungsname der Biber.

Biberdämmerung

Lange haben Uwe Müller und sein Team die Möglichkeiten ausgekundschaftet, wie man einen Bäume fällenden Biber am besten vor die Kamera bekommt. Da sie nicht wissen können, wann und wo die Biber des Nachts den nächsten Baum fällen werden, ist es sinnlos, sich vor einem beliebigen Baum auf die Lauer zu legen. Dafür gibt es viel zu viele Bäume, die infrage kommen. Es ist aber auch schlecht möglich, nachts mit Licht und allem Equipment nahe genug an einen nagenden Biber heranzukommen, um ihn bei seiner Arbeit zu filmen. Also greifen sie in die Trickkiste und buddeln einen kleinen Baum mitten auf einem viel genutzten Biberpfad nahe einem Damm ein. Um den Baum den Bibern so richtig schmackhaft zu machen, haben sie ihn sogar zusätzlich mit saftig beblätterten Zweigen behängt – eine der bevorzugten Speisen der Tiere. Und ebenjener Baum wird tatsächlich bereits in der zweiten Nacht umgelegt. Gut gelaunt und auf eine weitere schnelle Nummer hoffend, graben die Mitglieder der Crew den übrig gebliebenen Baumstumpf aus und setzen ein neues Bäumchen an dieselbe Stelle.

Mit der Abenddämmerung gegen 18 Uhr hat das Filmteam die umfangreiche und schwere Filmtechnik mit Lampen, Akkus, Kabeln und Kameras in die Nähe des Bäumchens geschleppt und sorgfältig aufgebaut. Dann legt es sich gut versteckt auf die Lauer und wartet auf das Erscheinen der Biber. Aber die Biber lassen sich zunächst Zeit. Uwe Müller und sein Team kämpfen gegen die Müdigkeit an. Nachts um drei Uhr beginnt es zu regnen. Sie bleiben, werden patschnass, frieren bewegungslos. Nicht einmal ein Zittern wollen sie sich erlauben. Als endlich ein paar Biber den See entlangschwimmen, sind sie sofort hellwach. Doch der einsame Baum interessiert die Biber heute nicht. Sie verschwinden, paddeln einfach davon. Erst im Morgengrauen, als die Biber sich zum Schlafen in ihre Burgen zurückziehen, von neuen großen Staudammprojekten träumen oder, noch wach liegend, die vorhandenen Baumreserven bilanzieren, packen Uwe Müller und sein Filmteam bibbernd und enttäuscht ihre Filmgerätschaften zusammen.

Auch die nächste Nacht schlägt sich der Tierfilmer wieder um die Ohren und wartet. Ein sternenklarer Himmel sorgt für gute Sicht und für Temperaturen nahe am Gefrierpunkt. Uwe Müller sitzt in seiner Tarnung und schaut auf das einsame Bäumchen auf dem Biberpfad am See. Ohnmächtig sieht er die ihm zur Verfügung stehende Zeit in Argentinien zwischen seinen Fingern zerrinnen, ohne dass er die wichtige Schlüsselszene eines fleißig nagenden Bibers im Kasten hat. Ein Biberfilm ohne nagenden Biber, das geht nicht. Das weiß auch Uwe Müller. Der Erfolg des Filmprojektes hängt jetzt also von einem Biber ab, der das Bäumchen fällt. Uwe Müller hat seine Ersparnisse in die Produktion des Films investiert, alles auf eine Karte gesetzt. Geld, mit dem er sich eine Weltreise oder eine Nobelkarosse hätte leisten können. Ohne die entscheidende Szene der Biber im Kasten zu haben, wird er den Film nicht verkaufen können. Seine eigene kleine Firma wird ohne den erhofften Erfolg pleitegehen. Die aber bedeutet seine Existenz als Tierfilmer und ist sein ganzer Lebensinhalt. Still und einsam steht das Bäumchen im Dunkeln. Dunkel sind auch Uwe Müllers Gedanken. Die Zeit beginnt zu kriechen. Erinnerungen holen ihn ein, wie es dazu kam, hier und jetzt frierend in Feuerland auf zwei Nagerzähne zu warten ...

Sehnsucht nach der weiten Welt

Uwe Müller trieb die Sehnsucht nach der weiten Welt. Er war 1988 aus der DDR, wo er eine Lehre zum Installateur und ein Maschinenbaustudium absolviert hatte, in den Westen gekommen. In der DDR war es ihm nicht vergönnt gewesen zu reisen. Das holte er nun nach. Sein erster Trip führte ihn in die USA. Um die Reise zu dokumentieren, kaufte er sich eine Videokamera. Bis dato hatte er weder mit Fotografie noch mit Film etwas zu tun gehabt. 19 Stunden gedrehtes Material brachte er mit, stellte jedoch schnell fest, dass er dieses Elend niemandem zumuten konnte, nicht einmal seinen Reisebegleitern. Wild hatte er gezoomt, hin und her geschwenkt, verwackelt und abwechselnd Datum und Zeit eingeblendet. Das Ergebnis wurmte ihn kolossal. Er kaufte sich einen Videocutter und brachte sich den Umgang damit selbst bei. Er reihte die besten Szenen aneinander, sprach dazu einen Kommentar und untermalte alles mit Musik. Der Film war nun zwei Stunden lang. Jetzt versuchte er es noch einmal, und sein Publikum war hellauf begeistert. Das war die Initialzündung zu seiner erfolgreichen Karriere als Dokumentar- und Naturfilmer.

Die Filmerei und das Schneiden machten ihm mehr und mehr Freude. Naturfilme hatte er schon immer gemocht, doch jetzt begann er sie mit anderen Augen zu betrachten. Er analysierte nicht nur, wie sie wirkten, sondern auch, wie man sie drehte und später im Studio schnitt und vertonte. Vor allem aber dachte er darüber nach, wie man es anders, auf neue Art angehen könnte. Er trat Amateurfilm-Clubs bei und reichte seine Werke bei Amateurfilm-Festivals ein. Die Amateurfilm-Clubs waren bis dahin eher ein Sammelbecken für ältere Herren, die in ihrem Leben alles erreicht hatten und dann zur Kamera griffen, um ihre Urlaubsreisen einem Publikum zu zeigen. Doch Uwe Müller brachte frischen Wind in die Clubs. Ein ums andere Mal schnappte er den altgedienten Herren die Trophäen für den besten Film weg. Seine Regale füllten sich mit Siegerpokalen. Er war dann plötzlich nicht mehr ganz so gerne gesehen, weil er permanent gewann. Die Herrenriege legte ihm nahe, doch zum Fernsehen zu gehen. In dieser Phase durchlief er einen wichtigen Lernprozess: Wie wahr, die Zeit für größere Herausforderungen und höhere Weihen war längst gekommen.

In Namibia und Botsuana sammelte er Material über die Buschmänner der Kalahari. Er war fasziniert davon, mit welchen Extremen die Eingeborenen dort zu tun hatten, wie sie in der Hitze und der Wüste überlebten und mit wie wenig Wasser sie auskommen konnten. Es entstanden zwei Filme. Neben dem Film über die Buschmänner hatte er genug Filmmaterial, um einen zweiten Teil über die Kalahariwüste zu produzieren. Er reichte den Wüstenfilm bei der *Biovision* ein, einem großen Naturfilm-Festival. Der Film schlug ein wie eine Bombe und gewann – für seinen Schöpfer völlig unverhofft – den ersten Preis seiner Kategorie. Ein erster Live-Auftritt im WDR folgte. Ein paar Wochen später gewann Uwe Müller auf dem bedeutenden Naturfilm-Festival *Naturale* mit demselben Film erneut. Plötzlich wurde er überschwemmt mit Visitenkarten und hörte Sprüche wie: »Wenn du mal eine gute Idee hast, dann ruf doch einfach an.« Das alles ereignete sich an einem Sonntagnachmittag. Montagmorgens bereits hatte er eine gute Idee und rief an!

Uwe Müller nutzte die Gunst der Stunde und sprang ins kalte Wasser. Im Eilverfahren machte er sich mit der professionellen Filmtechnik vertraut. Sein Auto und alles, was er nicht brauchte, verkaufte er kurzerhand. Er besorgte sich eine Arri SR2, eine Kamera für Profis, und ein 500-mm-Objektiv. Seinen ersten professionellen Film drehte er in Sardinien. Dort leben auf einem Hochplateau Wildpferde, die Acchettas genannt werden. Die Acchettas grasen unter Wasser, tauchen bis zu einer Minute richtig mit dem Kopf ab und ziehen dabei die Süßgräser aus dem Boden.

Die Pferde waren unglaublich scheu und schwer zu filmen. Müller drehte seinen Film ohne Vertrag und auf eigenes Risiko. Und wieder bewies er handwerkliches Geschick. 1996 wurde das Werk in der Tierserie *Telezoo* gezeigt. Jörn Röver, Redakteur beim NDR-Naturfilm, war komplett begeistert, Uwe Müllers Einstieg als professioneller Tierfilmer geschafft.

Zwei Jahre lang drehte er dann für den *Telezoo*. Und vier Jahre nach dem Streifen über die Pferde räumte er mit seinem Film *Die Wilden vom Stadtpark* bei der *Naturale* erneut ab, dieses Mal in der Königsklasse der Profis: Eindrucksvoll zeigt der Film im Leipziger Klara-Zetkin-Park das Leben aus der Sicht von Eichhörnchen. Da prügeln sich Eichhörnchenmütter unerbittlich um die besten Reviere. Mittels Hauen und Stechen wird die Konkurrenz aus Höhlen oder Koben vertrieben, ob nun Artgenosse oder nicht. Nur selten wird wahrgenommen, dass die Wildnis mit ihrem Kampf ums Überleben vor der eigenen Haustür beginnt.

Weitere Filme von ihm zeigen unter anderem afrikanische Riesenwaldschweine, Brandgänse, den Rückgang der Gletscher, ein Hundeabenteuer in einer argentinischen Kleinstadt (*Gordos Reise ans Ende der Welt*) und Pumas. Ob Eichhörnchen, Buschmann oder Hund, Uwe Müller veranschaulicht in seinen Filmen, welche ökologischen Nischen Tier und Mensch besetzen, um sich in ihrer Welt erfolgreich zu behaupten. Kein Wunder, dass er für die Biber, die in Feuerland ein leeres Paradies vorgefunden und mit ihrer Invasion begonnen hatten, Feuer und Flamme war. Unzählige Bäume hatten die Nager in ihrer neuen Heimat seither gefällt – nur diesen einen nicht ...

Wettlauf gegen die Zeit

Nachts um halb vier erscheint endlich ein Biber im See, klettert aus dem Wasser, huscht zu dem Baum und beginnt an der Rinde zu knabbern. Gebannt schaltet Uwe Müller die Kamera ein, den Biber in Aktion durch den Sucher fokussierend. Doch plötzlich verharrt der Nager, schießt wie ein

Blitz davon, springt in den See, taucht weg und ward nicht mehr gesehen. Ein Hund läuft den See entlang und hat den Biber erschreckt und verscheucht. Die Szene ist restlos versaut, Uwe Müller flucht kräftig. Wie hat das passieren können? Ein paar 100 Meter entfernt steht eine Blockhütte, in der angetrunkene Leute feiern. Sie wollten mal schauen, wie es draußen beim Filmen so läuft. Ihr Hund hatte die Gelegenheit genutzt und sich verdrückt. Vielleicht war es sogar ebenjener einsame Baum, den die Filmer am Seeufer eingegraben hatten, der den Hund anlockte. Bekanntlich nutzen auch Hunde gerne Bäume, wenn auch ganz anders als Biber. Das war Pech. Aber wie die Momente des Glücks beim Einfangen ganz besonderer Ereignisse, so gehört auch zum Alltag der Tierfilmer, dass nicht alles auf Anhieb gelingt. Frustriert bricht das Team die Arbeiten für diese Nacht ab.

Am nächsten Tag ist Silvester. Kaum eine Nacht ist ungeeigneter zum Filmen von wilden Tieren als diese, in der der Himmel von Feuerwerk erhellt wird und es böllert und kracht. Das weiß auch Uwe Müller und nimmt deshalb die Einladung der Hüttenmannschaft ins Warme an. Filmteam und Hüttenbewohner feiern zusammen. Die Biber wiederum begrüßen das neue Jahr auf ihre Weise, indem sie als Festschmaus an einem einsamen Baum, der mit ungewöhnlich vielen saftigen Zweigen behängt ist, nagen und ihn fällen. Sie stopfen sich die Bäuche voll und transportieren Äste und Stämme zur Verstärkung ihrer nahen Burg ab. Die Biber vom Bibersee können einen rundum erfolgreichen Jahreswechsel verbuchen.

Ungläubig starren die Tierfilmer am nächsten Tag auf die Reste der Biberfeier. Wieder eine Gelegenheit verpasst! Frustriert wird ihnen bewusst, dass sie demnächst einen dritten Baum einpflanzen müssen, um die Schlüsselszene endlich in den Kasten zu bekommen. Zunächst jedoch reist die Filmcrew ab, um an anderen Stellen Feuerlands weitere Szenen ihres Dokumentarfilms zu drehen. Uwe Müller wird immer unruhiger. Der Rückflug nach Deutschland rückt bedrohlich näher, und noch immer fehlt ihm die wichtigste Sequenz.

Drei Wochen später fahren sie erneut zum Bibersee, um einen letzten Versuch zu starten. Zum dritten Mal setzen sie einen Baum auf den Biberpfad. Die Erinnerung an die kalten Nächte ist ihnen noch gut im Gedächtnis, denn jetzt steigen sie auf Bewegungsmelder und ferngesteuerte Kameras um und sitzen nachts in einer heimeligen Blockhütte. Nur noch ab und zu gehen sie zum Bäumchen, um Batterien und Filmkassetten zu wechseln. In den nächsten drei Tagen geschieht wieder nichts. Zwar zeichnen die Kameras auf, dass ein paar Biber ab und an in der Nähe des Bäumchens vorbeikommen. Doch es passiert genau genommen: nichts. Kein einziger Nager probiert seine Zähne an dem Baum aus. Vielleicht nötigt der Masterplan sie, irgendwo anders einen wichtigen Staudamm zu vollenden oder eine Biberburg zu erneuern. Es ist zum Verrücktwerden. Einen triftigen Grund für die standhafte Weigerung, den Baum zu fällen, kann Uwe Müller nicht erkennen. Er wünscht sich nichts sehnlicher als ein kräftiges, herzhaftes Nagen. Einfach einmal kraftvoll zubeißen! Tagsüber steht er am See und bittet flehentlich: »Ihr Biber, nun fällt doch endlich den Baum da! Ich habe euch doch schon so oft gesagt, dass wir die Szene unbedingt brauchen. Zwei Mal habt ihr einen Baum von uns gefällt, warum denn nun diesen nicht?«

So bricht denn die allerletzte Nacht am Bibersee an, und noch immer steht der Baum an derselben Stelle. Keine Frage: Der Baum gefällt sich in seiner Statistenrolle und hat schon munter damit begonnen, neue Wurzeln zu schlagen. Die Biber lassen sich wieder nicht blicken. Mitten in der Nacht beim Wechseln eines Akkus spricht Uwe Müller, der Verzweiflung nahe, mit seinen Kollegen: »Ich gehe die Biber jetzt suchen!« Er stolpert in der Nacht am Seeufer entlang, und tatsächlich tauchen drei schwimmende Biber im letzten der vier terrassenförmig angelegten Seen vor ihm auf. Mit seiner Taschenlampe leuchtet er die Biber an und beginnt eindringlich auf sie einzureden: »Jungs, was soll denn das? Was macht ihr hier? Schwimmt mal schön zu dem Baum da drüben und fällt den. Dann kommt ihr auch ins Fernsehen!«

Die Biber im Wasser schauen ihn neugierig an und spitzen die Ohren, als wenn ein Lehrer seinen Schülern etwas sehr Wichtiges zu sagen hätte. Sie kennen seinen Geruch und seine Stimme, die sie längst nicht mehr beunruhigt. Dann schwimmen sie, wie auf ein lautloses Kommando hin, los, in die richtige Richtung. Einer beginnt jedoch in der Nähe Gras zu fressen. Bis zu Uwe Müller dringen die raschelnden, zupfenden und kauenden Geräusche über das stille Wasser vor. Das kann er nicht auf sich sitzen lassen und erteilt dem Nager eine klare Ansage: »Du sollst hier nicht Gras fressen, sondern den Baum fällen!« Der gescholtene Biber verschwindet daraufhin erst einmal ins Wasser und bleibt verschollen. Uwe Müller steht noch eine Weile nachdenklich am See und geht dann langsam zurück in die Blockhütte.

Missmutig gehen die Filmer kurz vor Sonnenaufgang das letzte Mal zur Kamera, um das Band zu wechseln. Schlagartig werden sie wach: In der landschaftlichen Szenerie vor ihnen hat eine Veränderung stattgefunden! Es fehlt ein Baum. *Der* Baum! Als sie näher kommen, sehen sie nicht nur den gefällten Baum vor sich liegen, sondern jede Menge angenagtes Holz und Späne. Aufgeregt, mit klopfendem

Herzen, spulen sie die Filmbänder zurück und starren aufs Display. Was sie sehen, können sie vor Glück kaum fassen. Ihnen ist danach, die ganze Welt zu umarmen. Die Biber haben den Baumstamm innerhalb von zehn Minuten umgelegt. Die perfekten Aufnahmen zeigen die Biber bei ihrer Arbeit. Und auch die zweite Kamera, die oben an einem Ast befestigt gewesen ist, liefert eindrucksvolle Bilder. Es ist vollbracht! Mit der allerletzten Chance haben sie ihre Schlüsselszene für den Film bekommen.

Später, im fertigen Film, sind es gerade mal 30 Sekunden, die von diesem Material übernommen werden, eine Bandlänge, die sich schon fast mit einem Zollstock messen lässt. Annähernd 100 Stunden über mehrere Wochen hinweg hatte es das Team am See jedoch gekostet, um genau diese eine Szene zu drehen. All die Mühen sind nicht umsonst gewesen!

3

Tauchfahrt ins Bodenlose

03:31 Uhr

Stille kehrt ein. Die dunkle Nacht ist vom Zirpen der Grillen und Heuschrecken erfüllt. Die Anakonda in der Mitte unseres kleinen Camps wirkt sehr entspannt. Zwischenzeitlich hat sie sich etwas enger zusammengerollt. Sie atmet ruhig und erstaunlich langsam. Um uns herum nächtliche Geräusche. Vereinzelt ist das metallische Klicken kleiner Frösche zu hören. Gelegentlich sausen Früchte von einem großen Baum durch die Blätter. Ziemlich nah erklingt das unverwechselbare Getöse einer Horde von Brüllaffen, das kilometerweit zu hören ist. Jede Nacht erschallen ihre Rufe aus unterschiedlichen Richtungen, mal mehr, mal weniger laut, je nachdem, wie weit sie entfernt sind. Sie scheinen überall im Dschungel zu sein. Einen einzelnen Affen kann man dabei nicht heraushören, sie brüllen im Horden-Kollektiv. In der letzten halben Stunde habe ich fünf Gruppen aus fünf verschiedenen Richtungen ausgemacht.

»Das klingt immer wie eine Sturmböe, die anschwillt und dann wieder abebbt«, bemerke ich in das monotone Dauergezirpe der Heuschrecken hinein, das zwischen zwei Brüllaffen-Chorälen zu hören ist.

»Für mich hören sich die Brüllaffen an wie ein Chor brünftiger Hirsche«, sagt Jörg.

Lachend nehme ich zur Kenntnis, dass er mal wieder den Nagel auf den Kopf getroffen hat, und frage gleich nach: »Was meinst du, brüllen die nur aus purer Lust an der Freude, oder teilen sich die einzelnen Gruppen auch etwas mit?«

»Zumindest weiß so jede Gruppe, wo die anderen sind. Es ist ein akustisches Abgrenzen der Territorien und bedeutet so viel wie: Wagt es ja nicht, uns zu nahe zu kommen, ansonsten gibt's mächtig Prügel für euch! Bestimmt sind die Affen auch in der Lage, an den Nuancen des Gebrülls einer benachbarten Horde mehr über deren Geschlechterverhältnis und Gruppenstärke zu erfahren. Wenn die Fischer-Chöre singen, weiß auch jeder, dass es viele Sänger sind. Und wenn die Affen gesund und glücklich sind, ist das bestimmt für andere Gruppen ebenfalls wahrnehmbar. Das ist bei uns Menschen nicht anders: Wenn in den Alpen gejodelt wird, hat man doch auch den Eindruck, dass die Jodler kerngesund und extrem glücklich sind.« Jörgs Vergleiche sind schon eine Wissenschaft für sich ...

»Evolution!« Der Erfindungsreichtum des Lebens ist immer wieder erstaunlich, kommt mir in den Sinn. »Alles entwickelt sich und verändert sich im Laufe der Zeit, bis hin zu jodelnden, aufrecht gehenden Primaten.«

»Die kulturelle Entwicklung grenzt man aber besser von der biologischen Evolution ab. Abgesehen davon, irrst du: Nicht alles entwickelt sich weiter. Es gibt Leben, das scheint eingefroren zu sein wie in einer Zeitblase.« Ich kenne diesen lauernden Blick von Jörg.

»Was meinst du mit Zeitblase?«, weiche ich erst einmal aus.

»Einen Bereich, in dem die Zeit viel langsamer voranschreitet als im Rest der Welt. Das kam mal bei *Raumschiff Enterprise* vor.«

Nach kurzem Nachdenken frage ich: »Gut, aber wer ist jetzt in der Zeitblase gefangen?«

Rendezvous der Vorfahren

Diese Geschichte beginnt vor etwa 380 Millionen Jahren im Devon, welches von Paläontologen gerne als das Zeitalter der Fische bezeichnet wird. In den Meeren entwickelte sich eine ungeheure Vielfalt unterschiedlichster Fische. Das Devon ist aber auch das Zeitalter, in dem sich ein Knochenfisch aus dem Wasser erhob, um das Land zu erobern. Dieser urtümliche Fisch war mit muskulösen Flossen ausgestattet, die es ihm ermöglichten, sich staksend und kriechend bis an den seichten Rand des Gewässers zu schieben und später auch an Land vorzudringen.

Bei einer fiktiven Begegnung zweier nahe verwandter Knochenfische des Devons hätte sich zwischen diesen beiden in etwa folgendes Gespräch entwickeln können:

Fisch 1 (Rhipidistia): »Kommst du mit an Land?«

Fisch 2 (Actinistia): »Nein, da ist es doch so furchtbar trocken! Außerdem ist es windig, mal heiß, mal kalt, ich bleibe lieber im Wasser. Da weiß man, was man hat.«

Fisch 1: »An Land gibt es aber neue, abwechslungsreiche Lebensräume zu besetzen. Saftige Wiesen, Berge, Wälder, Steppen, alles ist wunderschön und frei für uns, zum Nulltarif. Was für eine spannende Herausforderung! Was für ein Abenteuer!«

Fisch 2: »Die Flüsse, Seen und Ozeane sind mir wirklich groß genug.«

Fisch 1: »Denk doch mal an all die Leckerbissen an Land, die nur darauf warten, unsere Gaumen zu erfreuen!«

Fisch 2: »Ich mag aber am liebsten Fisch.«

Fisch 1: »Hey, wir können Arme und Beine entwickeln

und vom Wasser unabhängig werden! Wir könnten sogar das Fliegen lernen!«

Fisch 2: »Im Wasser zu schweben ist doch dasselbe. Außerdem kann man im Wasser nicht abstürzen. Besser die blaue Tiefe als blaue Flecken.«

Fisch 1: »Wir könnten greifen, auf Bäume klettern, Werkzeuge herstellen, Feuer machen, uns kulturell entwickeln, über alles herrschen, philosophieren, telefonieren und sogar zum Mond reisen!«

Fisch 2: »Tut mir leid, ich bekomme Migräne, wenn ich mir das alles vorstelle. Ich verdrücke mich jetzt erst einmal ins tiefere Wasser. Ciao!«

Fisch 1 und Fisch 2 sind längst ausgestorben, genauer gesagt: in ihrer damaligen Form nicht mehr existent. Beide sahen sich ähnlich und waren eng miteinander verwandt, und beide haben Nachfahren, die heute noch leben. Unglaublich, wie verschieden die Wege sind, die die ehemals so nah verwandten Arten beschritten haben beziehungsweise geschwommen sind.

Fisch 1, der Rhipidistia, hat tatsächlich das Land erobert. Seine Nachkommen haben wie Konquistadoren praktisch jeden möglichen Lebensraum in Besitz genommen. Einige haben das Fliegen gelernt, und andere haben, allen Unkenrufen zum Trotz, Steine auf dem Mond gesammelt. Diesen innovativen Fischen ist es geglückt, sich in immenser Vielfalt an Formen und Lebensweisen immer wieder neu zu erfinden. Aus den frühen Amphibien entwickelten sich die Reptilien und aus diesen wiederum die Vögel und Säugetiere. So gingen aus den etwas plump erscheinenden Raubfischen des Devons Kolibri und Anakonda, Salamander und Nashorn, eben alle Landwirbeltiere und deren Nachfahren hervor. Bei einigen Wirbeltieren wie Blauwal und Seekuh scheint die Erinnerung an gute Zeiten im kühlen Nass auch später noch vorhanden gewesen zu sein, denn sie sind komplett ins Wasser zurückgekehrt. Und klar, auch die aktuell herrschende Primatenspezies stammt letztlich von ihnen ab.

Fisch 2, der Actinistia, hat es sich hingegen in der Tiefe der Ozeane so richtig bequem gemacht. Seine Enkel und Urenkel haben es vorgezogen, in unendlich erscheinenden Ewigkeiten genau das zu bleiben, was sie immer gewesen sind: urtümliche Knochenfische. Ihre Anzahl ist im Vergleich zu den Landeroberern vernichtend gering. Sie führen ein verborgenes Leben in der Tiefe des Ozeans und mögen keine Veränderung, vor allem nicht bei sich selbst.

In jüngster Zeit, also etwa in den letzten tausend Jahren, haben sie allerdings immer mehr absonderliche Aktivitäten an der Meeresoberfläche feststellen müssen. Erst waren es nur Schatten, die langsam, aber schnurgerade über den Wasserspiegel dahinglitten. Nach und nach wurden diese immer größer. Und dann begannen die Schatten plötzlich im langwelligen Bassbereich zu dröhnen. Die Actinistia sind allerdings nicht in der Lage aufzutauchen und nachzusehen, was da oben los ist. Die Druckverhältnisse an der Meeresoberfläche würden sie umbringen. Doch selbst wenn sie an die Oberfläche paddeln könnten, sie würden es nicht machen. Sie wollen lieber stoisch in der Tiefe verbleiben, perfekt angepasst an ein ruhiges, geradliniges Leben. Allerdings sind sie besorgt, weil in letzter Zeit einige von ihnen unter mysteriösen Umständen nach oben gerissen wurden, was sie mit den Aktivitäten hoch über ihnen in Zusammenhang bringen. Was geschieht da bloß?

Miss Latimers Gespür für Fisch

1938 holte ein Fischtrawler in der Nähe der Mündung des Chalumna Rivers im Indischen Ozean vor Südafrika seine Netze ein. Inmitten des Fangs zappelte ein gut eineinhalb Meter langer bläulicher Fisch. Die Matrosen des Trawlers standen um den Fisch herum und staunten nicht schlecht. So einen eigenartigen Fisch mit fleischigen Flossen hatten sie noch nie gesehen. Als die junge Zoologin Miss Marjorie Courtenay-Latimer vom örtlichen Naturkundemuseum den Fang auf den Docks von East London sah, spürte sie sofort, dass es mit diesem Fang eine ganz besondere Bewandtnis hatte. Der Fisch kam ihr irgendwie »fishy« vor. Von anderen Fischen unterschied er sich unter anderem durch den Besitz von muskulösen Flossen, einer zweiten Rückenflosse und einem auffällig quastenförmigen Schwanzflossenlappen. Kräftige Schuppen ummantelten das Kraftpaket. Seine lebhafte Blaufärbung veranlasste Latimer, von dem schönsten Fisch, den sie jemals gesehen habe, zu sprechen. In der Tat sieht er sehr urtümlich aus, so als wäre er aus den Tiefen der Zeit emporgestiegen. Miss Latimers Gespür für Fisch war goldrichtig gewesen.

Schon bald zog der merkwürdige Fisch die Aufmerksamkeit vieler Wissenschaftler und der internationalen Presse auf sich. Die Experten trauten ihren Augen kaum, als sie erkannten, dass es sich bei dem Fang gewissermaßen um ein lebendes Fossil, einen Quastenflosser, handelte.

Der Fund dieses urtümlichen Fisches war sensationell und löste weltweit Begeisterung aus. Mit ihm war ein lebender Vertreter der längst für ausgestorben gehaltenen Actinistia ins Netz gegangen. Niemand, nicht einmal der fantasiebegabteste Wissenschaftler, hätte es für möglich gehalten, jemals einem Quastenflosser aus Fleisch und Blut zu begegnen. Der Zoologe Professor J. L. B. Smith von der Universität in Grahamstown in Südafrika brachte es auf den Punkt: »Ich wäre kaum erstaunter gewesen, wenn mir auf der Straße ein Dinosaurier begegnet wäre.«

Wie hatte er über 300 Millionen Jahre praktisch unverändert überleben können? Vor etwa 65 Millionen Jahren war ein riesiger Meteorit auf die Erde gekracht und hatte Zerstörungen unvorstellbaren Ausmaßes über die Lebewesen gebracht. Ein riesiger Feuersturm verbrannte die Erde. Die Druckwelle der Explosion fegte über alles hinweg und ließ Bäume umknicken, als wären sie Streichhölzer unter einer Planierraupe. Asche schirmte über Jahre als undurchlässiger Schleier in der Atmosphäre das Sonnenlicht ab. Und als wäre damit nicht schon genug Schaden angerichtet, wurde es auch noch ungemütlich kalt. Der nukleare Winter dürfte vielen Tierarten endgültig den Rest gegeben haben. In der Tiefe des Meeres aber, da gab es einen Knochenfisch, den das Chaos da oben nur wenig interessierte. Sicher, die Druckwelle im Wasser war ganz schön heftig gewesen. Auch Beutefische waren nicht mehr so zahlreich vorhanden wie gewohnt. Das nahm er zur Kenntnis und lebte weiter wie bisher, gemäß dem Motto: business as usual.

Professor Smith nannte den Fisch zu Ehren von Miss Latimer, die den sensationellen Fund der Wissenschaft zugänglich gemacht hatte, *Latimeria*. Für den Artnamen ließ er sich vom Fluss Chalumna inspirieren, vor dessen Mündung der Quastenflosser gefangen worden war. Damit trägt der Fisch den lateinischen Namen *Latimeria chalumnae*. Vom wissenschaftlichen Standpunkt aus wurde Marjorie Courtenay-Latimer auf diese Weise unsterblich gemacht. Denn eine regelkonforme Namensgebung ist nach den zoologischen Nomenklaturregeln für die Ewigkeit gedacht.

Miss Latimers urtümlicher Knochenfisch ist allerdings

nicht das »missing link«, also nicht das unbekannte Bindeglied von den Fischen zu den Landwirbeltieren. Die Landwirbeltiere entwickelten sich aus der nahe verwandten Schwestergruppe, den oben erwähnten Rhipidistia. Unser heutiger Quastenflosser ist »nur« der direkte Nachfahre der Actinistia, die sich im Devon für ein zurückgezogenes Leben in der Abgeschiedenheit der Meerestiefen entschieden hatten. Dennoch ist *Latimeria* von der Bedeutung her vergleichbar mit dem Urvogel Archaeopterix. In dem fleischigen Flossenansatz dieser Urzeitfische ist bereits die Knochenanordnung vorhanden, aus der sich später die Arm- und Beinknochen der Landwirbeltiere entwickelten. Ohne Luftatmung kein Landgang, die Quastenflosser des Devons besaßen bereits Lungen. Als Atmungsorgan spielen die Lungen der heute lebenden Quastenflosser allerdings keine Rolle mehr; sie haben sich im Laufe der Jahrmillionen in Fettspeicher umgewandelt.

Der südafrikanische Professor Smith wollte dann unbedingt weitere Quastenflosser zu Forschungszwecken haben und ließ Steckbriefe an der Ostküste Afrikas verteilen. Wie für einen Schwerverbrecher im Wilden Westen wurde eine Belohnung von 100 Dollar auf ihn ausgesetzt. Erst 1952, 14 Jahre nach dem ersten Fund, hatte er indes mit seinen Steckbriefen Erfolg. Er erfuhr, dass es einen weiteren Fang vor der Inselgruppe der Komoren, die vor der Südostküste Afrikas im Indischen Ozean liegt, gegeben hatte. Später zeigte sich, dass sich hier das Hauptvorkommen der Quastenflosser befindet. Den Fisch musste Smith dann nach Südafrika einschmuggeln lassen, da die Komoren französisches Hoheitsgebiet waren. Der Coup gelang und in Südafrika erlangte der Fischprofessor den Status eines Nationalhelden.

1952 war Hans Fricke elf Jahre alt und lebte Tausende

Kilometer vom Schauplatz entfernt. Der Junge war fasziniert von den Berichten über das lebende Fossil. Die Quastenflosser gingen ihm nicht mehr aus dem Sinn. Es war, als
wenn einer dieser Fische fortwährend in sein Ohr wisperte:
»Komm zu uns!« Und dann war es geschehen: Hans Fricke
setzte sich in den Kopf, ein neues Treffen, ein denkwür-
diges Wiedersehen zwischen den Nachfahren beider Fisch-
gruppen zu arrangieren. Er machte es sich zur Lebensauf-
gabe, als Urururenkel des Fisches, der das Land erobert
hatte, die Urururenkel des Fisches, der damals Kopfschmerzen bekam und sich in die Tiefe verzogen hatte, in ihrer
Unterwasserwelt aufzuspüren, zu filmen und zu erforschen.
Die Sache hatte nur einen Haken: Da die Urururenkel aus
der Tiefe nicht nach oben kamen, musste Hans Fricke zu ihnen hinunter. Aber wie sollte er zu ihnen gelangen? Und
wo genau lebten sie in der unergründlichen, finsteren Tiefe
des Indischen Ozeans?

Die Vision des Hans Fricke

Wenn man an einem großen Fluss geboren wird, dann bekommt man fast zwangsläufig die Liebe zum Wasser in die
Wiege gelegt. Bei Hans Fricke war das nicht anders, als er
1941 in Schönebeck an der Elbe auf die Welt kam. Der Mee-
resbiologe wollte schon als Kind ein »Fischmensch« sein
und die verborgene Unterwasserwelt erobern. Sein unbändiger Forscher- und Entdeckerdrang ließ ihm keine Ruhe.
Am liebsten hätte er sich wohl Kiemen wachsen lassen.
Seine ersten Erfahrungen unter Wasser sammelte er in ge-
fluteten Steinbrüchen und Kiesgruben. Der Junge war krea-
tiv und findig: Eine alte Gasmaske aus Kriegszeiten diente
als Taucherbrille, über einen Gartenschlauch pumpte ein
Freund Luft in seine Lungen. Er hatte Glück, dass es in sei-

nen ersten Sturm- und Drangjahren zu keinem tragischen Unfall kam.

Nach dem Abitur verließ Hans Fricke seine Heimat an der Elbe und machte nach Westberlin rüber. Er jobbte zunächst, bis das Geld reichte, um zu seinem persönlichen Mekka zu pilgern: Das Rote Meer brannte in seiner Seele. Ihn lockte das glasklare Wasser mit all den tropischen Fischen und der Farbenpracht der Korallen. Während seines Zoologiestudiums lernte er den späteren Nobelpreisträger Konrad Lorenz am Max-Planck-Institut in Seewiesen kennen. Und die Begegnungen mit dem berühmten Verhaltensforscher feuerten seine Begeisterung für die Lebensweise der Fische nur noch mehr an. Später leitete er vier Jahre lang die Unterwasserstation *Neritika*, einen Koloss von 26 Tonnen, an deren Bau er maßgeblich mitgewirkt hatte. Über 100 Forscher und Besucher beherbergte die Station in dieser Zeit.

Neben seiner Arbeit fand Hans Fricke Muße, sich seinem Kindheitstraum zu widmen: der Suche nach dem Quastenflosser! Sein Wunsch, den urtümlichen Fisch zu erforschen und zu filmen, nahm immer mehr Konturen an. Die Idee ließ ihn nicht mehr los. Er war regelrecht besessen. Wann immer möglich, verwickelte er seine Kollegen und Freunde in Gespräche über das Mysterium Quastenflosser: der Urfisch, den noch nie ein Mensch zuvor in seinem Lebensraum gesehen hat. Sein Familienglück wurde auf eine harte Bewährungsprobe gestellt. Er investierte nicht nur all sein privates Geld in das Projekt. Er verbrachte auch lange Zeit im Ausland. Seine Frau blieb bangend alleine mit den Kindern zurück. Sie hatte Grund zur Sorge. Bis heute kamen mindestens drei Taucher auf der Suche nach den Quastenflossern ums Leben.

Fricke war bereits 1969 und 1975 nach Madagaskar und zu den Komoren gereist. Hier waren vereinzelt Quas-

tenflosser geangelt worden. Für seine Jagd nach dem Urfisch riskierte er viel – mit normalem Tauchgerät stieg er in
gefährliche Tiefen ab. Doch das Glück blieb aus. Kein Quastenflosser ließ sich blicken. Ein schwacher Trost, dass er
mit dieser Enttäuschung nicht allein war: Zu gerne hätte
auch der Meeresforscher und Filmemacher Jacques-Yves
Cousteau den Ruhm eingeheimst. Zweimal versuchte es der
berühmte Franzose vor den Komoren, vergeblich.

Von den einheimischen Fischern wusste Hans Fricke,
dass die Urviecher in rund 200 Metern Tiefe mit Schnur und
Haken gefangen worden waren. Bis in diese Tiefe konnte er
mit normalem Tauchgerät nicht hinunter. Vielleicht war es
ja der Astronaut und Mondveteran Edwin Aldrin, einer seiner Besucher in der Unterwasserstation *Neritika*, der ihm
dann einen entscheidenden Impuls versetzt hatte, um über
ein Fortbewegungsmittel nachzudenken, mit dem er zu den
Quastis, wie er sie liebevoll zu nennen pflegte, aufbrechen
könnte. Er brauchte keine Rakete und keine Raumfähre.
Für ihn kam nur ein Tauchboot infrage.

Yellow submarine

Hans Fricke nahm also Kontakt zu U-Boot- und Tauchboot-
herstellern auf – Tauchboote dienen übrigens zivilen Zwe-
cken, der Begriff U-Boot ist ausschließlich den tauchenden
Booten der Marine vorbehalten. Das Ergebnis seiner Re-
cherche: Ernüchterung. Die Preise waren entweder astrono-
misch hoch oder die Boote für seinen Zweck ungeeignet.
Auch plagte Fricke Klaustrophobie, sodass er sich ein möglichst geräumiges Tauchboot wünschte. Er baute sich sogar
eine Tauchbootattrappe aus Pappe und Papier, um sein eigenes minimales Bedürfnis nach Raum herauszufinden und
das Arbeiten in engen Räumen zu trainieren.

Im September 1979 bekam er erstmals die Gelegenheit, in ein echtes Tauchboot einzusteigen. Jacques Piccard, der im Marianengraben 10 916 Meter tief getaucht war und bis heute diesen Tiefenrekord hält, nahm ihn mit zum Genfer See. 120 Meter tief ließen sie sich sinken, dann hatten sie den Grund erreicht. Hans Fricke schaffte es, seine Klaustrophobie im Hinterstübchen seiner Gedanken unter Verschluss zu halten. Er war begeistert von den Möglichkeiten, die diese Art Gefährt bot. Die Tauchfahrt löste in ihm einen weiteren Schub aus, es mit einem Tauchboot bei den Komoren zu versuchen. Er musste die Quastenflosser finden!

Blieb nur noch die Frage nach der Finanzierung. Fricke machte sich auf die Suche nach Sponsoren. Er bekam einen Anruf von dem Journalisten Rolf Winter, dem Chefredakteur der Zeitschrift *GEO*. Mit ihm traf er sich beim Italiener. Nicht nur über das leckere Essen war man sich schnell einig, sondern auch über eine Zusammenarbeit beim Quastenflosser-Projekt. Die Zeitschrift würde die *GEO*, wie das Tauchboot heißen sollte, als Hauptsponsor finanzieren. Schon einmal hatte das Magazin Hans Fricke finanziell unterstützt, als die Tauchstation *Neritika* gebaut wurde. Er bedankte sich dann mit Artikeln und Fotos für die Zeitschrift. Auch dieses Mal sollte *GEO* als Gegenleistung für das zur Verfügung gestellte Geld die Exklusivrechte an Frickes Bericht über seine Abenteuer und Ergebnisse bekommen. Eine mutige Entscheidung des Chefredakteurs: Immerhin gab es keine Garantie, dass der Urfisch gefunden werden würde!

Die finanziellen Hürden waren damit genommen. 1981 dann – ein erster Drucktest. Noch nicht in südlichen Gefilden, aber immerhin in 255 Metern Tiefe im Bodensee. Alles verlief prima! Dann wurde die *GEO*, die einen knallgelben Anstrich bekommen hatte, in ein paar Alpenseen, im Roten Meer und dann vor Bermuda eingesetzt. Bei starkem Wellengang war es immer eine heikle Angelegenheit, die am Ladekran des Schiffes *Weather Bird* hängende *GEO* ins Wasser zu lassen. Enorme Kräfte strapazierten das Material bis an die Grenzen. Nur vier Wochen nachdem die *GEO* am Haken gehangen hatte, riss sich bei einem ganz anderen Einsatz der Kran los und versank auf Nimmerwiedersehen samt seiner Ladung 6 000 Meter tief in der Saragossasee. Kalte Schauer laufen Fricke noch heute über den Rücken, wenn er daran denkt, dass der tonnenschwere Kran auch ihn und sein Tauchboot in die Tiefe hätte reißen können. Das Vorhaben stand von Anfang an unter enormem Erfolgszwang. Hans Fricke fühlte sich den Sponsoren gegenüber verantwortlich – die Bringschuld lastete schwer auf seinen Schultern. Er hatte aber nicht nur mit technischen Schwierigkeiten zu kämpfen, sondern auch mit der wissenschaftlichen Konkurrenz. Fricke war schließlich nicht der Einzige, den die Quastenflosser in einen Rausch versetzt hatten. Bereits über zwei Dutzend Expeditionen von Forschern und Abenteurern anderer Nationen hatten versucht, das lebende Fossil in seinem Lebensraum zu entdecken. Es war ein Wettlauf mit der Zeit.

Am 24. August 1986 dann der Schock: Hans Fricke erhielt die Nachricht, dass Japaner einen Quastenflosser in seinem Lebensraum gefilmt hätten. So kurz vor seiner eigenen Expedition, in die er schon unendlich viel Zeit und Herzblut investiert hatte, muss ihn diese Nachricht wie ein Schlag in den Nacken getroffen haben. Selbst in den Abendnachrichten des ZDF wurden Filmausschnitte der japanischen Expedition gezeigt. Die Welt saugte diese Sensation in sich auf. Doch als Hans Fricke genauer hinsah, konnte er es nicht glauben. Da schwamm ein halbtoter Quastenflosser an einer Angelschnur gezogen durchs Bild. Fricke war empört, ja, er war außer sich! Diese Amateuraufnahmen waren jedem Experten längst bekannt und bereits vor Dekaden aufgenommen worden. Er konnte es nicht fassen, dass es den Japanern gelungen war, mit dieser Täuschung weltweiten Ruhm und schnelles Geld einzuheimsen. Später fand Hans Fricke heraus, dass der Amateurfilmer, ein französischer Tauchlehrer, das Filmmaterial für 150 000 DM an die Japaner verkauft hatte. Und die waren zu der angegebenen Zeit nicht einmal auf den Komoren gewesen!

Hinabschweben ins Bodenlose

Am 25. Dezember 1986 startete Fricke vor den Komoren seine erste Tauchfahrt ins Reich der Quastenflosser. Die Crew brachte die Erfahrung von 551 Tauchfahrten und insgesamt 60 Tagen unter Wasser mit. Die längste Tauchfahrt hatte 17 Stunden gedauert. Die *Metoka*, ein Schiff, das ihm von privater Seite für seine Expedition zur Verfügung gestellt worden war, transportierte sein Tauchboot. Der Kran ließ die *GEO* langsam ins Wasser gleiten. Ein Schlauchboot brachte Hans Fricke und seinen Steuermann zum Tauchboot. Der Wellengang machte es nicht leicht, in die oben geöffnete *GEO* einzusteigen. Dann wurde die Luke mit einem dumpfen Geräusch geschlossen. An dem Schaltpult drückte Frickes Steuermann Jürgen Schauer die Hebel und Knöpfe, die das Sinken einleiteten. Kaum waren sie unter Wasser, wurde es seltsam still. Sie waren jetzt in ihrem eigenen kleinen Mikrokosmos gefangen. Langsam glitten sie in die dunkle Tiefe. Unter ihnen tauchte eine zerklüftete, vulkanisch geprägte Unterwasserlandschaft auf. Langsam und vorsichtig glitten sie in schräg abfallende Canyons hinein. Hans Fricke saß in der Glaskuppel im Ausguck, immer bereit zu filmen. Doch die Quastenflosser ließen auf sich warten.

Systematisch durchkämmten sie das Gelände. Licht drang bei Sonnenschein bis in eine Tiefe von 200 Metern vor. Sobald sich aber Wolken vor die Sonne schoben, wurde es finster. Tauchgang reihte sich an Tauchgang. Allmählich bekamen Hans Fricke und seine Crew Routine in dem Tauchgebiet. Die Forscher maßen Salzgehalte und Temperaturen in verschiedenen Tiefen und beschrieben die Struktur des Bodens. Doch vom Urzeitfisch fand sich nicht die geringste Spur! Dabei waren Quastenflosser aus ebenjener Tiefe, in die sie immer wieder abtauchten, mit Schnur und Haken gefischt worden! Langsam machte sich Enttäuschung breit. Auch oberhalb der Wasserlinie gab es Probleme: Zyklone, plötzliche Wetterumschwünge und hohe See machten der Crew das Leben schwer. Das ständige Rollen und Schlingern der *Metoka* war eine Qual für die Mannschaft. Permanenter Schlafmangel war die Folge. Die Crew fühlte sich nicht sicher auf dem Schiff, dessen Schicksal schon wenige Jahre später besiegelt sein sollte. Einige Jahre später erreichte Hans Fricke die erschreckende Nachricht, dass die *Metoka* bei einem Sturm im Roten Meer gesunken war.

Nach einer Vielzahl erfolgloser Tauchgänge beschlossen Hans Fricke und seine Crew, den Standort zu wechseln. Sie schipperten mit der *Metoka* von der Hauptinsel der Komoren zur Insel Anjouan, vor deren Küste ebenfalls Quastenflosser gefangen worden waren. Auf Anjouan sah Fricke zum ersten Mal in seinem Leben drei echte Quastenflosser. Allerdings waren es präparierte Fische, deponiert im Keller eines nicht fertiggestellten Hauses. Möglicherweise war hier ein illegales Unternehmen tätig, das die präparierten Fische als Exponate an Museen oder private Sammler verkaufen wollte. Dennoch, als er sie berührte, war es für ihn ein fast heiliger Moment. Diesem Fisch so nah zu sein war wie ein Zeichen dafür, dass sein Lebenstraum endlich in Erfüllung gehen sollte. Jetzt fehlte nur noch ein echter Quastenflosser aus Fleisch und Blut, der vor seine Kameralinse schwamm ...

Bei den Tauchfahrten vor Anjouan hangelten sie sich von Fehlalarm zu Fehlalarm. Kam ein größerer Schatten in Sicht, gaben sie mit ihrem Tauchboot Vollgas – und fanden sich immer wieder Zackenbarschen oder Haien gegenüber. Von Quastenflossern keine Spur. Häufig waren auch Delfine zugegen. Über Mikros pfiffen die Aquanauten den Delfinen etwas vor, und die Meeressäuger antworteten mit lustigem Pfeifen. Zu gerne hätten sie gewusst, was ihnen die Delfine sagen wollten – die wussten ganz sicher, wo sie *Latimeria* finden konnten.

Die Delfine konnten sie nicht fragen, aber die Insulaner. Die Tauchbootfahrer besuchten die Fischer Anjouans und interviewten sie über Köder, Tiefe und Tageszeiten bei ihren Fängen der Quastenflosser. Die Fangtiefe variierte zwischen 100 und 300 Metern. Tiefer als 200 Meter konnte die *GEO* nicht tauchen. Hinzu kam, dass nicht mehr viel Zeit blieb; die *Metoka* würde bald die Komoren verlassen und zu einem anderen Einsatzort abberufen werden.

Eine wichtige Erkenntnis aus den Befragungen war, dass *Latimeria* ein nachtaktiver Fisch ist. Bei ihren Profilfahrten bis 140 Meter Tiefe hatte Fricke eine größere Anzahl Fische festgestellt, die als Beutefische für *Latimeria* infrage kamen. Die Vermutung lag nahe, dass die Quastenflosser nachts aus der Tiefe emporsteigen, um sich hier satt zu fressen. Jetzt dämmerte es Hans Fricke und seiner Crew: Sie waren zur falschen Tageszeit unterwegs gewesen! Nur noch wenige Nächte blieben Hans Fricke, um den Urzeitfisch zu entdecken. Die Zeit verstrich, und seine letzten Hoffnungsschimmer verblichen nach und nach in den Tiefen des Meeres. Er sollte in den wenigen verbliebenen Nächten nicht mehr fündig werden. Deprimiert musste Hans Fricke die Komoren verlassen. Kein einziger Quastenflosser hatte sich gezeigt.

Was mag in ihm vorgegangen sein, als er den Flieger nach Hause bestieg? Wie sollte er den Geldgebern, seinen Kollegen, Freunden und seiner Familie erklären, dass es ihm nicht gelungen war, das lebende Fossil zu sichten?

Das Wunder

Auf der Rückreise rief Hans Fricke während einer Zwischenlandung in Paris zu Hause an. Und mit einem Mal war jede Enttäuschung weggewischt. Sein Sohn berichtete ihm am Telefon, dass die *GEO* auf Tauchfahrt Nummer 580 am 17. Januar 1987 um 21 Uhr in 198 Metern Tiefe auf einen Quastenflosser gestoßen war! Seinen Teamkollegen Jürgen Schauer und Olaf Reinicke war es gelungen, den Fisch zu filmen und zu fotografieren. Auch wenn Fricke nicht selbst an Bord des Tauchboots gewesen war: Der Bann war gebrochen. Hans Fricke hatte es geschafft. Er hatte seinen Geldgebern nicht zu viel versprochen. Viel wichtiger aber war, dass er sein Lebensziel verwirklicht, dass er die Maßstäbe für sein eigenes Leben nicht zu hoch angesetzt hatte. Jetzt spielte es keine Rolle mehr, ob ein gehöriges Quäntchen Glück im Spiel gewesen war. Er saß in einer Cafeteria im Flughafen, und Tränen der Erleichterung perlten über sein Gesicht. Eine tonnenschwere Last fiel ihm von den Schultern. Er merkte, unter welcher Anspannung er gestanden hatte. Jetzt machte sich eine große innere Ruhe in ihm breit. Ihm wurde dankbar bewusst, dass er es ohne seine Freunde und Kollegen nicht geschafft hätte, aber auch nicht ohne die finanzielle und technische Hilfe so vieler Beteiligter.

Das Filmmaterial der *GEO*-Crew stellte alles in den Schatten, was bisher von lebenden Quastenflossern aufgenommen worden war. Als Hans Fricke endlich die Filmaufnahmen sah, war es eine Sternstunde im Leben des Zoologen: Die Quastenflosser erschienen ihm wie ins Wasser gefallene Landwirbeltiere, wie Molche oder Salamander im Meer. Ihre Augen leuchteten grell im Licht der Scheinwerfer, denn in den Augen tragen sie eine reflektierende Kristallschicht. Eigentümlich war auch ihre Bewegungsweise: Man hatte sich bisher vorgestellt, dass der Quastenflosser auf seinen Flossen am Meeresgrund entlangstolziert. Die Forscher waren dann aber sehr überrascht, dass dies eindeutig nicht der Fall war. Beim Fortbewegen berührte er den Boden nicht. Hans Fricke fand, dass »seine großen Brustflossen eher den Tragflächen eines Flugzeugs gleichen als Gehwerkzeugen«. Im Film war auch genau zu erkennen, wie der Fisch seine vielen Flossen einsetzt. In Zeitlupeneinstellung erkannte Fricke einen Vierfüßertakt, wie er zum Beispiel bei Pferden im Trab zu finden ist. Der Quastenflosser zeigte sich als ein Stoßräuber, der schneller als ein Hecht beschleunigen kann. Ähnlich wie bei der rauen Haut der Haie minimieren die Schuppenhöcker von *Latimeria* Verwirbelungen im Wasser; so kann er blitzschnell durchs Wasser gleiten. Er stellte sich zudem als Experte im Manövrieren auf engstem Raum heraus. Der Quastenflosser konnte auf der Stelle drehen, perfekt rückwärts schwimmen und blieb selbst in Rückenlage stabil.

Doch trotz großer Freude und Stolz beim Betrachten des Filmmaterials: Hans Fricke selbst hatte noch keines der Tiere lebend zu Gesicht bekommen! Am 1. Mai 1987 aber war es endlich so weit. Fricke war wieder auf die Komoren zurückgekehrt und erspähte im Ausguck der *GEO* seinen ersten Quastenflosser. Jetzt hatte er es endgültig geschafft. Sein Aufschrei der Begeisterung hallte durch das Boot – und drang vielleicht sogar bis zu seinem Quasti durch.

Für Hans Fricke ging etwas Zeitloses, Entrücktes von diesen prähistorisch wirkenden Fischen aus. Ohne Hast und Eile, in sorgloser Ruhe präsentierte sich der Urfisch seinem Entdecker, als wäre er persönlich der Erfinder der Langsamkeit. Seine tiefblaue, mit weißen Flecken übersäte Färbung verstärkte nur noch den urtümlichen Eindruck. Dieser Augenblick war einer der ergreifendsten Momente im Leben des unermüdlichen Forschers.

Kopfstand in 200 Metern Tiefe

Hans Fricke blieb den Komoren und der Insel Anjouan treu. Mittlerweile waren er und seine Crew schon mehrfach Quastenflossern begegnet. Doch der Wissensdurst der Forscher war unerschöpflich. Bei der exakt 600. Tauchfahrt ging es wieder viel zu laut zu in der *GEO*: Hans Fricke lachte schallend. Was er sah, war einfach unglaublich. Sie waren nahe an einen Quasti herangefahren, als sich dieser plötzlich vor ihnen auf den Kopf stellte. Das hatte die Crew zuvor schon einmal beobachtet und gedacht, dass sie an ein krankes Exemplar geraten seien. Aber weit gefehlt! Dieses Tier war putzmunter und in seinem Element. In Versuchen fand Fricke heraus, dass die Quastenflosser sensitiv auf elektromagnetische Felder reagierten. Anscheinend genügte die unmittelbare Nähe des Tauchbootes bereits für den Quasti, um so ein Feld wahrzunehmen und sich auf den Kopf zu stellen. Der Fisch erweckte den Eindruck, als würde er mit dem Tauchboot flirten wollen. Wahrscheinlicher jedoch war, dass er die elektrosensitivere Seite seines Körpers von der Quelle des Feldes abwandte.

Diese Entdeckung löste gleichzeitig eines der zuvor aufgetauchten Rätsel: Wenn Frickes Crew den Quastenflossern in der Dunkelheit folgte, hatte es sie immer wieder erstaunt, mit welcher Genauigkeit diese bei ihren kilometerweiten Streifzügen nachts im Dunkeln navigieren konnten. Es war, als wandelten sie auf unsichtbaren Linien, den Traumpfaden der Aborigines gleich. Anscheinend nutzen die Urzeitfische das geomagnetische Feld als Kompass und orientieren sich am Muster magnetischer Störungen, die von erkalteter Lava ausgeht.

Quastenflosser sind übrigens nicht die einzigen Fische, die elektromagnetische Felder erkennen können. Ihre großen paarigen Rostralorgane im Kopf gleichen den »Lorenzinischen Ampullen« der Haie. Diese Ampullen sind mit Gallerte gefüllte Elektrosinnesorgane, mit deren Hilfe Haie Hindernissen ausweichen und Beutetiere lokalisieren. Ein schwimmender Fisch erzeugt ein elektrisches Feld, das das gleichmäßige magnetische Feld der Erde stört. In einem Lebensraum wie etwa in tiefem oder trübem Wasser, in dem die Sicht sehr schlecht ist, eine sehr nützliche Erfindung.

Mit seinen Entdeckungen wuchs die Bekanntheit Hans Frickes, vor allem bei dem fischvernarrten Volk von Südafrika, wo der Namensgeber von *Latimeria*, Professor Smith, längst eine nationale Ikone geworden war. Bei einer Vorführung von Filmaufnahmen der Quastenflosser in Südafrika erntete Hans Fricke frenetischen Beifall. Manche Zuschauer hatten Tränen in den Augen. Auch publizistisch war er mit zahlreichen Artikeln über seine Lebendbeobachtungen und die Bewegungsabläufe der Fische beim Schwimmen und Manövrieren in den wichtigsten Wissenschaftszeitungen vertreten. Selbst mehrere Cover von Zeitschriften schmückte der Quastenflosser.

Man sollte meinen, Hans Fricke hätte seinen Traum verwirklicht und würde sich nun zufrieden zurücklehnen. Aber die ersten Aufnahmen der Tiere waren für ihn nur der Anfang gewesen. Zu viele Fragen waren offengeblieben. Was machen die Quastenflosser tagsüber? Was geschieht in Tiefen von mehr als 200 Metern? Wo ist die Kinderstube der Quastis? Rein gar nichts war über das Fortpflanzungsverhalten bekannt. Auf all seinen Tauchfahrten vor den Komoren hatten sie nicht ein einziges Jungtier gesehen. Für Fricke gab es nur eine Lösung, um Antworten zu bekommen. Ein neues Tauchboot musste her. Eines, das die Grenzen der *GEO* sprengte und alle Einschränkungen aufhob: Es sollte doppelt so tief tauchen können.

Sein Erfolg öffnete ihm Tür und Tor, sodass ein neues Tauchboot, die *Jago*, gebaut wurde. Es war für eine Tauchtiefe bis zu 400 Metern ausgelegt. Nachdem die *Metoka* im Roten Meer gesunken war, hievte jetzt die *Sea Eagle* das neue, ebenfalls gelbe Tauchboot über Bord. 1989 schwebte die Crew erneut vor den Komoren der Tiefe der zerklüfteten Unterwasserwelt entgegen. Zwischen erstarrten Lavablasen längst vergangener vulkanischer Aktivität und zerfurchten Canyons hofften sie Antworten auf ihre Fragen zu bekommen.

Die Fahrten in beiden Tauchbooten, der *GEO* und der *Jago*, waren alles andere als ein Vergnügen. In die kleine Kabine wurde zwar ausreichend Sauerstoff gepumpt. Aber die menschlichen Ausdünstungen blieben erhalten. Sie klebten in der Luft wie Autoabgase in unzureichend belüfteten Tunnels. In gekrümmter Embryohaltung saß Hans Fricke stundenlang in seiner Glasglocke. Seine Muskeln wurden steif, seine Gelenke schmerzten. Zwei Bandscheibenvorfälle handelte er sich dadurch ein, dass er immer und immer wieder eingepfercht in der kleinen Kapsel saß, die von einem einheimischen Fischer einmal als »Sarg« bezeichnet worden war. Zu den körperlichen Herausforderungen kam noch die mentale: Bei über 400 Metern Wassersäule über dem Kopf stellt sich schnell ein klaustrophobisches Gefühl ein, das in eine Panikattacke übergehen kann. Nicht ganz zu Unrecht, denn die enorme Wassersäule ist letztlich ein Risiko für Leib und Leben. Der kleinste Schaden am Boot, eine lose Schraube oder eine schlecht sitzende Dichtung können angesichts des hohen Wasserdrucks zur Katastrophe führen. Außerdem herrschen unter Wasser unvorhersehbare Strömungen, die das langsame Boot des Öfteren erfassten und weit vom Kurs abbrachten. Hans Fricke verglich seine Fahrten einmal mit den Bewegungen eines Stücks Papier, das im Wind flattert.

Der Erfolgsdruck und die große Leidenschaft für die seltenen Meeresbewohner ließen die Besatzung der *GEO* und *Jago* enorme Risiken und Torturen auf sich nehmen. Die Tauchfahrten dauerten oft viele Stunden, und nicht selten stellte sich in der stickigen Luft Müdigkeit ein, die so gefährlich war wie der Sekundenschlaf im Autoverkehr. Sie steuerten nicht mit einem Lenkrad, sondern vermittels kleiner Schalter, die sie ständig bewegten. Da kam es schon einmal vor, dass die Schwimmtanks der *Jago* eine Felswand streiften und ein hässliches schrammendes Geräusch das Innere erfüllte. Der Schreck war groß, die volle Konzentration in Sekundenbruchteilen wiederhergestellt. Oft setzten sie auch unversehens auf Grund auf. Doch was anfangs noch für seltsame Gefühle sorgte, schreckte die Crew der Tauchboote bald schon nicht mehr.

Grottiges Gedrängel

Die Mühen waren nicht umsonst. Immer wieder brachten die Tierfilmer neue Erkenntnisse über das geheimnisvolle Leben der Quastenflosser aus der Tiefe ans Tageslicht. Überraschenderweise stellte sich heraus, dass die Quastis nachts nicht aus der Tiefe kommen, sondern sich tagsüber in Höhlen aufhalten. Perfekt austariert schweben sie dort dicht über dem Boden. Einmal drängelten sich sogar 18 ausgewachsene Tiere in einer Höhle, ohne sich zu berühren. Aggressionen untereinander haben Hans Fricke und sein Team bei den Quastenflossern nie beobachtet. Im Gegenteil schienen sie ihm »marine Pazifisten« zu sein, die extrem friedlich miteinander umgehen.

Auch die Färbung der Schuppen war Gegenstand der Forschungen: Die auffälligen weißen Flecken auf dem tiefblauen Grund wirken wie Schalen abgestorbener Austern, die an der Felswand kleben. Eine perfekte Tarnung für den Aufenthalt in den Höhlen! Schnell fanden die Forscher heraus, dass jeder Quasti ein individuelles Zeichenmuster trägt. Damit konnten sie einzelne Tiere wiedererkennen und unter anderem zeigen, dass sich über Jahre hinweg dieselben Exemplare in denselben Höhlen aufhielten.

Quastenflosser werden sehr alt. Hans Fricke konnte bei einem kleineren Exemplar, dem sie den Namen »Nico« gegeben hatten, in 13 Jahren kein Wachstum feststellen. Das Alter von Fischen lässt sich über Ringe der Gehörsteine, den »Otolithen«, ermitteln, ähnlich den Ringen bei Bäumen. Bei *Latimeria* ist das Alter aber nicht eindeutig zu ermitteln, da offensichtlich Zuwächse auch wieder aufgelöst werden können. 40 Jahre können sie mindestens alt werden, vermutlich aber weit älter. Es würde Hans Fricke nicht überraschen, wenn die Quastenflosser sogar über 100 Jahre alt werden könnten. Vielleicht ist einer der Gründe dafür, dass Quastis Meister im Energiesparen sind. Hans Fricke berechnete, dass ein Fisch von 100 Kilogramm nur ungefähr 30 Gramm Beute pro Tag als Nahrung braucht. Haie benötigen ein Vielfaches.

Mit an Quastenflossern befestigten Peilsendern stellten sie fest, dass die Urzeitfische zum Jagen in Tiefen bis zu 700 Metern abtauchen. Hans Fricke konnte den Fischen also wieder nicht folgen. Es muss ihm sein Forscherherz zerrissen haben, als er sie ins Bodenlose verschwinden sah.

Doch auch manche schöne Geschichte wiederholt sich im Leben. Als Quastenflosser später auch in den 7 000 Kilometern entfernten Gewässern Indonesiens entdeckt wurden, war Hans Fricke wieder Feuer und Flamme und startete vor Ort eine Tauchboot-Expedition mit der *Jago*. Das Ergebnis: Kein Quastenflosser schwamm vor den Ausguck des Boots. Enttäuschung. Als Fricke nach erfolgloser Suche wieder in Deutschland ankam, erreichte ihn die Nachricht von seinen Tauchkollegen, dass sie beim 33. Tauchgang doch noch Quastenflosser entdeckt hatten – mit dem Bauch nach oben an der Decke einer Höhle stehend. Sie hatten es der Besatzung der *Jago* verdammt schwer gemacht, sie aufzustöbern.

Auch nach Jahren der Forschungsarbeit hüten die Quastenflosser immer noch viele Geheimnisse. Warum versammeln sie sich in den Höhlen? Findet hier die Paarung statt? Warum tauchen die größeren Weibchen tiefer als die kleineren Männchen? Hans Fricke hatte nach wie vor kein einziges Quastibaby entdecken können und fragte sich, wo die Kinderstube der Fische wohl ist. Besonders tief tauchen die trächtigen Weibchen. Es ist wahrscheinlich, dass sie ihren Nachwuchs in größerer Tiefe zur Welt bringen. Sind die kleinen Quastenflosser in der Tiefe sicherer vor Räubern oder gar vor den eigenen Artgenossen?

Viele Fischarten setzen unglaublich viele Eier im Wasser ab. Von den Nachkommen erreichen aber nur die wenigsten das Erwachsenenalter. Eine ganz andere Strategie besteht darin, die Jungen lebend auf die Welt zu bringen. Einen wirksameren Schutz vor Eiräubern gibt es nicht. Lebendgeburten haben sich auch bei verschiedenen Amphibien und Reptilien unabhängig voneinander entwickelt. Anakondas und die anderen Boaschlangen gehören beispielsweise auch dazu.

Als 1991 vor der Küste von Mosambik ein Weibchen gefangen wurde, nahm die Fachwelt mit Verwunderung zur Kenntnis, dass auch der Quastenflosser zu den lebend gebärenden Tieren gehört. 26 Jungtiere waren im Bauch des Weibchens entdeckt worden, die zusammen immerhin ein Zehntel des Gewichts des Muttertiers ausmachten. Das Weibchen musste kurz vor der Geburt gewesen sein. Bei der Geburt hätten die Jungtiere eine Länge von etwa 35 Zentimetern aufgewiesen. Über die DNA stellten die Forscher fest, dass alle Jungen von nur einem Vater abstammten.

Hans Fricke engagiert sich heute noch für den Schutz seiner Quastis. Und das ist auch dringend notwendig. Für die Fischer waren sie lediglich ein ungeliebter Beifang, da das Fleisch der Quastenflosser einen unangenehm öligen Geschmack hat. Heute sind sie wertvoll, da für präparierte Quastenflosser viel Geld gezahlt wird. Vor den Komoren sind mittlerweile über 200 Fänge gemeldet worden. Die Einheimischen lassen mit Steinen beschwerte Schnüre, mit Haken und Köder versehen, in die Tiefe ab. Die Senkgewichte werden dann mit einem Ruck gelöst. Hans Fricke fand im Gebiet der Quastenflosser auf dem Grund ganze Berge von diesen Steinen aus vielen Jahrzehnten, wenn nicht Jahrhunderten. Dies deutet auf den Jagddruck hin, der zu einem ernsten Problem für die Populationen der Quastenflosser werden könnte. Die Tauchbootbesatzungen stellten fest, dass das Meer um die Komoren ziemlich leer gefischt ist. Wandern die Quastis also erst seit erdgeschichtlich kurzer Zeit zum Jagen in die Tiefe, weil sie weiter oben nicht mehr genug Beute machen können? Vielleicht führen sie ja gerade in beutearmen Bereichen ein Schattendasein, in dem Energie verbrauchende Hochleistungsfische nicht überleben könnten.

Zunehmend werden die Quastis auch Opfer von Tiefwassernetzen, die für die Jagd auf Haie ausgelegt werden. Dies geschieht insbesondere vor den Küsten Kenias und Tansanias. Vor allem kämpft Fricke gegen jeden Versuch, sie in Aquarien bringen zu wollen. Dann würde jeder Zoo einen haben wollen, und die große Treibjagd auf den Urfisch wäre eröffnet. Einmal steckte er mit dem Greifarm der *Jago* eine Nachricht in die Fangreuse von Japanern, die einen Quastenflosser fangen wollten. Darin stand der kurze Satz: »Lasst sie dort, wo sie sind.« Die Japaner waren *not amused.*

Die von den Wissenschaftlern angelegte Kartei mit dem Foto jedes der gesichteten Exemplare war eine wichtige Aufgabe: Die Daten bildeten später die Grundlage zur Höherstufung der Quastenflosser auf Anhang I des Washingtoner Artenschutzübereinkommens (CITES); legale Ausfuhr und Einfuhr sind damit zumindest eingeschränkt.

Hans Fricke resümiert sein Lebenswerk: »Nicht akademische Karriere, Ruhm oder gar Reichtum bildeten den Antrieb, vielmehr Neugierde und die Chance, unter Wasser in einer Welt, die uns Erdenbürgern so wenig bekannt war, der Natur zusehen zu dürfen, sie verstehen zu lernen und ihre Rätsel zu lösen.« Die Begegnung mit »seinen« Fischen bewegte ihn tief: »Jedes Mal war ich beim Anblick der Quastenflosser aufgeregt«, berichtete er, »und jedes Mal spürte ich fast körperlich das Besondere dieses Augenblicks. Etwas Unwirkliches, Märchenhaftes, Weltfremdes und Entrücktes ging von ihnen aus.«

Rendezvous in der Tiefe

Die Hand geben konnten sich die beiden Nachfahren der devonischen Fischvertreter nicht. Vielleicht stellt sich der Quastenflosser auf den Kopf, um zu signalisieren, dass die moderne Welt kopfsteht und er beabsichtigt, die extrem beschleunigten Veränderungen unserer modernen Zeit in der finsteren Tiefe auszusitzen. Eine fiktive Unterhaltung zwischen den Nachfahren von Fisch 1 und Fisch 2 beim Rendezvous in 200 Metern Tiefe vor den Komoren hätte in etwa wie folgt ablaufen können:

»Hallo, Mensch in quietschgelbem Tauchboot!«
    »Hallo, Quasti!«
    »Du hast jetzt also keine Kiemen und Schuppen mehr!«
    »Äh, nein ...«
    »Und ohne Flossen brauchst du jetzt dieses kleine gelbe Monstrum, um mich hier zu besuchen!«
    »Ja, ja ...«
    »So wie es aussieht, hast du nun in deinem Tauchboot viel weniger Lebensraum als beim Treffen unserer Vorfahren vor 380 Millionen Jahren!«
    »Immerhin haben wir es geschafft, in viele unwirtliche Lebensräume vorzudringen. Und auf dem Mond sind wir auch gelandet!«
    »Wie fühlt es sich denn an auf dem Mond – ohne Wasser und ohne Luft zum Atmen?«
    »Keine Ahnung, ich war ja nicht selbst da. Und den Sauerstoff haben wir von der Erde mitgenommen.«
    »So wie ihr jetzt die Luft zum Atmen in euer Tauchboot presst. Stimmt es, dass ihr da oben zurzeit so ziemlich alles durcheinanderwirbelt?«
    »Nun ja, das ist kompliziert zu erklären ...«

»Wenn ihr so weitermacht, wie lange werdet ihr noch existieren? Eine Million Jahre?«

»Schwer zu sagen, eher weniger ...«

»Das ist aber schade, ich hätte mich alle paar Millionen Jahre mal über einen kurzen Plausch gefreut.«

»Muss das denn so lange dauern? Und willst du denn gar nicht wissen, was da oben so alles los ist?«

»Nein, lieber nicht. Ich müsste womöglich viel zu viel nachdenken. Davon bekomme ich nur Migräne. Ich spüre schon jetzt den ersten Anflug. Da hilft nur eines!«

»Äh, was denn?«

»Kopfstand!«

»Kopfstand?«

»Genau. Also: Nett, dass ihr da wart. Macht's gut und danke für den Fisch!«

»Welchen Fisch?«

»Na, den Fisch, den ihr an Leinen zu uns herunterlasst. Ach ja, könnt ihr denen da oben bitte Bescheid geben, dass sie den Fisch nicht mehr an Haken befestigen? Ein paar meiner Brüder und Schwestern haben sich darin verfangen.«

So sprach der Quastenflosser, der Methusalem unter den Tieren, stellte sich auf den Kopf und schwieg. Auch die Mannschaft im Tauchboot verstummte unter dem Eindruck der beklemmenden Atmosphäre, die der Quastenflosser bei ihnen erzeugt hatte.

4

Inselschicksale

»Es erscheint wie ein Wunder, dass die Quastenflosser so unglaublich lange ihre ursprüngliche Form bewahren konnten«, kommentiere ich.

»Aber nur, weil sich da unten im Meer nicht viel verändert. Was dort wohl noch alles lebt?«, sinniert Jörg laut.

»Es gibt noch viel zu entdecken. Wenn es doch nur leichter wäre, in diese Welt vorzudringen. Ich finde es bewundernswert, mit welcher Beharrlichkeit Hans Fricke sich auf die Suche nach den Quastis gemacht hat. Und das trotz klaustrophobischer Anfälle!«

»Klaustrophobische Anfälle, hm, kann man die eigentlich auch bekommen, wenn man zu lange im Dschungel ist?«, will Jörg plötzlich wissen.

»Wieso?«

»Ich glaube, ich habe einen Urwaldkoller.«

»Davon habe ich noch nichts bemerkt.«

»Grün!«, betont Jörg. »Ich sehe nur noch Grün, das macht mich kirre.«

Besorgt leuchte ich ihn mit meiner Stirnlampe an. »Wie meinst du das?«

»Ist dir schon mal aufgefallen, dass uns jeden Tag zwei hohe grüne Wände jede Sicht versperren?«

»Aber Jörg, das Grün der Wälder ist doch Balsam für unsere geschundenen Winterseelen!« Wir hatten Ende Februar den deutschen Winter zurückgelassen.

»Das fand ich ja anfangs auch, aber allmählich geht mir das Dauergrün auf den Geist. Jetzt verstehe ich viel besser, warum Abenteurer früherer Jahrhunderte den Dschungel als Grüne Hölle bezeichnet haben. Um wie viel intensiver muss ihnen das Grün noch zugesetzt haben, wenn sie monatelang ohne jede Technik tief in den Dschungel vordrangen.«

»Ich glaube, das lag eher an so was wie Hitze, Krankheiten, Moskitos, feindlichen Indianern und so weiter. Jetzt werde mir mal nicht zum Grünling!«, flachse ich.

»Grünling ...«, spricht Jörg mir gedehnt nach.

Ich sehe ihm an, dass er grübelt. Mein Freund wird doch jetzt nicht beleidigt sein, hoffe ich insgeheim.

»Grünling«, wiederholt Jörg, dann endlich liefert er eine Erklärung: »Ich kenne Grünlinge! Hast du schon mal etwas von dem Grünling Flossie gehört?«

Freddy

Sein gepflegtes Fell schimmert leicht im Mondlicht. Die grau-weißen Tigerstreifen verschwimmen im Halbdunkel der Sträucher. Auf leisen Pfoten schleicht er durchs Gelände. Freddy liebt die Freiheit über alles. Er ist ein erfolgreicher Jäger, seine Krallen sind immer gewetzt. Kulinarische Almosen benötigt er keine. Allen Annäherungen und Lockungen widersteht er erfolgreich. Sich zähmen zu lassen verbietet ihm sein Stolz.

Seit ein paar Monaten ist dem Kater Freddy zum Lachen zumute. Und dabei wähnt er sich in guter Gesellschaft. Es kommt ihm so vor, als müsste selbst die Insel losbrüllen, deren Boden tatsächlich von schleifenden Federn gekitzelt wird. Freddy ist sich sicher: Seit die Insel sich aus den Fluten des Pazifiks erhoben hat, gab es hier noch nie einen besseren Grund, um sich kaputtzulachen. Seine Heiterkeit wird von den neuen Bewohnern der Insel hervorgerufen: große, plumpe Grünlinge.

So etwas Merkwürdiges hat er noch nie gesehen. Die Grünlinge haben Federn. Aber das ist auch schon das Einzige, was normal aussieht an ihnen. Der Rest: alles, außergewöhnlich! Die neuen Bewohner watscheln tollpatschig kilometerweit durch die Gegend. Freddy findet, das sieht zum Schießen komisch aus. Wenn Enten ein wenig am Ufer entlangwatscheln, so denkt Freddy, ist das ganz in Ordnung. Ab und zu stellt er ihnen nach. Doch was die neuen grünen Inselbewohner veranstalten, verunsichert Freddy. Wie die Grünlinge da unterwegs sind, das kommt ihm vor, als würden Frösche zu traben beginnen oder Flusspferde zu tänzeln.

Schon seit Stunden folgt er einem der neuen Bewohner seiner Insel: Heute würde er zur Tat schreiten, heute würde er sich den komischen Vogel vorknöpfen. Bisher hat er es gescheut, einen Grünling anzugreifen. Immerhin sind die um die drei Kilogramm schwer und haben einen kräftigen Schnabel. Doch jetzt, wo ihn der Hunger quält, bekommen die Grünlinge für ihn eine neue Bedeutung. Zwei Mal schon hat er sich den Einzelgängern genähert und sie angefaucht. Er wollte sie aus der Reserve locken, um zu schauen, wie wehrhaft die komischen Kerle sind. Verprügelt will er ja nun nicht werden. Verwundert hat Freddy dabei zur Kenntnis nehmen müssen, dass ihn die komischen Vögel nur enervierend angestarrt haben. Außer einem Glucksen haben sie nicht reagiert. Freddy war verwirrt zurückgewichen. Eine Beute hat sich zu wehren – oder zu fliehen. Ein ebenbürtiger Gegner hat zu drohen, sich aufzuplustern, Krallen zu zeigen oder mit dem Schnabel zu hacken. Freddy fragt sich ernsthaft, ob die Vögel nicht eine Meise haben. Immerhin, sie verströmen einen intensiven Vogelgeruch. Bei jeder Begegnung bisher lief Freddy deswegen das Wasser im Maul zusammen. Er ist sich jetzt sicher: Die Grünlinge riechen nach einer besonders fetten Beute. Er beschließt, gleich einen Angriff zu wagen. Er schleicht sich auf leisen Pfoten näher an den ausgespähten Grünling heran, um sich von hinten auf ihn zu stürzen.

Doch dann steigt ihm ein anderer unwiderstehlicher Duft in seine Nase, der eine leckere Mahlzeit verheißt. Da, in einer kleinen Höhle im Gebüsch, sieht er einen Napf mit undefinierbarem Inhalt. Schnuppernd nähert er sich. Er ist misstrauisch und schaut in die Runde. Die Luft scheint rein zu sein. Er wird sich erst einmal anschauen, wie frisch das Zeug in dem Napf ist, denkt er sich. Sein Hunger ist gewaltig und treibt ihn voran. Kurz vor dem Napf verfängt sich ein feiner Nylonfaden in seiner linken vorderen Pfote. Rumms! Hinter der Katze saust schwirrend eine Falltür durch die Luft und schlägt krachend auf.

Freddy erschrickt, kreischt, macht einen Buckel, sucht einen Ausweg. Aber es gibt keinen Ausweg. Die Falle ist zugeschnappt. Sein Inselleben ist damit vorbei. Er war der Letzte seiner Art auf diesem Stück Land mit dem hübschen Namen Maud Island. Freddy wird später auf dem Festland in eine nette Familie vermittelt werden. Dort wird er »Freddy the Cat« getauft werden und schon nach kurzer Zeit wegen der vorzüglichen Fütterungen handzahm sein. Hier verliert sich sein weiterer Lebensweg. Zu Recht. Denn dies ist nicht die Geschichte vom streunenden Kater Freddy. Nein, dies ist die Geschichte der Grünlinge ...

Flossie

Zur selben Zeit ein paar Meter weiter: Flossie dreht sich um und starrt in die Richtung, aus der das Fauchen und Jaulen der Katze kommt. Sie versteht nicht, was die damit bezwecken will. Flossie versteht vieles nicht, aber das stört sie nicht weiter. Sie erinnert sich daran, dass sie vor Kurzem von dieser Katze angefaucht wurde. Verwundert hatte sie sich das flegelhafte Benehmen angeschaut, sich jedoch nichts weiter dabei gedacht. Freundlich hatte sie etwas gegluckst, was aber die Katze bedauerlicherweise nicht zu einer freundlichen Reaktion animierte.

Flossie wandert aufopferungsvoll weiter durch die mondhelle Nacht. Sie hat jetzt keine Zeit dafür, sich um die Katze Gedanken zu machen. Drei kleine Mäuler muss sie stopfen, die ständig um Futter betteln. Flossie darf nicht zu lange von ihren Jungen fernbleiben, weil die ansonsten unterkühlen würden. Es ist eine Gratwanderung, das beste Futter herbeischaffen zu wollen und gleichzeitig die Küken wärmen zu müssen. Küken großzuziehen ist schon eine anstrengende Angelegenheit, denkt sie bei sich, während sie einen Fuß vor den anderen setzt.

Flossie ist ein Papagei, genauer gesagt ein Kakapo. Mit rund 60 Zentimetern ist sie ungefähr so groß wie unser heimischer Uhu. Die etwas größeren Männchen werden bis zu vier Kilogramm schwer. Glückwunsch! Der Rekord der größten und schwersten Papageien geht an sie. Und Flossie hat noch mehr mit Eulen gemeinsam: Die Weisheit haben sie aber nicht mit Löffeln gefressen, wie noch zu sehen sein wird. Kakapos werden Eulenpapageien genannt, weil ihr helles Gesicht eulenartig wirkt. Eule mit flauschigen Federn lautet die Übersetzung ihres Artnamens *Strigops habroptila*. Sie sind jedoch nicht nur flauschig, sondern in ihrer unbekümmerten Lebensart auch betörend liebreizend, sodass man sie am liebsten knuddeln möchte. Wenn Sie die Kakapos tatsächlich eines Tages herzen wollen, sollten Sie jedoch zwei Dinge bedenken: Zum einen gibt es weniger Exemplare als zwei Anakondas Zähne im Maul haben. Zum anderen leben sie ausgerechnet auf einer Inselgruppe, die sich in der geologischen Vergangenheit immer weiter von Europa entfernt hat. Ihre Heimat ist Neuseeland.

Neuseeland auf Abwegen

Völlig losgelöst von den anderen Kontinenten dümpelt Neuseeland wie ein Geisterschiff im Ozean vor sich hin. Es hat Australien weit hinter sich gelassen. Vor rund 85 Millionen Jahren befand sich der Superkontinent Gondwana in heller Aufregung: Riesige Landmassen lösten sich und kehrten dem Superkontinent den Rücken. Das kleine Neuseeland verfolgte gespannt, wie die Kontinente auseinanderbrachen. Dann geriet es selbst in den Strudel der Ereignisse und fasste den Entschluss, sein eigenes Ding zu drehen. Der Boden bebte und Vulkane spien feurig ihre Glut in die Luft, als der kleine Ausreißer sich aufmachte, um das große Abenteuer zu wagen. Die tektonische Wanderung durch den Ozean hatte für Neuseeland Konsequenzen: Es zerbrach in zwei große Hauptinseln, umgeben von mehr als 700 kleinen Inselchen. Vielleicht hätte sich Neuseeland besser über die Klimabedingungen informieren sollen, als es nach Osten abdriftete. Leicht verschnupft muss es jetzt hinnehmen, dass es an etwa 200 Tagen im Jahr regnet. Doch kein Nachteil ohne einen Vorteil: Neuseeland ist ganzjährig mit üppigem Grün gesegnet. Fernab von allen anderen Landmassen entwickelte sich darob während einer sehr langen Zeitspanne eine eigene Fauna und Flora. Allein 85 Prozent der Pflanzenarten kommen nur in Neuseeland vor. Ein einzigartiges Ökosystem war entstanden. Keine Frage: Als biologisches Experiment ist Neuseeland ein voller Erfolg – und Flossie mittendrin.

Neuseeland schaffte es gerade noch rechtzeitig, sich aus dem Staub zu machen, bevor die Säugetiere die Inseln in ihren Besitz nehmen konnten. Viele Millionen Jahre waren sie dort vollkommen unbekannt. Wale und Delfine tauchten zwar vor den Inseln auf und erhaschten schon einmal einen Blick auf die Küsten dieses Geheimlabors. Für diese fuß- und beinlosen Säuger gilt allerdings: Landgang ausgeschlossen. Dennoch droht Neuseeland Gefahr aus dem Wasser. Seelöwen, See-Elefanten und Seebären entdeckten die grünen Inseln und okkupierten zahlreiche Küstenregionen. Ein Trauma für die neuseeländischen Pinguine, da die Seelöwen sich mit Vorliebe Pinguine schmecken lassen. Wie gut, dass die Robben dem Meer treu geblieben sind, denn sie würden andere flugunfähige Vögel sicher nicht verschmähen. So kann Flossie weiter sicher durch die Nacht watscheln. Nur drei verwehte Fledermausarten infizierten das Inland mit Säugetieren. Den Flattertieren kommt indes nur Beobachterstatus zu – lediglich fliegende Krabbler werden gejagt.

Ein riesiges losgelöstes Ökolabor war also entstanden, das von der Besiedlung mit Säugetieren weitestgehend verschont blieb. Und es kam noch besser! Um das Experiment um eine kräftige Portion Kreativität und Dramatik zu erweitern, öffnete sich vor 65 Millionen Jahren der Himmel, und ein riesiger Meteorit donnerte auf die Erde. Feuerstürme und Tsunamis vernichteten die Dinosaurier sowie andere große Reptilien. Eventuell in Neuseeland ansässige Krokos wurden fortgespült. Schlangen sind seitdem ebenfalls Fehlanzeige, wenn es sie denn vorher überhaupt auf

Neuseeland gab. Flossie und die anderen Grünlinge können sich glücklich schätzen, dass die in allen tropischen Ozeanen vertretenen Seeschlangen bis heute keine Tendenz zur Landeroberung zeigen. Die neuseeländischen Reptilien sind klein und für Flossie nicht von Bedeutung. Die immerhin bis zu 75 Zentimeter langen urtümlichen Brückenechsen wiederum haben es nur auf Insekten abgesehen.

Die Regel besagt, dass sich früher oder später räuberische Arten entwickeln, die sich über die anderen erheben. Sie sind stärker, größer und aggressiver als der Rest. Löwen, Haie und Eisbären sind solche Siegertypen. Neuseeland flüchtete jedoch, bevor sich die typischen Vertreter der Macht ansiedelten. 85 Millionen Jahre sind eine lange Zeit, in der das Land diese eigentümliche Ruhe genoss. Mehr als genug Zeit, um neue Herrscher zu etablieren, um das Innere nach außen zu stülpen oder, sachlich formuliert, Körperbau und Größe stark zu verändern. Vor 65 Millionen Jahren waren die Säugetiere noch nicht einmal so groß wie Marder. Aus dem Opossum ähnlichen frühen Säugetieren haben sich Klopper wie Mammut oder Flusspferd entwickelt. Und in Neuseeland? Tja, was soll man da sagen?! Wie wär's mit: Dornröschenschlaf. Auf diesem Experimentierfeld der Natur war Platz für außergewöhnliche Sonderanfertigungen, wie sie sich auf den Kontinenten so nicht entwickeln konnten.

Für immer Zwerge

Es ist wirklich verwunderlich, dass keine der vorhandenen Tierarten die Situation ausgenutzt und sich zum Herrscher emporgeschwungen hat. Das wäre doch eine ideale Gelegenheit für räuberische Insekten gewesen, sich an die Spitze der Nahrungskette zu setzen. Räuber und Fleischfresser gibt es genug unter diesen sechsbeinigen Krabblern. Aber Insekten haben ein Problem: Sie sind klein, und so leid es mir für sie tut, sie werden klein bleiben. Größer als ausgestorbene Libellen, die Flügelspannweiten von über 70 Zentimetern hatten, werden die Krabbler nicht.

Aufgrund ihrer Anatomie können Insekten nicht mehr zulegen. Ihre Atmung über Tracheen erlaubt nur eine begrenzte Größe. Hätte das Modell Krabbler in Chitin sehr groß werden können, wären sie längst die Monster, die wir aus vielen Science-Fiction-Filmen kennen. So aber werden sie nie Top-Predatoren, wenn von sozialen Insekten, wie den Treiberameisen, abgesehen wird, die mit ihrer Umgebung alles andere als sozial umgehen. Immerhin, eines der größten Insekten, eine Langfühlerschrecke mit 70 Gramm Gewicht, lebt in Neuseeland. Insgesamt jedoch ein lausiger Versuch, sich an die Spitze der Nahrungskette zu katapultieren. Und das ist auch gut so, denn gäbe es Rieseninsekten, würde Flossie jetzt nicht watschelnd auf Futtersuche sein.

Neuseeland ist zwar weit weg, aber doch nicht aus der Welt. Vögel fliegen Neuseeland an, einige regelmäßig zum Brüten, andere äußerst selten und ohne Absicht. So wurden die Inseln immer wieder mit neuen Vogelarten geimpft. Ganz ohne die Räuber anderer Kontinente herrschten im Labor Neuseeland für Vögel optimale Bedingungen. Beste Voraussetzungen für ganz ungewöhnliche Entwicklungen ...

Einige der gefiederten Freunde waren am Boden so zufrieden, dass sie das Herumfliegen gleich ganz bleiben ließen. Zu ihnen gehören beispielsweise die Kiwis und die ausgestorbenen Moas. Elf Arten dieser vegetarischen Laufvögel sind aus historischer Zeit bekannt, von denen einige nur Truthahngröße erreichten, andere jedoch bis 200 Kilogramm schwer wurden. In alten Siedlungen der ersten Maori sind Massen an Moaknochen gefunden worden. Sie teilten das Schicksal der Kakapos, nur dass es von den Papageien noch ein paar Überlebende gibt. Da flugunfähige Vögel auf Inseln ohne Räuber ihre Flucht- und Abwehrtendenz verlieren, dürfte das Erlegen dieser Vögel eher einer Melonenernte geglichen haben als einer Jagd. Wer sich zu sehr spezialisiert, die Selbstverteidigung vernachlässigt und zudem das Flugvermögen eingebüßt hat, den beißen die Hunde, wenn Landraubtiere auftauchen. Ein ähnliches Schicksal erlitten die Dodos von Mauritius, die es nur noch als ausgestopfte Bälge in Museen zu betrachten gibt. Das Landraubtier, das ihr Schicksal besiegelte, war der Mensch.

Gefiederte Luftbrücke

Es kam, wie es kommen musste: Adler! Es war für sie ein Schlaraffenland, in dem ihnen die Brathähnchen nur so ins Maul geflogen sind. Bei derart viel Beute und fehlender Konkurrenz legte der Adler mächtig zu: Er erreichte eine Flügelspannweite von über drei Metern. Der Riesenadler war der Jumbojet unter den Raubvögeln. Und so bekam Neuseeland doch noch seinen Top-Predatoren, der tagsüber die friedliebende Fauna heimsuchte. Er startet und landet heute nicht mehr. Die Maori haben seine Flüge vor gut 300 Jahren für immer eingestellt. Vor seinem Schatten am Himmel braucht sich Flossie also heute nicht mehr zu fürchten. Ihre Urahnen gingen den visuell jagenden Adlern aus dem Weg, indem sie tagsüber ruhten. Flossie und ihre Artgenossen sind dabeigeblieben, die Inseln nachts zu durchkämmen.

Was aber geschah mit den fliegenden Vorfahren von Flossie, als sie in Neuseeland eintrudelten, und warum haben sie sich zu plumpen Grünlingen entwickelt? Auch die Kakapos fanden paradiesische Verhältnisse vor. Gefährliche Tiere existierten außer dem Riesenadler nicht. Sie haben deshalb komplett vergessen, dass es am Boden Lebewesen geben könnte, die ihnen Böses wollen. Offenbar haben sich die Kakapos dem Motto verschrieben: »Was ich nicht weiß, macht mich nicht heiß.« Dummerweise haben sie aber ebenfalls vergessen, dass sie sich dieses Motto zulegten. Und vor allem haben sie wirklich keinen blassen Schimmer mehr davon, welche Konsequenzen es nach sich ziehen kann, unbekannte Fremde wie den Kater Freddy einfach nur anzustarren. Flossie lebt also im Reich der Ahnungslosen, zu denen sie selbst gehört. Ahnungslos ist Flossie auch im Hinblick darauf, wozu es geführt hat, sich über viele Generationen die Bäuche hemmungslos mit Früchten, Samen, Rinde, Knollen, Blättern, Stängeln und Wurzeln vollzustopfen. Nebenbei ein Häppchen Protein in Form kleiner Wirbelloser gehört ebenfalls dazu. Solange es nicht um die Aufzucht der Jungvögel geht, sind sie wenig wählerisch. Jedenfalls fraßen sie sich kugelrund und wurden immer schwerer. Fliegen wurde ihnen viel zu anstrengend, und da ließen sie es ganz bleiben und verloren im Laufe vieler Generationen ihre Fähigkeit, sich in die Lüfte zu erheben.

Flossie flattert etwas mit ihren Flügeln, um in den Baumwipfeln die Balance zu halten. Schade, keine Rimufrüchte an der Steineibe für meine Kleinen, denkt sie und seufzt mal wieder. Sie knabbert an den Blättern, klettert dann geschickt hinunter, wobei sie ihren kräftigen Schnabel unterstützend einsetzt. Flossies Greiffüße eigenen sich zum Klettern besser als andere Vogelfüße: Je zwei Zehen sind nach vorne und zwei Zehen nach hinten gestellt. *Nobody is perfect*, und das Klettern will gelernt sein. Als sie noch jünger war, ist sie ab und zu aus den Bäumen gefallen. Dann spreizte sie ihre Flügel und fiel trudelnd Neuseelands Boden entgegen. Und Flossie hat noch einen Fuß-Trick auf Lager, den es außer bei Papageien in der ganzen Vogelwelt nicht noch einmal gibt: Sie frisst mit den Füßen, indem sie Nahrungsbrocken mit einem Fuß greift und diese zum Schnabel führt.

Die Pfunde schaden ihr nicht, findet Flossie. Es ist ja fast alles mit ein paar Watschelschritten zu erreichen. Nur die Versorgung der Küken und die Zusammenkunft mit den eigenwilligen Männchen nötigen sie zu längeren Wegen. Macht aber nichts, denn die Kakapos haben sich trotz ihrer behäbigen XXL-Figur zu ausdauernden Wanderern gemausert. Gefahren gibt es für die Kakapos am Boden ja keine. Na ja, wie gesagt: »Was ich nicht weiß, macht mich nicht heiß« – wenn das mal so einfach wäre.

Flossie weiß jedenfalls nicht, dass fast jeder ihrer Schritte beobachtet wird. Die Vogelschützerin Deidre Vercoe hat sich penibel die Zeit notiert, als Flossie ihre Küken verließ. Sie selbst sitzt 70 Meter entfernt in einem Zelt und schlägt sich mal wieder eine Nacht um die Ohren. Kaffee dampft aus ihrem Becher. Die Müdigkeit hätte sie heute fast überwältigt. Aber sie darf nicht einschlafen. Für sie bedeutet das Leben von Flossies Küken einfach alles. Selbst wenn Flossie in Gold aufgewogen würde, das Leben und Überleben jedes einzelnen Kakapos ist ihr mehr wert. Eine Infrarotkamera überträgt das Geschehen in der Bruthöhle auf ihren Laptop. 20 Minuten hat Flossie Zeit, dann wird Deidre Vercoe einschreiten. Das Wärmedeckchen für die Küken hat sie längst ausgepackt. Flossie, komm aber dieses Mal bitte pünktlich zurück, denkt sie bei sich. Andererseits sind die Kleinen so süß, dass sie sich jedes Mal darüber freut, zu ihnen gehen und für sie sorgen zu können. Flossie hat wirklich keine Ahnung davon, mit welchem Enthusiasmus und Aufwand die Neuseeländer den Kakapos zu helfen versuchen.

Die Maden im Speck

In Neuseeland angekommen, saßen Vorfahren der Kakapos von heute wie die Maden im Speck. Es ging ihnen verdammt gut in Neuseeland. Doch was geschieht mit Tieren, denen es zu gut geht? Sie vermehren sich ungehemmt. Kakapos haben eine ungewöhnlich hohe Lebenserwartung. Experten nehmen an, dass sie über 90 Jahre alt werden können und in der Vogelwelt das höchste Alter erreichen. Wer aber sehr alt wird, macht keinen Platz für die nächsten Generationen. Die Kakapos fielen zudem keinen Feinden zum Opfer. Überfüllung war vorprogrammiert. Die Konsequenz besteht in einem Gedränge, bei dem man sich gegenseitig auf den Füßen und Federn steht. Als Bodenbrüter dürften sie sich auch beim Nisten in die Quere gekommen sein. Auf Nester in Bäumen verzichten sie schon lange. Wer schleppt schon gerne Nistmaterial die Bäume hoch? Einer ungebremsten Bevölkerungsexplosion folgt jedoch irgendwann der Kollaps, spätestens, wenn Ressourcen wie Nahrung oder Nistplätze nicht mehr in genügender Zahl zur Verfügung stehen. Unter diesen Bedingungen ist es nicht gerade sinnvoll, viele Nachkommen zu zeugen.

Geburtenkontrolle war folglich das Thema der Stunde. Die Kakapos haben erstaunliche Strategien entwickelt, um sich so wenig wie möglich fortzupflanzen. Mir kommt fast der Verdacht, als hätten sie früher Konferenzen der Ältesten abgehalten, um Resolutionen gegen eine drohende Überbevölkerung zu beschließen. Die mit grünen Federn bekleidete Gruppe von Senatoren sprach am Ende von zähen Verhandlungen und umfangreichen Diskussionen Beschlüsse von tiefgreifenden Veränderungen aus. Die Fortpflanzung wurde derart verkompliziert und mit Fallstricken versehen, dass es mir unvorstellbar erscheint, dass die Natur das einfach so hat erfinden können. Die Kakapos haben ihr System, so wenig Nachkommen wie möglich zu erzeugen, immer weiter perfektioniert. Darauf könnten sie richtig stolz sein, wenn ihnen nicht ein kleiner Fehler unterlaufen wäre. Bei der letzten Kakapo-Konferenz haben sie dann offenbar beschlossen zu vergessen, dass sie sich die Fortpflanzung so schwer wie möglich gemacht haben, und damit die Chance vertan, die Rate der Nachkommen wieder an die reale Situation anzupassen. Sie sind, mit anderen Worten, weit über ihr Ziel hinausgeschossen, denn sie haben den Supergau einer Okkupation ihres Lebensraums durch Eindringlinge völlig außer Acht gelassen. Die Kakapos konnten sich einfach nicht vorstellen, dass sie durch unbekannte Neuankömmlinge in ihrer Existenz bedroht werden.

Der heilige Baum

Wenn weniger Bevölkerungszuwachs gewünscht wird, dann ist es logisch, die Geschlechtsreife hinauszuzögern. Die Männchen fangen mit fünf Jahren an zu balzen, die Weibchen beginnen frühestens im Alter von neun Jahren, an ein Gelege zu denken. Das bedeutet aber noch lange nicht, dass sie bereit sind, sich zu paaren. Sie denken gar nicht daran, jedes Jahr zu brüten. Zunächst begutachten sie nämlich die Rimubäume, Früchte tragende Nadelbäume, die zu den Steineiben gehören. Nur wenn diese eher seltene Baumart den Ansatz für viele Früchte erkennen lässt, kommen die Weibchen in Paarungsstimmung. Das passiert nur alle drei bis fünf Jahre. Bevor sie sich von Richard Henrys Rufen locken ließ und seinem Werben erlag, war auch

Flossie bis in die obersten Spitzen einiger Rimubäume geklettert und hatte sie sorgfältig geprüft. Mit freudiger Genugtuung stellte sie fest, dass die Zweige prall gefüllt mit Ansätzen für die Früchte waren. Das hatte sie beflügelt und einen Hormonschub bewirkt, der sie für die Rufe der Männchen empfänglich werden ließ. Magisch fühlte sie sich vom Wummern aus der Mulde angezogen.

Gibt es zu wenige Früchte an den Rimubäumen, können sich die Männchen auf den Kopf stellen, Purzelbäume schlagen und noch so verlockend werben, sie werden sitzen gelassen. Es wird in diesem Jahr keine Nachkommen geben – und das gilt für alle Weibchen! Es ist so, als würden alle Löwenweibchen der Serengeti erst einmal eine Inventur der Gnus und Zebras durchführen und dann entscheiden, ob sie dieses Jahr die Männchen ranlassen. Wenn ein Kakapoweibchen neun Jahre alt geworden ist und in den nächsten fünf Jahren nicht genügend Früchte an den Rimubäumen wachsen, dann ist sie im Alter von 14 Jahren nicht ein Mal den Rufen der Männchen gefolgt. Das ist definitiv rekordverdächtig in der Vogelwelt, ebenso wie ihr gesamtes System zur Vermeidung von Nachwuchs.

Muldenzauber

Eine weitere Resolution der Kakapo-Senatoren in ihrem Kampf gegen Überbevölkerung hatte hohe Hürden bei der Zusammenkunft während der Paarungszeit zum Ziel: Die Weibchen müssen nämlich den Balzplatz der Männchen erst einmal finden und erreichen. Wer glaubt, das sei leicht, kennt die Kakapos schlecht ... Im Dezember, wenn die Paarungszeit beginnt, kraxeln die Kakapomännchen auf Anhöhen und Felsvorsprünge. Das kann dann schon einmal der stürmische Grat eines Bergrückens sein. Mehrere Männchen versammeln sich in einer sogenannten Balzarena. Hier konkurrieren sie zunächst um die besten Plätze. Sie plustern sich auf, zeigen ihre kräftigen Krallen, flattern mit den Flügeln und brummen und krächzen. Ernsthafte Verletzungen sind bei diesen Kämpfen aber nicht vorgesehen.

Wenn die Männchen ihren Platz gefunden haben, scharren sie so lange, bis sie eine runde Mulde von einem halben Meter Durchmesser ausgehoben haben. Dabei halten sie einen ungefähren Abstand von 50 Metern zum nächsten Männchen ein. Dann legen sie lange Pfade an, die zu ihrer Mulde hinführen. Diese Pfade sind der ganze Stolz der Muldenbesitzer. Während der Balzzeit pflegen sie die Pfade penibel und halten sie von Blättern und Ästchen frei. Für die Weibchen muss das so wirken, als würde vor ihnen der rote Teppich ausgerollt.

Den starken Mann zu markieren – das wird rein akustisch ausgetragen. Die Männchen sitzen drei bis vier Monate jede Nacht acht Stunden in ihrer Mulde. Ohne Pause lassen sie, beginnend mit Grunzlauten, eine lauter werdende Folge dumpfer Basstöne erschallen. Dabei blasen sie einen Luftsack am Brustkorb wie einen Ballon auf. Das vergrößert den Resonanzkörper, vergleichbar mit den Schallblasen der Frösche. Bei günstigem Wind schallt dieses als Boomen bezeichnete Locken mehrere Kilometer weit in die tiefer liegenden Wälder. Jetzt ist es an den Weibchen, zu den verlockenden Stimmen aus der Höhe zu kraxeln. Allerdings dürfte es recht schwierig sein, den tiefen Bass im bergigen Gelände zu orten. So cool das ist – so unpraktisch ist es auch. Denn die genaue Herkunft tiefer Töne ist schwer zu bestimmen. Selbst Kakapos können da an den physikalischen Gesetzmäßigkeiten nichts ändern. Bei hellen Tönen ist das wesentlich einfacher. Es würde mich nicht wundern, wenn die Weibchen den Weg nur im Zickzack finden oder, von der falschen Richtung kommend, an Bergrücken scheitern. Die Kakapos machen es sich wirklich nicht einfach.

Den tiefen Tönen folgt ein metallisch nasales Geräusch, das als Ching-Laut bezeichnet wird. Nach 20 bis 30 Boom-Rufen wird gechingt, als wolle das Männchen fragen, ob denn jetzt ein Weibchen in der Nähe sei. Und wenn dem so ist, dann solle es sich doch bitte einen der penibel gepflegten Pfade anschauen und ihm folgen. Alles Weitere würde sich dann ergeben. Auf die Idee, die Rimubäume ebenfalls zu begutachten, kommen die Männchen nicht. So rufen sie viele Jahre ihres Lebens völlig vergeblich nach den Weibchen. Immerhin verlieren sie in der Balzzeit bis zur Hälfte ihres Körpergewichts. Das beugt zumindest Verfettungskrankheiten vor. Kakapos verfügen über ein großes Repertoire unterschiedlicher Laute, die in ihrer Gesamtheit als vielfältig unmelodiös zu bezeichnen sind. Das »Skraark« klingt ja noch typisch nach Papagei. Andere Töne erinnern an lärmende Esel, an das Grunzen von Schweinen oder an bitterliches Weinen.

In der Ferne hört Flossie das bassige Wummern von Richard Henry, dem Vater ihrer drei weißen, flauschigen Küken. Sein Boomen fühlt sich an, als ob die Luft pulsiert und sie selbst zum Vibrieren bringt. Sie schaut zu der Anhöhe, zu der sie vor gar nicht langer Zeit gewandert ist, um bei Richard Henry zu sein. Ob sie sehnsuchtsvoll an die vermutlich wenig romantische Nacht mit ihm in der Mulde denkt, ihn gar vermisst? Schwer zu sagen, wir wissen es nicht. Immerhin könnte in ihr ein Gefühl zurückgeblieben sein, dass es schön wäre, die Küken mit einem Gefährten gemeinsam aufzuziehen. Andere Papageien sind unzertrennlich, bleiben ihr Leben lang zusammen. Womöglich ist das Gen zur Zweisamkeit bei den Kakapos nur bei den Männchen unterdrückt. Flossie seufzt tief und watschelt weiter auf der Suche nach Früchte tragenden Rimubäumen für ihre hungrigen Kleinen.

Nach zehn Wochen werden sie das Nest verlassen, aber noch bis zu einem halben Jahr von Flossie mit Rimubeeren gefüttert. Wenn diese Früchte wegen schlechten Wetters nicht reifen, dann ist die Sterberate der Jungvögel sehr hoch. Sie unterkühlen, wenn die alleinerziehende Mutter zu lange auf Nahrungssuche unterwegs ist. Aber muss das wirklich so sein? Es geht eben auch anders, wenn man will. Die Weibchen könnten viel länger auf Nahrungssuche gehen, wenn sich die Männchen zusammen mit den Weibchen um die Aufzucht kümmern würden. Doch dafür haben die Männchen keine Zeit. Sie boomen und chingen jede Nacht, monatelang, immer in der Hoffnung, dass weitere Weibchen ihrem Muldencharme erliegen. Da können sie sich nicht noch um den Nachwuchs kümmern. So sind es die Weibchen, die schweren Herzens die Liebesmulden verlassen. Früher, als Neuseeland mit Kakapos überfüllt war, schadete dies alles den Populationen nicht.

Das ist jetzt der Zeitpunkt, an dem ich Ihnen von einem unfassbaren Geschehen berichten muss, das eben mit einem bestimmten Namen verbunden ist: FLOSSIE! Sie scheint eine Ahnung davon bewahrt zu haben, dass sich die Kakapos sehr konsequente Regeln auferlegt haben. Vielleicht hat sie auch bemerkt, dass sie kaum noch anderen Kakapos begegnet, wenn sie alleine durch die Wälder streift. Flossie ist ein Ausnahme-Kakapo, der Hoffnung verbreitet, denn sie hat auf das Fehlen erreichbarer Rimufrüchte in einer Weise reagiert, die niemand für möglich gehalten hätte: Sie füttert ihre Küken mit den Nadeln von Kiefern. Kaum zu glauben, aber das funktioniert. Wie viel mehr Kakapos würden existieren, wenn das alle Weibchen bei Mangel an Rimufrüchten beherzigt hätten? Und wie viel mehr Kakapos würden über Neuseelands Inseln watscheln, wenn die Weibchen zur Paarungszeit nicht nur die Rimubäume begutachten, sondern sich auch für die Nadeln der Kiefern interessieren würden? Ich gehe jede Wette ein, es gibt noch eine ganze Reihe anderer Pflanzen und Früchte, die genauso gut an den Nachwuchs verfüttert werden könnten.

Tragödie der Grünlinge

Hunderttausende dieser putzig anmutenden Vögel lebten einst in Neuseeland. Die Begegnungen mit den Menschen verliefen nicht gut für sie. Es folgte für die Kakapos ein Trauerspiel in mehreren Akten. Die Dezimierung der flugunfähigen Papageien begann bereits mit dem Eintreffen der Maori am Ende des 13. Jahrhunderts. Sie jagten den Vogel und schmückten sich mit seinen Federn. Er war eine leichte Beute. Noch um 1900 wurde von Siedlern berichtet, dass Kakapos nachts wie Äpfel aus den Bäumen geschüttelt werden konnten.

Die Siedler veränderten die Landschaft zuungunsten der Tierwelt. Heute sind große Flächen – Neuseeland war ursprünglich zu 80 Prozent bewaldet – dem Kahlschlag und landwirtschaftlicher Nutzung zum Opfer gefallen. Ein dramatischer Verlust – nicht nur für die Kakapos.

Zahlreiche Säugetierarten wurden in Neuseeland eingeschleppt und verwilderten. Hauskatzen, Hunde, Frettchen, Wiesel, Fuchskusus und Kiore-Ratten dezimierten die Bestände fortlaufend. Die Kakapos kannten diese neuen Tiere nicht und wussten sich ihnen gegenüber nicht anders zu verhalten, als bewegungslos zu erstarren und diese mit ihren unschuldig wirkenden Eulengesichtern fragend anzuschauen. Eine verheerende Strategie. Für die stark geruchsorientierten Säuger sind die Kakapos so leicht zu erschnüffeln wie eine lodernde Scheune bei Nacht, da sie einen intensiven süßlichen Geruch nach Blumen oder Honig verströmen. Nicht einmal ihre Nachtaktivität half ihnen, denn viele Räuber jagen im Dunkeln. Um die Katastrophe komplett zu machen, kann jedes räuberische Tier die Nester am Boden plündern, zumal die nur von den Weibchen versorgt und bewacht werden. Die Bestandszahlen gingen rasant zurück, nur in schwer erreichbaren Regionen blieben einige wenige Kakapos übrig.

Schon vor über 100 Jahren sorgten sich erste Kakapo-Liebhaber um die Bestände. 1891 wurde das Fjordland von der neuseeländischen Regierung zum Naturreservat erklärt. 1894 übernahm Richard Henry, der Namenspatron von Flossies Liebhaber, die Leitung des Reservates. Er erkannte bereits, dass nur kleine Inseln den flugunfähigen Papageien Schutz bieten konnten. 1900 hatte er 200 Kakapos nach Resolution Island verfrachtet. Ein paar Jahre später waren jedoch Marder auf die Insel gelangt. Das Drama nahm seinen Lauf: Kein Kakapo überlebte das Gemetzel. Zwischen 1949 und 1973 unternahm der New Zealand Wildlife Service 60 Expeditionen auf der Suche nach den letzten Kakapos. Sie fanden nur noch sechs Männchen im Fjordland, der südlichen Hauptinsel Neuseelands. Bis auf eines, jenen Richard Henry, den Flossie jetzt auf Maud Island boomen hört, starben sie nach wenigen Monaten in der Gefangenschaft. Fast nichts war damals über diese sonderbaren Papageien bekannt. Zwischenzeitlich wusste niemand, ob überhaupt noch Tiere dieser verschollenen Art leben. Das Schicksal des Eulenpapageis schien endgültig besiegelt zu sein. Resignation und Verzweiflung herrschte unter den Artenschützern und Vogelliebhabern.

Anfang der Siebzigerjahre fanden dann Suchtrupps noch einmal 18 einzelne Männchen auf der südlichen Hauptinsel. Die Sensation war perfekt, als 1977 mehr als 200 Kakapos auf Steward Island, der drittgrößten Insel Neuseelands, entdeckt wurden. Darunter waren endlich auch Weibchen. Bis Steward Island waren zwar noch keine Wiesel, Frettchen und Fuchskusus vorgedrungen, aber es stellte sich heraus, dass der Bestand innerhalb von nur fünf Jahren um die Hälfte zusammenschrumpfte. Verantwortlich waren verwilderte Hauskatzen. Deshalb entschieden sich die Vogelschützer 1987, in einer aufwendigen und kostspieligen Aktion alle Kakapos einzufangen, um sie auf kleine Inseln umzusiedeln. 1997 wurde auf Steward Island zum letzten Mal ein Kakapo gefunden und nach Maud Island gebracht, das geeigneter schien. Die Vogelschützer hofften, so den Restbestand vor räuberischen Säugetieren besser schützen zu können. Trotz der aufwendigen Bemühungen sank die Zahl der Kakapos zunächst aber bis 1995 auf den traurigen Tiefststand von nur noch 51 Exemplaren, darunter gerade mal noch 19 Weibchen.

Flossie wandert und wandert, findet aber keine Rimubäume in der Nähe ihres Nistplatzes. Sie weiß genau, dass jetzt die Zeit gekommen ist, in der die Rimubäume voll reifer Beeren sind, und dass ihre Kids nichts mehr schätzen als ebendiese ganz speziellen Leckereien. Nun wird sie vermutlich doch wieder die Nadeln der Kiefern abzupfen und verfüttern müssen. Die Zeit wird knapp, sie muss jetzt zurück zu ihren Küken, bevor denen zu kalt wird.

»Ach, Flossie«, seufzt die Vogelschützerin Deidre Vercoe, als sie Flossie sieht, die sich wackelnden Schrittes auf die Küken zubewegt. »Du bist wieder einmal zehn Minuten zu spät! Was um Himmels willen hat dich nur dazu bewegt, dein Nest in einer Kiefernmonokultur anzulegen, wo weit und breit keine Rimubäume in der Nähe sind?« Ihr Ton ist nicht vorwurfsvoll, sondern mütterlich besorgt. Sie nimmt das Wärmedeckchen von den Küken, zieht sich in ihr Zelt zurück, beobachtet die Fütterung der Kleinen und macht Notizen. Es dauert nicht lange, und sie sieht Flossie im Dunkeln verschwinden, um mehr Nahrung herbeizuschaffen. Deidre Vercoe weiß, es wird wieder eine lange Nacht für sie werden.

Die Wanderung der Fjordland-Gene

Die 1982 nach Maud Island umgesiedelte Kakapo-Dame Flossie ist untrennbar mit dem »Kakapo Recovery Programme« verbunden. Zwischen 1974 und 2003 fand in der gesamten Zeit auf Maud Island nur ein erfolgreicher Schlupf statt. Flossie hatte sich von Richard Henrys Bass-Gewummere anziehen lassen, seine Pfade entdeckt und war zu ihm in die Liebesmulde gestiegen. Die Kakapo-Population wuchs um ihre Kinder Sinbad, Gulliver und Kuia an. Es war überhaupt die erste Nachzucht seit Beginn der Schutzbemühungen. Jungtiere waren mindestens ebenso ersehnt wie ein Stammhalter beim königlichen Hochadel, dem es darum geht, eine Dynastie weiterzuführen. Dieser Erfolg ist von überragender Bedeutung für die wenigen noch existierenden Vögel, da Richard Henry, der letzte Überlebende aus dem Fjordland, frische Gene in die Population der übrigen Kakapos aus Stewart Island eingebracht hat.

Nach dem Tiefststand der Population im Jahr 1995 begann der Aufwand langsam Früchte zu tragen. Im Jahr 2000 war der Bestand wieder auf 62 Kakapos angewachsen. 2002 schlüpften 24 Küken, die alle das Erwachsenenalter erreichten. Langsam stellte sich ein vorsichtiger Optimismus ein. Die Naturschützer waren überglücklich, als nach dem bisher besten Schlupfergebnis 2009 und 2011 der Bestand wieder auf 131 Papageien anwuchs. 2012 fanden keine Paarungen statt. Derzeit, Stand 21.03.2013, leben noch 126 dieser außergewöhnlichen Vögel auf unserer Erde. Die aktuellen Bestandszahlen können Sie übrigens unter www.kakaporecovery.org.nz abrufen. Noch sind die Kakapos weit davon entfernt, wieder eine stabile Population zu bilden, und werden auf den Schutz des Menschen angewiesen bleiben, um Räuber von ihren Inseln fernzuhalten.

Ganz Neuseeland horchte indes auf und beglückwünschte Flossie, als 1998 die freudige Nachricht verbreitet wurde, dass sich ihre drei Küken aus ihren Eischalen gepellt hatten und die stolze Mama sich um die Kleinen kümmerte. Ja, die Kakapo-Fangemeinde jubelte weltweit. Endlich hatte es geklappt.

Aber die Mitarbeiter vom Rettungsprogramm der Kakapos waren sehr besorgt. Hatte Flossie ihr Nest denn ausgerechnet an einem steilen Abhang und inmitten einer Kiefernplantage bauen müssen? Kakapos überraschen einen eben gerne, leider bringen sie ihre Beschützer damit fast immer um den Verstand – und sie sich selbst an den Rand ihrer Existenz. Tatsächlich ist der Standort in der Kiefernplantage gar nicht so verwunderlich, weil Kakapos früher in verschiedenen Vegetationstypen beheimatet waren und von daher recht anpassungsfähig sein müssen. Sie kamen in heißen, kalten, feuchten und trockenen Regionen vor und bis in Höhen von 1400 Metern in Graslandschaften, Buschland und Wäldern mit Südbuchen- und Steineibenbestand.

Von 2001 bis 2003 wurden Flossie und alle verbliebenen Kakapos auf das besser geeignete Codfish Island umgesiedelt. Auf Maud Island brachten die Weibchen zu wenig Enthusiasmus für die Muldenbesitzer auf. Und wenn sie es doch einmal bis zu den Boomern schafften, waren die Eier später unbefruchtet oder die Küken verhungerten. Auf einer anderen Insel wiederum waren zu viele Gelege von Ratten zerstört worden. Auf Codfish Island liegen nun alle Hoffnungen der Naturschützer.

Es war eine gute Entscheidung, denn hier klappte es mit dem Nachwuchs besser. Flossie nistete auf Codfish Island bis heute noch weitere drei Male. Mit zwölf Nachkommen hat sie von allen Weibchen die größte Nachkommenschaft. Hier waren andere Männchen die Väter von Flossies Küken. Richard Henry starb im Dezember 2010 im Alter von rund 80 Jahren. Zuvor hatte er bereits seit zehn Jahren der anstrengenden Balz abgeschworen und nicht mehr geboomt. Richard Henry lockte übrigens in einem Dialekt, der sich von dem der Männchen von Stewart Island unterschied. Mit seinem Ableben dürfte dieser Dialekt für immer von der Erde verschwunden sein.

Sollten die Kiwis, wie die Neuseeländer sich schmunzelnd gerne selbst nennen, eines Tages ein Wappentier auf der neuseeländischen Flagge haben wollen, es wäre ganz sicher ein Kakapo. Die Kiwis sind verrückt nach ihnen. 500 000 Neuseelanddollar werden pro Jahr für sie ausgegeben. Alleine in der Brutsaison 2002 haben über 100 freiwillige Helfer die Nisthöhlen rund um die Uhr bewacht. Die Kiwis versorgen die Kakapo-Weibchen mit Nistboxen, wenn diese mal wieder einen Nistplatz gewählt haben, der bei Regen mit Wasser vollläuft oder die Eier an einem Steilhang hinabkullern könnten. Den Weibchen ist das recht.

Um sicherzustellen, dass die Kakapos zur Paarungszeit bei guter Gesundheit sind und über genügend Fettreserven verfügen, werden sie mit hochwertigen Pellets aus Futterautomaten versorgt. Ein Erfolg: Weibchen, die die Pellets annehmen, legen mehr Eier. Außerdem wird bereits seit 1989 versucht, mit zusätzlichem Futter die Balzbereitschaft der Weibchen zu erhöhen. Die intelligenten Futterautomaten sind so konstruiert, dass sie beim Besuch registrieren, welcher Kakapo wie viel futtert und wie schwer er ist.

Flossie wird wie jeder Kakapo ein Mal im Jahr eingefangen. Dann überprüfen die Kiwis ihren Gesundheitszustand. Etwaige Parasiten werden entfernt. Flossie lässt das gerne über sich ergehen. Nicht einmal im Beautysalon bekommen die Topmodels die Aufmerksamkeit, die ihr hier zuteilwird. Um die genetische Vielfalt zu bewahren, arbeiten die Kiwis auch mit künstlicher Befruchtung. Davon ist Flossie bisher jedoch verschont geblieben. Sollte ein Muttervogel ein Gelege nicht akkurat versorgen, überführen die Kiwis die Eier in einen Inkubator und ziehen die Jungtiere von Hand auf. Für ihre Kakapos sind sie zu allem bereit.

Früher wurden Hunde sogar dazu abgerichtet, um die Kakapos im freien Gelände zu finden. Kein Problem für die Spürnasen angesichts des blumigen Geruchs der Vögel. Heute trägt jeder Papagei einen Radiotransmitter, der auf seinem Rücken befestigt ist. Mittels dieses Minisenders werden sie geortet und ihre Aktivitäten rund um die Uhr überwacht. Zum Glück ist Datenschutz kein Thema für die Kakapos, deren Privatleben so intensiv observiert wird. Eine Kakapo-Dame namens Lisa brachte es jedoch fertig, ihren Radiotransmitter abzustreifen. 13 Jahre blieb sie verschollen. Dann wurde sie von Spürhunden auf einem Nest mit drei Eiern entdeckt. Jetzt, auf Codfish Island, ist sie immer die Erste, die Eier legt, von denen aber bis heute nur ein Junges das Erwachsenenalter erreicht hat.

Während der Brutsaison können die Mitarbeiter feststellen, welches Weibchen zu welchem Männchen watschelt, und einschreiten, um Inzucht zu vermeiden. Und es gibt da noch einen weiteren Grund zum Einschreiten namens Felix.

Felix ist im besten Kakapo-Alter und musste 1989 von Stewart Island nach Codfish Island umziehen. Die Mitarbeiter benannten ihn nach dem gleichnamigen Katzenfutter Felix, weil sie witzelten, dass er zwischenzeitlich genau das wäre, wenn sie ihn nicht gefunden hätten: Katzenfutter. Er ist ein Charmeur und Verführer par excellence. Im Sommer 1997 und 1999 paarte er sich mit acht Weibchen und zeugte sechs Nachkommen. 2002 paarte er sich mit fünf Weibchen. Felix ist zu erfolgreich. 28 Prozent der neuen Generation tragen seine Gene. Es ist ein Problem, wenn ein Einzeltier seine Gene zu stark streut. Die Projektmitarbeiter hindern ihn nun daran, weitere Nachkommen zu zeugen. Jetzt sind die anderen am Zug. Sein Erfolgsrezept ist unbekannt. Er ist gesund, aber nicht größer als die anderen Männchen. Vielleicht ist er ein begnadeter Sänger und schmeichelt den Ohren der Weibchen mit dem besten Boom-Sound. Selbst bei uns Menschen erweichen Sänger ja die Herzen der Damen und haben dadurch größere Chancen, sich zu reproduzieren. Oder überzeugt Felix etwa mit seinen gärtnerischen Fähigkeiten beim Anlegen der Pfade zu seiner Liebesmulde?

Atemnot über den Wolken

Als Flossie nach langer Wanderung und vollgestopft mit Kiefernnadeln wieder einmal das Nest erreicht, fehlt Sinbad, der Kleinste ihrer Brut. Als letzter Schlüpfling und kleines Nesthäkchen hat er nicht die Futtermenge abbekommen, die er brauchte. Drei Wochen nach dem Schlupf hatte er kaum zugelegt, sein Zustand war sehr kritisch. Da holten ihn die Kiwis aus dem Nest und zogen ihn stattdessen von Hand auf. Sinbad überlebte, und nachdem er etwas Gewicht angesetzt hatte, wurde er 700 Kilometer weiter nach Süden gebracht, um in Te Anau im Department of Conservation aufgezogen zu werden. Kakapos sind, wie gesagt, immer für Überraschungen gut, meistens jedoch für keine guten. Mitten im Flug bekam Sinbad schwere Atemnot. Es schien, dass er den Flug nicht überstehen würde. Erst als eine Stewardess eine Sauerstoffmaske umbaute und dem Vogel überstülpte, begann er sich wieder zu regen. Die taffe Stewardess rettete den wertvollen Passagier mit den seltenen Fjordlandgenen. In den nächsten drei Monaten mauserte sich Sinbad zu einem gesunden, schmucken Papagei. Den Flug zurück nach Maud Island überstand er ohne Probleme. Nach fünf weiteren Monaten entließen ihn die Kiwis in die Freiheit. Später wurde er, wie seine Mutter Flossie, nach Codfish Island umgesiedelt. Er hat jede Scheu vor Menschen verloren. Wenn Mitarbeiter in der Nähe sind, kommt er mit Freuden vorbei, um »Hallo« zu sagen. Offensichtlich hat er eine gute Kinderstube genossen. Er ist noch jung, doch es gibt berechtigte Hoffnung, dass er seine ererbten Fjordlandgene weitergeben wird. 2009 buddelte er seine erste Liebesmulde, legte ordentliche Pfade an und rief boomend nach Weibchen. Cindy erhörte ihn und folgte ihm zu seiner Mulde. Später stellte sich leider heraus, dass Cindys Eier nicht befruchtet waren. Aller Anfang ist eben schwer.

5

Herzschlag-Sekunden

04:02 Uhr

Jörg hat seine Papageiengeschichte beendet. Schon länger drängt es mich, ihm ins Wort zu fallen, um mit einer eigenen Erfahrung aufzuwarten: »Es ist nicht immer gut, wegzulaufen, auch wenn die Kakapos durch ihr Verharren angesichts des Feindes fast ausgestorben wären. Mir dagegen hat es vermutlich das Leben gerettet, dass ich gelernt habe, nicht wegzulaufen«, bemerke ich.

»Wieso? Vor wem bist du denn nicht weggelaufen?«, fragt Jörg.

»Vor Hunden«, antworte ich ihm.

»Hunde? Was für Hunde?«

»Alle möglichen Hunde von irgendwelchen Leuten. Vor allem den aggressiven und kläffenden Hunden«, gebe ich zurück.

»Und warum bist du nicht weggelaufen?«

»Weil mir meine Eltern eingebläut haben, stehen zu bleiben, wenn ein Hund auf mich zuprescht. Es hieß immer: ›Der tut dir nichts.‹ Im Großen und Ganzen stimmte das auch. Als junger Hüpfer war es für mich aber gar nicht so einfach, stehen zu bleiben. Ich war gerade mal groß genug, um einem Pudel so eben auf den Kopf zu schauen. Jedes Mal schrie alles in mir danach, wegzurennen. Anfangs habe ich das oft genug probiert, aber die haben mich eh immer gekriegt, waren viel schneller. Also blieb ich später stehen.«

»Und dann?«

»Dann haben mir die Viecher meistens das Gesicht abgeschleckt und meine Klamotten mit ihren erdigen Pfoten verdreckt. Die haben sich einfach nur gefreut, dass ich da war. Manche haben mich auch zähnefletschend angebellt, als wären sie der Höllenhund persönlich. Immerhin, böse gebissen wurde ich von Hunden nie. Zum Glück.«

»Aber jetzt mal raus mit der Sprache: Warum hat es dir einmal das Leben gerettet, dass du nicht in den Fluchtmodus verfallen bist?«

»Das war 1994 in Bolivien ...«, beginne ich meine Geschichte.

Im Bann des Jaguars – Panthera onca

Geschmeidig schreitet die Raubkatze auf den Zweibeiner zu, langsam und lauernd. Sie ist jetzt verdammt nah. Der Zweibeiner, das bin ich! Vor gut 30 Sekunden habe ich sie in der Ferne entdeckt. Der Abstand zwischen uns verringert sich bedrohlich. Ich drücke mit zittrigen Händen auf den Auslöser der Kamera. Was auch immer jetzt geschieht, die Nachwelt würde wenigstens wissen, was passiert ist.

Seit wir die letzte Siedlung hinter uns gelassen haben, sind wir in unserem Geländewagen zwei Tage lang auf einer staubigen Piste entlanggerattert. Die holperige Strecke führt ins Nirgendwo, nahe an die brasilianische Grenze heran. Sie verbindet keine Siedlungen miteinander, sondern dient dem Abtransport von Holz. Nur etwa ein Mal pro Woche stören große Sattelschlepper, mit mächtigen Stämmen beladen, die friedliche Ruhe. Manchmal benutzen Goldsucher diese Piste, um in nahe gelegenen Flüssen nach ihrem Glück zu schürfen. Wir sind Getriebene wie sie, nur suchen wir kein Edelmetall, sondern Wissen über die Tierwelt.

Im Oktober, mit beginnender Regenzeit, ist hier der Wald noch licht. Denn um uns herum wächst kein immergrüner Regenwald, sondern ein Trockenwald, in dem ungefähr die Hälfte der Bäume in der regenarmen Zeit ihr Laub abwirft. Knospen und frischgrüne Blätter hüllen den Wald in ein farbenfrohes Gewand. Die von den letzten Regengüssen randvollen Wasserlöcher auf dem Fahrweg haben manchmal die Größe von Tümpeln. Im Vertrauen, dass wir schon nicht versinken werden, rauschen wir einfach durch sie hindurch. Hunderttausende Schmetterlinge flattern wie ein wogendes Blütenmeer um die Wasserstellen.

Unser Ziel ist eine sogenannte Inselberggruppe nahe der Piste, die sich wie ein Haufen flacher Kegel unvermittelt aus der Ebene erhebt. Erst 1990 entdeckte ein Professor des Systematischen Instituts Zürich diese Berge für die Wissenschaft, als er mit einer Cessna über das Gebiet flog. Er leitete seine Beobachtung an das Botanische Institut der Universität Bonn weiter. Zwei Jahre nach der Entdeckung unternahmen Bonner Botaniker eine erste naturwissenschaftliche Expedition zu den Erhebungen. Inselberge sind für Biologen ganz besonders interessant: Sie haben ihre eigene, von der Umgebung verschiedene Tier- und Pflanzenwelt.

Wir sind die ersten Zoologen vor Ort. Ich bin begeistert – was für ein großartiges Thema für meine Diplomarbeit! Meine Aufgabe besteht in der Erforschung der Reptilien, während mein Kollege die Amphibien dieser Region bearbeitet.

In Bolivien waren wir auf über 4 000 Metern Höhe in La Paz in den Anden gelandet. Kaum aus dem Flugzeug ausgestiegen, bekamen alle Passagiere erst einmal Cocatee zum Entspannen. Die enorme Höhe und der damit verbundene Sauerstoffmangel machten uns müde, und beim Treppensteigen ging uns ungewohnt schnell die Puste aus. In der Hauptstadt mieteten wir für drei Monate einen Jeep, und schon rollten wir die Andenhänge hinunter ins heiße Tiefland. In Santa Cruz de la Sierra, Boliviens zweitgrößter Stadt, kauften wir Vorräte und Trinkwasser für einen langen Aufenthalt in einem Camp ein. Von dort sind wir über die einsame Holzfällerpiste unserem Inselberg entgegengefahren. Grandios, was für eine unglaublich spannende Expedition. Wir fühlen uns nicht nur als Entdecker, wir sind es auch.

Die bolivianischen Inselberge sind nicht mit den Tepuis in Venezuela zu vergleichen, deren Felswände meistens aus Sandstein bestehen und oftmals senkrecht abfallen. Unsere Inselberge sind bis 100 Meter hoch, rund geformt und bestehen aus hartem Granit. Erdgeschichtlich gesehen ist der Granit mit ungefähr drei Milliarden Jahren steinalt. An dem Berg, den wir anvisieren, tritt großflächig der blanke Granit zutage, obwohl die Hänge nur mäßig steil sind. In den Mulden wachsen Velozienbüsche, und es stehen vereinzelt ein paar größere Kakteen in der Gegend herum. Die Kuppe unseres Berges ist dichter bewachsen. Über dem nackten rötlichen Fels wird es tagsüber brutal heiß.

Abendstimmung. Der Himmel ist bedeckt, ein laues Lüftchen säuselt. Bis vor wenigen Sekunden war die Welt noch in Ordnung, nun aber ist sie für mich völlig aus den Fugen geraten: Ich nehme aus dem Augenwinkel heraus eine Bewegung wahr, schaue genauer hin und bemerke in größerer Entfernung einen ausgewachsenen Jaguar, die größte südamerikanische Raubkatze. Der Jaguar hat mich längst entdeckt. Sehr, sehr langsam zottelt er über den harten Granit.

Das Blut gefriert mir in den Adern. Kein Zweifel, er peilt mich an. Wenn er weiter so direkt auf mich zukommt, wird er mich in Kürze erreichen. Was dann? Die Raubkatze starrt mich im Gehen ununterbrochen an. Mir kommt es vor, als durchbohre mich ihr Blick.

Gefährliche Situationen mit Raubkatzen stellte ich mir bisher so vor, dass sie mich aus dem Hinterhalt anspringen oder mit einem kurzen Spurt auf mich zupreschen. Dieser Jaguar aber geht schnurstracks auf mich zu, wobei er keine Eile zeigt. Er bewegt sich betont langsam. Er stolziert fast, als wolle er erst einmal sehen, wer da so unbeholfen auf seinem Inselberg herumlungert.

Fieberhaft überlege ich, was ich tun kann. Das Camp ist für mich unerreichbar. Ich denke an das schützende Innere des Jeeps, der im Lager steht. Was würde ich dafür geben, ins Auto springen und die Tür hinter mir zuschlagen zu können! Auch der Wald ist zu weit entfernt. Ich stehe, wie auf dem Präsentierteller, mitten auf einer offenen Fläche und rufe laut nach meinem Kollegen: Er solle schnell in den Jeep springen und mich mit Vollgas aus dieser brenzligen Situation herausholen. Vergeblich, ich bekomme keine Antwort. Wo um Himmels willen steckt der denn? Panisch angle ich die Fotokamera aus dem Rucksack und schieße schnell ein paar Bilder, ohne die Kamera einzustellen. Vor Aufregung zittere ich, die Kamera wackelt in meinen Händen – keine guten Voraussetzungen für ein scharfes Bild. Doch daran denke ich jetzt nicht.

Ich greife nach meiner Machete und überlege, wie ich mich mit dieser Klinge gegen einen Jaguar verteidigen kann. Da ich weder als Samurai aufgewachsen bin noch Schwert- oder Degenkurse in der Volkshochschule absolviert habe, fühle ich mich der geschmeidigen Kraft und Schnelligkeit des Jaguars ausgeliefert. Ich bin ganz klar unterlegen. Ich glaube, nur eine Chance zu besitzen: den finalen Hieb von oben herab auf den Kopf des Jaguars.

Mittlerweile ist die Katze bis auf 20 Meter an mich herangekommen.

Erneut schreie ich nach meinem Kollegen, dieses Mal noch lauter. Endlich höre ich ihn in aller Ruhe zurückrufen: »Was ist denn los?« Später stellt sich heraus, dass er anstatt »Jaguar« das Wort »Iguana«, also Leguan, verstand. Er hatte sich schon gewundert, warum ich wegen einer Echse so ein Geschrei machte. Doch das Gebrüll hat auch sein Gutes: Ich signalisiere dem Jaguar, dass ich mich verteidigen werde, dass ich ihm ebenbürtig bin. So zumindest fasst er es ganz offensichtlich auf, und er wirkt einen kleinen Moment etwas verunsichert. Immerhin, er stoppt! Dann beginnt er damit, mich zu umrunden. Dabei lässt er mich keinen Moment aus den Augen. Er schreitet immer noch so langsam daher wie ein Kunde im Supermarkt, der an einer prall gefüllten Fleischtheke das Angebot inspiziert.

Mein Impuls, wegzulaufen, ist fast übermächtig. Doch ich bleibe stehen, behaupte meinen Platz. Der Jaguar hat mich jetzt schon fast zur Hälfte umkreist. Endlich sehe ich Bewegung im Camp. Mit großem Befremden stelle ich fest, dass mein Kollege es vorzieht, mit seiner Fotokamera auf der Bildfläche zu erscheinen und Aufnahmen zu machen, anstatt mich mit aufjaulendem Motor aus der gefährlichen Situation zu befreien. Panisch fordere ich ihn erneut auf, mit dem Jeep zu kommen. In diesem Moment hätte ich ihn auf den Mond schießen können.

Vermutlich waren diesem Jaguar noch keine Menschen vor die Nase gekommen. Von den brausenden Sattelschleppern auf der ewig langen Piste, die gefällte Urwaldbäume zur Sättigung des nicht nachlassenden Hungers der Welt nach Holz abtransportieren, hält er sich fern. Ich habe den

Eindruck, dass er mit meiner Spezies noch keinen Kontakt gehabt hat, dass er unschlüssig ist, was er mit mir anfangen soll. Der Jaguar wirkt neugierig und ist womöglich hungrig. Ich als Zweibeiner passe nicht in sein bekanntes Beutespektrum. Auch Jaguare sind nun einmal Gewohnheitstiere. Gelassen wendet er sich von mir ab und schreitet zum Waldrand, in dem er verschwindet. Er stolziert so langsam davon, wie er gekommen ist. Offensichtlich hat er keinen Appetit auf unbekannte, exotische Sohlengänger, die fortwährend lauthals krakeelen. Hätte ich auch nur den Ansatz einer Fluchtbewegung gemacht, wäre sein Jagdinstinkt erwacht. Gegen seine Pranken und Zähne hätte ich nicht die geringste Chance gehabt. Auch nicht mit meiner Machete. Es war die Erfahrung mit unseren domestizierten »besten Freunden«, die mich rettete …

»Und der Jaguar ist einfach verschwunden und nicht wieder aufgetaucht?« Jörg wundert sich wirklich.

»Wir haben ihn die ganze Zeit über an den Inselbergen nur dieses eine Mal gesehen. Doch wir fanden später Spuren im Sand der Piste und auf dem Waldboden, Losungen auf dem Granit, und einmal schrie mein Kollege nachts aus seinem Zelt, weil er meinte, draußen etwas gehört zu haben. Seit dem Besuch des Jaguars war nichts mehr so wie zuvor. Vor allem nachts, wenn wir den Rufen der Frösche folgten, um sie aufzuspüren, war es besonders unheimlich. Uns war klar, dass der Jaguar im Dunkeln hinter jedem Busch sitzen konnte, ohne dass wir ihn bemerkten.«

Jörg starrt in Gedanken versunken auf die Anakonda. Dann fällt ihm etwas ein: »Es kann auch ganz anders zu einer ungewollten Annäherung kommen, einer, die beide Seiten nicht geplant haben. Ich kenne da eine Geschichte: Stell dir vor, du hast dich als Kameramann hinter einem

Busch versteckt. Du wartest auf Löwen, die du beim Trinken am Fluss filmen willst ...«

Der Schatten des Löwen – Panthera leo

Wie erhofft, erscheint ein Löwe auf der Bildfläche. Der Mainzer Tierfilmer Reinhard Radke freut sich und lässt die Kamera laufen. Der Löwe nähert sich dem kleinen Fluss. Es ist heiß, der Löwe wird Durst haben. Reinhard Radke hat ein etwas abseits gelegenes Versteck hinter Sträuchern gewählt und die Kamera aufgebaut. Er ist hoch konzentriert, hat den Löwen im Fokus der laufenden Kamera. Schön, weiter so, denkt er, das gibt eine lange ungeschnittene Aufnahme. Der Löwe füllt den Bildausschnitt, Reinhard Radke zoomt ganz langsam heraus. Etwas irritiert ihn, während er das Geschehen mit der Kamera verfolgt. Er schaut auf. Der Löwe nähert sich. Der geht aber nicht in Richtung Wasser, sondern kommt direkt auf sein Versteck zu. Klar, Reinhard Radke möchte wirklich darauf verzichten, sein Versteck mit dem Löwen zu teilen. Der soll nicht wissen, dass er in seiner Nähe ist. Exakt diese Art von Situation versucht Radke immer zu vermeiden. Innerlich flucht er. Was nun? Seine Anspannung steigt mit jedem Schritt des Löwen. Dem wiederum ist anzumerken, dass er den Filmer noch nicht wahrgenommen hat. Die Raubkatze trottet müde durch die Landschaft, will im Schatten ein gemütliches Nickerchen machen und nebenbei beobachten, ob sich durstige Beute am Fluss einfindet. Der Busch, den Reinhard Radke gewählt hat, ist wirklich gut dafür geeignet. Der König der Tiere kommt näher und näher, ist nur noch wenige Schritte vom Unterstand entfernt. Ein Kontakt ist unausweichlich, eine ernste Konfrontation droht.

Es gibt erstaunlich viele Aufnahmen von Löwen, bei de

nen zu sehen ist, dass die Kameraleute sich sehr nah an sie herangewagt haben. Einige Aufnahmen sind aus einer Distanz von wenigen Metern entstanden. Wie schaffen es die Filmer, sich vor den Löwen zu schützen und sie dennoch aus so geringer Entfernung zu filmen? Begeben sie sich alle in Gefahr, wie es Reinhard Radke ungewollt geschah? Des Rätsels Lösung ist einfach: Die Löwen werden meistens aus einem Fahrzeug heraus aufgenommen. »Konservendosen« nennt Reinhard Radke die Fahrzeuge. Wie wahr, in der Konserve bleiben die Tierfilmer frisch, also gesund und am Leben. Wenn ein Zweibeiner das Fahrzeug verlassen würde, nähmen die Löwen ihn sofort wahr. Keine gute Idee! Grundsätzlich mögen sie keine Eindringlinge in ihrer Nähe, innerhalb der Zone, in der sie niemanden dulden. Die Blechbüchse ist eine sichere Methode, um sich einem Löwen zu nähern. Diese Methode ist sogar noch besser als die Nutzung von Unterwasserkäfigen beim Filmen von Haien. Die Haie erkennen die Taucher, kommen aber nicht an sie heran. Die Löwen in den Nationalparks ignorieren die knipsenden Safari-Touristen. Sie juckt es schon lange nicht mehr, wenn da ein paar Jeeps herumstehen. Sie gehören für die Löwen dazu wie die Felsen in der Landschaft.

Nach Reinhard Radke gehen die Löwen zu 99,9 Prozent dem Menschen respektvoll aus dem Weg. Voraussetzung dafür ist, dass der Mensch sich nicht wie ein Elefant im Porzellanladen aufführt. Man muss sich an die Spielregeln halten. Hektische Bewegungen und laute Geräusche sind tabu. Es gilt, sich ruhig und gelassen zu verhalten, als wollte man dem Tier sagen: »Hey, bleib locker, brauchst keine Angst zu haben. Tu doch so, als wenn ich nicht da bin. Mach doch einfach mit dem weiter, was du gerade vorhattest.« Lange, direkte Blicke in die Augen von Raubtieren erregen nur deren Aufmerksamkeit. Dann findet eine Kommunikation statt, die im besten Fall vom Löwen als harmlose Neugierde verstanden wird. Gefährlich wird dieses Fehlverhalten, wenn der Blick den Löwen verunsichert, verärgert oder gar in Angriffslaune versetzt.

Raubtiere sind konservativ, sie spezialisieren sich gerne auf eine bestimmte Beute und bleiben auch dabei. Es gibt Löwenpopulationen, die gehen auf Zebras, andere auf Büffel, wieder andere auf kleinere Savannenbewohner. Das hat Auswirkungen auf ihre Organisation, auf die Größe der Gruppen. Löwen reagieren wenig interessiert, wenn andere Tiere als ihre bevorzugten Beuteobjekte vor ihrer Nase herumlaufen. Mit uns Zweibeinern haben sie seit Tausenden von Jahren schlechte Erfahrungen gemacht. Bei Begegnungen zogen sie meist den Kürzeren. Im Normalfall wird ein Löwe deshalb Menschen nicht als Beute sehen, die Segel streichen und verschwinden. Im Normalfall.

Massive Störungen im Ökosystem können jedoch dazu führen, dass kaum noch Wildtiere da sind. In der Vergangenheit führten Epidemien immer wieder zu erheblichen Bestandsverlusten unter den Wildtieren. Beispielsweise grassierte mehrfach die Rinderpest in Afrika. Dann hungern die Löwen, und es kommt vor, dass sie in der Nahrung switchen und es auch einmal mit den eigentlich ungeliebten Zweibeinern als Beute versuchen.

Noch heute erinnert man sich an die entsetzlichen Vorgänge, als 1898 die erste Eisenbahnstrecke in Ostafrika gebaut wurde. Beim Bau der Brücke über den Fluss Tsavo im Süden Kenias holten sich zwei Löwen nachts die schlafenden Arbeiter gleich dutzendweise aus den Zeltlagern. Die Raubtiere waren anfangs wohl durch die vielen an Krankheit und Erschöpfung gestorbenen Arbeiter angelockt worden, die oft nur am Rande des Lagers abgelegt worden waren, ohne sie zu beerdigen. Das war extrem unvorsichtig.

Schnell hatten die Löwen außerdem herausbekommen, dass Zeltwände für sie keine Hindernisse auf dem Weg zu leichter Beute waren. Ihre Schreckensherrschaft dauerte Monate, erst nach vielen Mühen konnten sie erlegt werden. Solche Fälle von Menschen fressenden Löwen sind allerdings absolute Ausnahmen. Gesunde Löwen in einem intakten Ökosystem lassen den Menschen in Ruhe.

Reinhard Radke weiß, dass er handeln muss, bevor der Löwe noch näher kommt. Der ist nur noch etwas über 20 Meter von ihm entfernt. Die Distanz wird bereits kritisch. Radke darf nicht zulassen, dass sich der Löwe in zu großer Nähe erschreckt. Ein überraschter Löwe handelt instinktiv: Er flüchtet oder greift aus einem Reflex heraus an! Also muss Radke sich dem Löwen rechtzeitig zeigen, ihm signalisieren, dass der Platz unter dem Busch bereits belegt ist. Er richtet sich auf, klatscht ein paarmal laut in die Hände und ruft: »Verschwinde, mach, dass du wegkommst! Los, hau ab!« Seine Stimme baut sich wie eine Schallmauer zwischen ihm und dem Löwen auf. Der bleibt verdutzt stehen, schaut sein Gegenüber irritiert an. Das ist der Moment, in dem sich entscheidet, wie der Löwe reagiert. Und tatsächlich, der Löwe dreht ab. Reinhard Radke atmet auf. Schwein gehabt, das hätte schiefgehen können! Die Freude währt indes nicht lange: Radkes Leben ist gerettet, aber die Aufnahme eines Löwen, der zum Fluss geht und trinkt, ist unwiederbringlich verloren.

Der Löwe hat den Sinn der Worte nicht verstanden, aber die Botschaft dahinter, dass der schöne Platz belegt ist und er zusehen soll, dass er einen anderen Platz findet, schon. Auch die Tiere in der Natur teilen sich gegenseitig durch vielerlei Lautäußerungen mit, was Sache ist. Die verstehen sich untereinander. Tierfilmer verlassen sich auf ihre Kenntnis der Tiere und manchmal auf die notwendige Portion Glück. Waffen haben sie in der Regel keine dabei. Außerdem vermeiden sie es, wenn immer möglich, von den Tieren überhaupt wahrgenommen zu werden. Und wenn es doch geschieht, hat die Wildnis einen großen Vorteil. Alle Richtungen sind offen, der Abstand kann nach Belieben ausgeweitet werden. In Zoologischen Gärten oder im Zirkus besteht diese Möglichkeit nicht. Im November 2006 kam im Chemnitzer Zoo eine Tierpflegerin durch den Nackenbiss eines Leoparden ums Leben. Es stellte sich heraus, dass der Schieber zu seinem Käfig nicht verriegelt war. Ähnliche Unfälle hat es immer wieder gegeben. Die Raubtiere töteten die Zooangestellten nicht, um sie zu fressen. Man darf die Situation der eingesperrten, gefangenen Tiere nicht missverstehen. Ihnen war vermutlich das Eindringen in ihr extrem kleines Revier unerträglich.

Gespannt habe ich Jörgs Geschichte gelauscht. Sie erinnert mich an etwas: »Du wirst es mir kaum glauben, Felix Heidinger, den kennst du aus der Serie *Felix und die lieben Tiere*, ist etwas Ähnliches wie Reinhard Radke passiert. Er erzählte mir die Geschichte von einem Jaguar, der im Norden Venezuelas umgesiedelt wurde. Nach einem Betäubungsschuss wurde er in einem Käfig auf der Ladefläche eines Jeeps in eine menschenleere Gegend abtransportiert. Das Öffnen des Transportkäfigs haben die Tierfilmer später von einem Unterstand aus gedreht, der aus Ästen in einem kleinen Gebüsch bestand. Der Jaguar sprang dann allerdings direkt auf den Verhau aus Stöcken und Zweigen zu, von dem aus Felix Heidinger den Jaguar filmen wollte.«

Jörg runzelt die Stirn und sagt: »Ich frage mich, was in dem Jaguar vorgegangen sein mag, der da umgesiedelt wurde ...«

»Beim Freilassen war der wegen der Betäubung noch wackelig auf den Beinen. Vielleicht hatte der Jaguar auch Kopfschmerzen davon. Der muss total durcheinander gewesen sein, als er plötzlich in einer ihm unbekannten Gegend stand. Tja, was mag der sich wohl dabei gedacht haben? Keine Ahnung.«

»Können Jaguare denn denken?«, fragt Jörg nun und spinnt den Gedanken gleich weiter: »Wenn ja, dann aber gleichsam nur in Form von Gedankenfetzen, kurzen Sätzen also, ohne Grammatik und Artikel, und nur im Präsens.«

»Und ohne ein großes Ich-Bewusstsein«, greife ich seine Überlegungen auf.

»Dann würde der Jaguar das Wort ›ich‹ also nicht kennen. Ok, mal angenommen, ich wäre der Jaguar«, fantasiert Jörg, »dann hätte ›ich‹ beim Freilassen in etwa folgendermaßen ›gedacht‹: ›Höre aufrecht gehende Zweibeiner. Machen viele eigenartige Dinge. Begreife nicht. Öffnen den Käfig. Kann raus – fliehen! Endlich. Keine Zweibeiner mehr zu sehen. Rieche sie noch. Sind in der Nähe.

Wo ist das hier? Fremdes Gelände. Unbekanntes Revier.

Lecke Flanke, tut da weh. Immerhin, keine Wunde, kein Blut. Merkwürdig. Aber künstlicher Geruch. Typisch bei Zweibeinern. Riechen nicht gut. Voller unnatürlicher Gerüche. Bah.‹«

Wir lachen herzhaft. Jörg hat sich in die Gedanken des Jaguars hineingesteigert. »Pssst, nicht ganz so laut, wir wollen doch unsere Leute hier im Camp nicht aufwecken!«, mahne ich.

Aber Jörg ist nicht zu stoppen und legt wieder los: »›Uh, schummrig im Kopf. Sonne – hell und heiß. Will Schatten. Will Ruhe. Habe Durst. Stehe jetzt. Betrachte Umgebung. Große offene Fläche. Nicht gut. Waldrand weit. Wo sind Zweibeiner?

Sehe Büsche. Viel näher als Wald. Gutes Versteck vor

Zweibeinern. Auch Schatten. Gebüsch ist klein. Egal. Erst einmal weg.

Erste Schritte. Noch wackelig. Stehe jetzt im Freien. Bin sichtbar von überall. Nicht gut. Schnell zum nahen Gebüsch. Laufe jetzt. Noch wenige Sprünge.

Da stimmt etwas nicht. Uh, Rascheln im Gebüsch. Tier muss da sein. Wird verjagt! Aber – Geruch von Zweibeinern. Sehr stark. Gefahr! Da, ein Zweibeiner mit hellen Locken. Muss Chef von Gruppe sein. Steht plötzlich auf, brüllt, ist erregt. Hat Astgabel in Händen. Bin schon ganz nah. Schnell weg hier. Fauche laut. Zweibeiner fuchtelt mit Astgabel. Noch mehr Zweibeiner. Sehe schwarzes Gerät hinter Büschen. Das surrt leise und gleichbleibend. Bestimmt gefährlich. Wieder Falle? Fauche erneut. Will nicht kämpfen. Will Ruhe, weg von Zweibeinern. Rase zum Waldrand. Schlage Haken. Wald ganz nah. Gutes Versteck. Schatten. Bin außer Atem. Herz pocht. Da, ein Bach. Trinke viel. Dichtes Grün. Liegen, ausruhen. Bin wieder frei. Werde weit weggehen. Weg von Zweibeinern. Besser ist das!‹«

Wir lachen erneut. »Eine interessante Perspektive«, sage ich dann zu Jörg. »Der Felix Heidinger hat übrigens auch mal Löwen in Indien gefilmt. Da respektieren sich Mensch und Löwe ganz anders als in Afrika. Eine gewisse Schmerzgrenze sollte aber dennoch nicht überschritten werden«, hebe ich an.

Des Königs Pranke – Panthera leo persica

Der Gir Forest im Bundesstaat Gujarat im dicht besiedelten Nordwesten Indiens ist der letzte Rückzugsort des Indischen Löwen. Indien ist dicht besiedelt, und für die Indischen Löwen blieb so kaum ein Flecken Land zum Leben übrig. Doch hier, im Gir Forest, residiert er mit ungeahnter

Toleranz. Löwe und Mensch leben in friedlicher Koexistenz: Die Menschen machen seit Jahrhunderten keine Jagd mehr auf die Raubtiere. Die Löwen wiederum haben sich über Generationen an die Menschen gewöhnt, ähnlich wie in Afrika an die »Konservendosen«. Sie greifen die Zweibeiner nicht an und tolerieren eine für Raubkatzen ganz ungewöhnliche Nähe. Sie lassen Menschen so nahe an sich heran, dass kritische Stimmen sogar von einem degenerierten Verhalten sprechen. Für Tierfilmer bietet es allerdings optimale Bedingungen. Felix Heidinger und sein Team hatten jedoch bei ihrer Expedition mit einem anderen Nachteil zu kämpfen: In diesem Wald ist die Vegetation sehr dicht. Die Jeep-Konservendosen-Strategie funktioniert hier nicht. Folglich machten sie sich auf Schusters Rappen auf den Weg.

Der Tierfilmer gewöhnte sich rasch an die ungewöhnliche Toleranz der Löwen. Sein Team filmte eine Löwenpaarung aus dem unglaublichen Abstand von nur fünf bis sechs Metern. Irre! Das ist weniger weit, als der Mensch springen kann, der Weltrekord liegt bei 8,95 Metern. Für den Notfall stand etwas abseits ein Inder mit einem Speer. Sie würden ihn nicht brauchen, dessen war er sich sicher. Felix Heidinger erzählt, dass er den Dreh sehr intensiv miterlebt hat: Es war ein erhabenes Gefühl, so dicht an wilden Raubkatzen zu filmen. Mucksmäuschenstill lauschten sie dem Knurren, Schnurren und Jaulen des Pärchens. Sie fühlten sich so sicher, als wären es Pinguine, die vor ihnen den Zeugungsakt vollzogen. Als sie die Szene abgedreht hatten, entspannten sich alle. Sie schauten sich an und sagten nur: Das war's, lasst uns abbauen und uns zurückziehen.

Es geschah, was geschehen musste. Mit der aufkommenden Entspannung schwand die Konzentration. Ein Assistent stand auf, ging ganz relaxt Richtung Jeep. Er bemerkte nicht einmal, dass er dabei noch näher als zuvor an die Löwen herankam. Zu nah. Jetzt wurde dem Männchen das Treiben der Zweibeiner zu bunt. Auch ein Indisches Löwenmännchen hat eine Toleranzgrenze, die nicht überschritten werden darf. Wer will schon in Liebesangelegenheiten gestört werden? Der Kater sprang von der Katze runter, fauchte, und es stand auf Messers Schneide, ob er dem Assistenten eine langt. Der war immer noch so entspannt, als wären sie mit dem Filmen einer Amsel am Vogelhäuschen fertig. Wenn er indes die Pranke zu spüren bekommen hätte, wäre es um ihn geschehen gewesen. Doch der Prankenhieb blieb aus. Ein Tropfen hätte genügt, um das Fass zum Überlaufen zu bringen und eine Katastrophe auszulösen.

Jörg ist bei meiner Erzählung ganz unruhig geworden. Ein untrügliches Zeichen dafür, dass er etwas Wichtiges zu sagen hat: »Elefanten sind intelligenter als Löwen. Die zeigen nicht nur ihre Gefühle und trauern sogar um ihre Toten. Elefanten sind mit einem unglaublichen Erinnerungsvermögen ausgestattet. Sie erkennen Personen, die ihnen Gutes oder Schlechtes angetan haben, nach Jahren wieder.«

Dann zeigt er sich wieder einmal von seiner besserwisserischen Seite. »Bei denen sollte die ›Konservendosen-Methode‹ tunlichst vermieden werden«, fährt er fort, »die begreifen sehr wohl, dass sich Leute im Inneren des Wagens befinden. Wenn denen das gerade nicht in den Kram passt, stören sie sich schon mal daran und machen die Konserve platt – samt Inhalt.«

Mit Vollgas durch die Hitze – Loxodonta africana

»Nicht schon wieder!«, stöhnen die beiden Tierfilmer Jens Westphal und Thoralf Grospitz im Duett. Eine Elefantenherde lagert in der Nähe der Piste, die sie, wie so oft in diesen Tagen, nehmen müssen, um zu ihrem Drehort zu gelangen. Den Elefantenbullen sehen sie schon von Weitem. Der hat sie längst gehört und schaut in ihre Richtung. Er ist in Paarungsstimmung und mag es überhaupt nicht, dass Zweibeiner in Blechbüchsen an seiner Herde vorbeiröhren. Die Elefantenkühe sind heiß – und er noch viel mehr. Grund genug für einen eifersüchtigen Bullen, nicht nur jeden echten Konkurrenten, sondern alles, was kreucht und fleucht, zu vertreiben. Unter letztere Kategorie fällt auch der altersschwache Landrover mit Thoralf Grospitz und Jens Westphal an Bord.

Schon am ersten Tag, als sie hier entlangfuhren, sahen sie den Bullen aus größerer Entfernung. Sie erkannten sofort: Paarungsstimmung! In die Reichweite dieses hormonell übersteuerten Bullen vorzudringen war gefährlich. Und richtig, der begab sich auch gleich auf Abfangkurs. Jens Westphal und Thoralf Grospitz dachten aber nicht im Geringsten daran, sich zum Spielball des liebestollen Elefanten zu machen. Sie begriffen, dass sich der Bulle abreagieren wollte. Das Gaspedal wurde durchgetreten. Mit Vollgas entkamen sie knapp dem auf sie zustürmenden Trompeter.

Am nächsten Tag lagerte die Herde an derselben Stelle. Der Bulle hatte sie längst bemerkt. Sie fluchten. Was nun? Sie mussten doch unbedingt zu ihrem Drehort. Doch dieses Mal hatten sie einen Trick auf Lager: Sie fuhren erst ganz langsam die Piste entlang. Der Elefant begab sich gemächlich auf Abfangkurs. Die Winkelberechnung schien ihm keine Schwierigkeiten zu bereiten. Als die Kameramänner relativ nahe an den Punkt herankamen, an dem sie mit ihm ein unfreiwilliges Tête-à-Tête haben würden, gaben sie im letzten Moment Vollgas und braussten mit aufheulendem Motor davon. Tag für Tag wiederholte sich von da an dieses Ritual. Und jedes Mal stellte sich ihnen die bange Frage, ob der Bulle es irgendwann lernen würde, dass sie ab einem bestimmten Punkt Vollgas gaben. Er lernte es nicht, ansonsten hätten die beiden mir die Geschichte nicht erzählen können. Auch die alte Gurke von Landrover verzichtete auf einen Aussetzer im falschen Moment. Ein ungewolltes Abenteuer! Beide betonen, dass sie sich liebend gerne diese wiederholten Begegnungen geschenkt hätten, die stets ein mulmiges Gefühl hinterließen.

»Mit Elefanten ist nicht zu spaßen!«, stimme ich Jörg zu. »Ein Raubtier hätte das Manöver von Thoralf Grospitz und Jens Westphal aber schnell durchschaut. Die sind eben auf ihre Weise intelligent. Christian Grzimek, der Enkel des berühmten Bernhard Grzimek, hat mir mal eine haarsträubende Geschichte aus Ruanda von einem Dreh seines Großvaters mit Götz-Dieter Plage erzählt ...«

Beschleunigte Masse – Loxodonta africana

So hatte sich das Götz-Dieter Plage ganz und gar nicht vorgestellt. Schön, das Trompetensolo des Bullen war laut und deutlich gewesen, und er hatte es im Kasten. Mit dem Trompetenstoß stellte der Elefant auch seine riesigen Ohren auf, um die Wirkung seines ohnehin imposanten Erscheinungsbildes noch weiter zu steigern. Die simple Botschaft: »Verzieh dich! Und zwar zackig!« Was auch immer die Motive des Elefanten waren, offensichtlich schien er der Meinung, dass in die Savanne ein paar große Bäume, viele Gnus und schwarz-weiß gestreifte Zebras gehören, aber ganz sicher keine auf ihn gerichtete Kamera und in Baumwolle gehüllte Primaten dahinter. Im Elefantenschädel verfestigte sich der Entschluss, auf dem eigenen Standpunkt zu beharren und keine Diskussionen zuzulassen. Das tonnenschwere Argument nahm Fahrt auf – in Richtung Kamera und den dahinter platzierten Götz-Dieter Plage. Der gewichtigen Ansicht des Dickhäuters setzte der Tierfilmer nichts entgegen, außer seiner Eclair, einer französischen Filmkamera, die fleißig vor sich hin surrte. Der Bulle besaß anscheinend eine konkrete Vorstellung davon, dass einige gezielte Fußtritte sowohl die Kamera als auch den Mann gewissermaßen auf den Level des Savannenbodens befördern würden. Ihm ging eben nichts über seine gewohnte Weltordnung, die wiederhergestellt werden musste.

Von Konzert, Erscheinung und offensichtlicher Absicht des Elefanten unbeeindruckt, schnurrt die Eclair weiter vor sich hin. Vom Zorn des Elefanten beeindruckt, ordnet Götz-Dieter Plages körpereigene Chemie die höchste Stufe der Alarmbereitschaft an. Sofortiger Rückzug steht auf dem Programm. Kein Wunder, 5 000 Kilogramm beschleunigte graue Masse stehen etwa 80 Kilogramm Zweibeiner und 40 Kilogramm Kameraausrüstung entgegen. Panik macht sich in dem Tierfilmer breit. Götz-Dieter Plage beschließt, schleunigst zu verschwinden und die Kamera samt Stativ sich selbst zu überlassen. Es muss schon um die schiere Existenz gehen, wenn teures Kamera-Equipment, das locker den Wert eines Mittelklassewagens übersteigen kann, zurückgelassen wird.

Vor Aufregung bedenkt der Kameramann an dieser Stelle aber eines nicht: Er ist durch den Batteriegurt, den er wie üblich um seine Hüften geschlungen hat, buchstäblich an seine Kamera gekettet. Er hängt fest, kommt nicht weg vom Stativ mit der schweren Kamera, dafür aber der Elefant immer näher. Ein geordneter Rückzug ist jetzt nicht mehr möglich. Er überwindet seinen Fluchtimpuls und zieht hastig die Steckverbindung zwischen Batteriekabel und Kamera. Bedrohlich füllt der Bulle sein Gesichtsfeld immer weiter aus. Er sieht in die Augen des Dickhäuters, die vor Zorn sprühen. Er sprintet los, so schnell ihn seine Beine tragen. Im letzten Augenblick gelingt es dem Kameramann zu entkommen.

Dies alles geschieht in Ruanda nahe einem kleinen Dorf. Götz-Dieter Plage filmt mit Bernhard Grzimek eine Elefantenherde, die es sich zur Gewohnheit gemacht hat, jeden Tag das kleine Dorf zu passieren. Die Bewohner des Dorfes haben sich schon lange an ihre riesigen Besucher gewöhnt. Die Elefanten gelten als gutmütig und umwandern sogar sorgsam die Wäsche, die zum Trocknen auf dem Boden ausgelegt ist. Götz-Dieter Plage hat seine Kamera am Ortsrand aufgebaut, um die vorbeiziehenden Elefanten zu filmen. Er freut sich auf die schöne kleine Geschichte mit den Elefanten. Das würde tolle Aufnahmen geben. Ein paar Jugendliche machen sich ab und zu einen Spaß daraus, die Elefanten zu ärgern. Sie sprinten auf sie zu, bis es den Elefanten zu bunt wird, sie wütend vorpreschen und die jungen Leute ein kurzes Stück verfolgen. Angespornt durch das Filmteam, wollen einige Jungen jetzt ihren Mut beweisen und ein bisschen Action produzieren. Wie immer beginnt ein Elefantenbulle die Flitzer zu verscheuchen, ausgerechnet in Götz-Dieter Plages Richtung.

Entsetzt erleben Bernhard Grzimek und das Filmteam diese Situation aus nächster Nähe mit. Schon steht der Elefant vor der Kamera und schnüffelt und rüsselt erregt daran herum. Bernhard Grzimek sieht, wie der Elefant einen Fuß auf die Kamera setzen will, um an ihr seinen Ärger über die Eindringlinge auszulassen. Da aber kennt er Bernhard Grzimek schlecht. Eine zerstörte Kamera hätte nicht nur den Verlust eines wichtigen Aufnahmegerätes für diese Filmexpedition bedeutet. Professionelle Filmkameras sind, wie gesagt, ein Vermögen wert und würden den Tierliebhaber, der damals seine Expeditionen privat finanzierte, in erhebliche finanzielle Schwierigkeiten bringen.

Bernhard Grzimek stürmt also auf den Elefanten zu und schwenkt wild seinen Hut in der Luft. Was nach Festzelt auf dem Oktoberfest anmutet, ist bitterer Ernst. Er ist nicht nur der liebe, schrullige Fernsehonkel, der die Tiere präsentiert und für den Schutz von Tier und Lebensraum eintritt. Nein, Grzimek ist auch ein Mensch mit starkem Willen, geschicktem Durchsetzungsvermögen. Als Anwalt der Tiere ist er ein gewiefter Taktiker. Und von einem Elefanten lässt er sich ganz sicher nicht seine gute Kamera zertrümmern! Tatsächlich gelingt es ihm, die Aufmerksamkeit des Elefanten auf sich zu lenken und die Kamera zu retten. Nun ist es an ihm, schleunigst die Beine in die Hand zu nehmen und einen Sprint einzulegen. Er trägt, wie immer, nur Sandalen, die nicht geeignet sind zum schnellen Laufen. Doch Bernhard Grzimek schafft es, sich aus der Reichweite des aufgeregten Dickhäuters zu entfernen.

So unterhaltsam diese Geschichte mit dem Elefanten im Nachhinein klingt: Diese spontane und schlichtweg leichtsinnige Rettung der Kamera hätte böse Folgen haben können. Andere Menschen hatten da weniger Glück. Tragischerweise ist später ausgerechnet Götz-Dieter Plages Frau bei Filmaufnahmen durch einen Elefanten ums Leben gekommen, der das Auto umgekippt hat, in dem sie sich befand. Er selber erlag später bei Drehaufnahmen den Verletzungen durch einen Absturz mit einem Leichtflugzeug.

Ich sehe Jörg an, dass er darauf brennt, eine weitere Geschichte zum Besten zu geben: »Im Weg zu stehen ist immer eine dumme Sache, wirklich blöd. Das kann dir mit einem Elefanten selbst in der Antarktis passieren.« Jörg legt eine kurze Kunstpause ein, um Spannung zu erzeugen.

Ich denke, er ist manchmal ganz schön sprunghaft. »Ok, Elefanten in der Antarktis«, sage ich betont gedehnt …

Die Speckschwarten-Tangente – Mirounga leonina

Knirschende, schleifende Geräusche schrecken Andreas Schulze auf. Er dreht sich um. »Ach du Sch…!«, denkt er und wird kreidebleich. Ein riesiger Seeelefant robbt auf ihn zu. Vor ihm liegt die gesamte Filmausrüstung. Möwen fliegen kreischend auf. Der Bulle ist nur auf dem Weg zum Ozean. Vielleicht sinnt der gerade darüber nach, welche Fische er jagen will. Er kann bis zu 1 000 Meter tief tauchen und hat daher eine große Auswahl an Beute. Zielstrebig, wie er ist, nimmt er den kürzesten Weg – direkt auf den erschrockenen Andreas Schulze zu.

Es ist nichts Ungewöhnliches daran, dass ein Tier, wenn es von A nach B will, den direkten, kürzesten Weg einschlägt. Umgehungsstraßen sind im Genpool der Tiere nicht existent. Wenn also der Seeelefant ins Meer will, dann robbt er nicht im Halbkreis oder in Winkelzügen. Und von einem Zweibeiner lässt er sich schon gar nicht vom Weg abbringen. Der Seeelefant ist hungrig, will fressen oder sich einfach nur im nassen Element wohlfühlen. In seinen Gedanken ist eine Tangente festgezurrt, eine gerade Strecke zum Meer. Dies ist so unausweichlich wie die ewige mathematische Funktion beim Billard: Der Einfallswinkel ist gleich dem Ausfallswinkel.

Seeelefanten gehören zu den Raubtieren der Ordnung Carnivora, was auf Deutsch »Fleischfresser« bedeutet. Sie sind nicht nur die größten Robben, sie sind die Größten ihrer Ordnung. Männchen können bis zu 3,5 Tonnen wiegen und werden viel größer als etwa ein Löwe oder ein Eisbär. Andreas Schulze wiegt nicht einmal ein Zehntel einer

Tonne und hat das Problem der erheblich kleineren Masse. Und er weiß, dass mit diesen Tieren nicht gut Kirschen essen ist, wenn die sauer werden. Andreas Schulze filmt am liebsten Vögel und hat beruflich mit Raubtiergebissen wenig zu tun. Verzweifelt stellt er sich vor die Taschen mit dem Equipment und schreit lauthals: »He da, verschwinde, weg von hier!« Schulze besitzt noch einen Joker, den gleichen, den auch Bernhard Grzimek ausgespielt hat. Er hat etwas, das Seeelefanten nicht besitzen: lange, frei bewegliche Vorderextremitäten. Als er mit diesen vor dem Seeelefanten wild durch die Luft fuchtelt, geschieht das Wunder. Mutig bringt der Kameramann die sich wälzende Speckschwarte vom Weg ab. Die Robbe bequemt sich dazu, etwa einen Meter an diesen lästigen Wedeldingern vorbei dem Meer zuzukraucheln. Die Mathematik der direkten Tangente hat versagt …

»Apropos Speckschwarte«, beginne ich eine weitere Annäherung zu schildern, »von denen gibt es in Afrika auch welche im Wasser. Allerdings sind die an Land schneller als Seeelefanten – und sogar schneller als unsereins!«

Der Macho aus Uganda – Hippopotamus amphibius

»Ich bin viel zu weit weg«, denkt Uwe Müller. »Ich versuche näher ranzukommen. Ganz langsam, immer nur ein Stückchen.« Zusammen mit dem Tierfilmer Ernst Sasse ist Uwe Müller nach Uganda gejettet, um Flusspferde zu drehen.

Gleich am ersten Tag ist er mit seiner Kamera allein im Gelände. In sicherer Entfernung von den Flusspferden schraubt er sie aufs Stativ. Ein Tarnzelt ist hier ungeeignet. In einem Prozess, der über Stunden andauert, geht er Meter um Meter vor, filmt etwas, nimmt Stativ und Kamera, rückt wieder vor, schaut durch die Kamera. Uwe Müller will die Flusspferde an sich gewöhnen, ausstrahlen, dass von ihm und der Kamera keine Gefahr ausgeht. Er bewegt sich auf einem schmalen Grat. Nur noch ungefähr 50 Meter Distanz trennen ihn von den im Wasser dümpelnden Flusspferden. Er geht noch einen Schritt vor. Dieser eine Schritt aber ist kein Schritt für die Menschheit, denn er ist einer zu viel.

Der Chef der Hippo-Herde hat den Tierfilmer schon lange aus dem Augenwinkel im Visier. Seine Miniohren wackeln. Summende Fliegen gehen ihm auf den Geist. Der Leitbulle ist gereizt. Schon zwei, drei Mal war der Macho kurz davor loszupoltern. Ihm schwirrt schon länger in einer Art Endlosschleife im Kopf: »Wenn der Kerl da noch einen Schritt näher kommt, dann flüstere ich dem was! Das sind meine Frauen, mein Revier, den puste ich gleich um! Bei der Gelegenheit kann ich den Damen und den Jungbullen gleich noch zeigen, was für ein toller Hecht ich bin.«

Mit einem Mal startet der Clan-Chef durch. Der Boden bebt unter den trampelnden Sprüngen, Wasser spritzt durch die Gegend. Vögel fliegen kreischend auf. Sie sehen nicht so aus, doch Flusspferde können bis auf 40 Stundenkilometer beschleunigen. Wegrennen zwecklos, da habe ich keine Chance, weiß Uwe Müller. Es sind nur noch wenige Meter bis zu dem Tierfilmer, der nach eigener Aussage später die Hosen gestrichen voll hat. Metaphorisch gemeint. Der Macho bremst ab, kommt nur einen Meter vor der Kamera zum Stehen. Er reißt sein riesiges Maul weit auf. Uwe Müller samt Kamera und Stativ fänden darin Platz wie in einer Baggerschaufel. Doch er bleibt einfach nur stehen, verhält sich ruhig. Er versucht unbedeutend zu wirken, ist wie paralysiert. Die 30 Zentimeter langen Hauer des Hippo sind eine tödliche Waffe und flößen ihm mächtig Respekt ein. Markerschütternd brüllt jetzt der Chef. Die Luft erzittert. Zu allem Überfluss öffnet er sein Maul sogar noch weiter.

Das war es. Gut gebrüllt, das haben alle gesehen. Er greift nicht an, sondern dreht sich um, trottet zufrieden zurück. Uwe Müller schlottern die Knie. Auf wackeligen Beinen nimmt er sein Filmequipment und zieht sich zurück. Im Nachhinein denkt er: »Hätte ich doch bloß auf den Auslöser gedrückt.« Aber so abgebrüht ist er nicht gewesen, als das Flusspferd angerannt kam.

Die Hippos haben nicht von sich aus ein aggressiveres Wesen als die anderen Pflanzenfresser. Die wollen niemanden über den Haufen rennen. Doch wie alle anderen auch verteidigen sie ihren Sicherheitsabstand und reagieren ungehalten auf mögliche Gefahren für die eigene Sippe. Und protzen gehört eben auch dazu. Die großen Säugetiere der Steppe respektieren sich gegenseitig und weiden gemeinsam die Gräser ab. Der Mensch jedoch gehört nicht zu den Weidetieren, mit denen in friedlicher Koexistenz gelebt wird. Instinktiv misstrauen sie den Zweibeinern. Es ist möglich, sich ihnen zu nähern, doch das geht nur über Vertrauensarbeit.

Flusspferde werden verkannt. Es passiert nur deswegen viel, weil die Fischer nachts mit ihren Booten rausfahren. Sie geraten in eine Hippo-Herde und werden umgeschubst. Schwimmen können die Fischer oft nicht. Büffel gelten in Afrika als zehn Mal gefährlicher. Uwe Müller erinnert sich, dass zu der Zeit, als er ein halbes Jahr in Afrika weilte, fünf Ranger von Büffeln getötet wurden, obwohl sie bewaffnet waren. Die wurden über den Haufen gerannt, hatten keine Chance.

Uwe Müller und der Bulle haben sich am Ende sogar noch angefreundet: Am letzten Tag sitzt er nur ein paar Meter von den Flusspferden entfernt und fängt schöne Details ein.

»Das ist ja ein Ding, ich kenne eine ganz ähnliche Geschichte«, erklärt Jörg. »Da ist so ein Großmaul von Flusspferd auf Thoralf Grospitz, von dem ich gerade die Elefanten-Landrover-Geschichte erzählt habe, losgestürmt. Der hat dann ebenso seine Klappe aufgerissen, ein Riesentrara veranstaltet und ist wieder von dannen gewackelt. Mordabsichten sehen anders aus.

Kennst du übrigens Oliver Goetzl und Ivo Nörenberg? Zwei Moschusochsen sind mal völlig unerwartet auf sie zugerollt. Die beiden Tierfilmer dachten, im dichten Gestrüpp wären sie sicher. Pustekuchen, die Moschusochsen sind da voll durchs Gestrüpp gewalzt. Den beiden blieb nichts anderes übrig, als schleunigst fortzulaufen. Die waren um die Erfahrung reicher, dass Tiere schon mal einfach nur in Ruhe gelassen werden wollen. Das ist nicht gerade die Stärke von uns Zweibeinern. Mensch, wir sind ja auch gerade in unmittelbarer Nähe eines wilden Tieres. Schau mal, als ob die Anakonda Gedanken lesen kann, sie beginnt sich zu entrollen!«

6

Messerscharfe Argumente

04:15 Uhr

Blätter rascheln. Die Anakonda bewegt sich. Trotz ihres Stoffbeutels über dem Kopf entrollt sie sich langsam und kriecht in Richtung Fluss. Wir springen sofort auf.

Jörg: »Jetzt bist du dran mit Handauflegen.«

Ich nähere mich dem Kopf von hinten und lege meine Hand auf den Hinterkopf der Riesenschlange. Ein mulmiges Gefühl macht sich in mir breit. Sicherer wäre es, den Nacken zu umfassen. Aus Erfahrung weiß ich, wie schnell Schlangen ihren Kopf drehen und zubeißen können. Die Anakonda zuckt zurück und rollt sich wieder zusammen. Bei ihrer Bewegung bringe ich meine Hand rasch außer Reichweite.

»Noch ein Mal, damit sie wieder Ruhe gibt!«, fordert mich Jörg auf. Ich lege meine Hand erneut auf ihren Kopf. Erstaunlich, die Anakonda reagiert kaum. Eine Weile stehen wir noch um sie herum, dann setzen wir uns wieder hin.

»Willst du noch einen Kaffee?«, fragt mich Jörg.

»Gerne.«

Pulverkaffee und Zucker rieseln in unsere Becher, dann kippt Jörg Flusswasser darüber. Ich schaue zu. Er rührt das Gebräu in beiden Bechern um und reicht mir meine Tasse.

»An Mineralienmangel dürften wir auf dieser Expedition kaum leiden.« Ich spiele auf das ungefilterte Flusswasser an, das wir schon seit Wochen trinken. Schon vor der Expedition wussten wir, dass in den Booten kein Platz für Trinkwasser sein wird. Uns bleibt nichts anderes übrig, als mit dem Wasser aus dem Strom unseren Durst zu löschen. Nach ergiebigen Regengüssen stieg der Pegel an, und Schwebstoffe färbten das Wasser hellbraun. Immerhin, geschmacklich verändert hat sich die braune Brühe dadurch nicht.

Im Gegensatz zu den Indianern benutzen wir aber ein Mittel zur Entkeimung unseres Trinkwassers. Es gibt zwar keine menschlichen Krankheitserreger im Fluss, aber was will das schon heißen. Fische, Kaimane, Wasserschweine, Tapire und praktisch der ganze Rest des Dschungels geben ihre Ausscheidungen in den Fluss. Somit tummelt sich deren Mikrofauna in Form von Bakterien, diversen Würmern und anderen Parasiten im Wasser. Es gibt keine Garantie, dass nicht einige dieser Viecher nur darauf lauern, in unseren Verdauungstrakt zu schlüpfen und uns zu besiedeln.

»Hast du schon einmal darüber nachgedacht, welche Bedeutung der Fluss für uns hat?«, fragt Jörg.

»Aber natürlich, die Anakondas leben hier«, antworte ich.

»Ja klar, aber das meine ich nicht. Wir fahren auf ihm, trinken sein Wasser, baden in ihm, und ernähren tut er uns auch.« Fleisch haben wir nicht mitgenommen. Doch der Fluss ist voller Fische, und die Indianer wissen genau, wie sie die fangen. Zum Glück mag ich gerne Fisch, denn fast täglich verspeisen wir welche. Darunter war auch ein Wolfsfisch von gut 30 Kilogramm, den wir nur mit einer dicken Nylonschnur, einem Haken und einem Stück Fisch als Köder fingen und den die Indianer räucherten. Eine unerwartete kulinarische Delikatesse.

Stille. Dann sagt Jörg: »Es ist unheimlich, im Fluss zu baden und die Boote durch die Stromschnellen zu ziehen, bei dem, was da alles drin ist: Piranhas, Kaimane, Stachelrochen, Anakondas, Zitteraale. Warum beißen und zerfetzen uns die Piranhas eigentlich nicht, wenn wir im Fluss sind?«

»Weil die Fischfresser sind«, antworte ich. »Es heißt, dass sie höchstens dann angreifen, wenn nicht genug Nahrung für sie verfügbar ist. Blutend würde ich allerdings nie ins Wasser gehen. Blut zieht sie magisch an, so wie uns der Duft einer Weihnachtsgans.«

»Nur gut, dass uns die Piranhas schmecken und wir nicht auf deren Speisekarte stehen«, witzelt Jörg.

»Das stimmt auch wieder nicht ganz: Einer unserer Indianer hat mir erzählt, dass einer seiner Bekannten mal einen Fisch im Wasser putzte. Da hat ihm ein Piranha ein Fingerglied abgebissen.«

»Wieso das denn? Weißt du was, die kleinen Monster sind Haien verdammt ähnlich. Wenigstens gibt es keine Haie im Süßwasser. Wirklich beruhigend.« Mit dem Ausatmen zischt ein leiser Ton der Erleichterung aus Jörgs Kehle.

»Die Piranhas waren angesichts des Fischblutes in einen regelrechten Rauschzustand geraten. Dann beißen die in alles, was sich bewegt. Übrigens muss ich dich leider enttäuschen«, ärgere ich ihn absichtlich, »es gibt Haie, die weit die Flüsse hinaufschwimmen. Und – gar nicht weit weg von hier in Nicaragua leben richtige Süßwasserhaie in einem großen Binnensee.«

Wieder setzt Stille ein, dann summe ich die Melodie aus dem Film *Der Weiße Hai* vor mich hin. Jener Film, der in den Siebzigern zu einer kollektiven Psychose geführt hatte. Damals griff eine irrationale Angst vor Haien um sich. Erneut, dieses Mal lauter, lasse ich das Stakkato ertönen, das im Film immer dann einsetzt, wenn der böse Weiße Hai aus den tiefen dunklen Weiten auftaucht, um über ahnungslose Menschen herzufallen.

Ankunft der Könige

»Wale!«, schallt es über das Schiff *Elie Monnier* vor den Kapverdischen Inseln. Der französische Meeresforscher Jacques-Yves Cousteau und der Tauchpionier Frédéric Dumas eilen zum Kapitän. Der hat längst das Schiff gewendet, als die Meeresforscher die Brücke betreten, und hält auf die Wale zu. Frédéric Dumas läuft weiter zur Harpunenplattform am Bug des Schiffes; er will einen Wal zu Forschungszwecken harpunieren und aufs Schiff ziehen. Dumas nimmt die Harpune in die Hand und macht sich bereit für einen Wurf. Auch für Jacques-Yves Cousteau sind die Wale begehrte Forschungs- und Filmobjekte. Einen erlegten Grindwal betrachtet er als Köder zum Anlocken von Haien, eine gute Gelegenheit, um spannende Filmaufnahmen zu bekommen. Beide gehen getreu dem Motto vor: Mal sehen, was passiert. Gespannt beobachtet die Crew, wo die Wale vor ihnen auftauchen oder ob sie die Gefahr erkennen und in unerreichbare Tiefe verschwinden.

Das waren damals noch andere Zeiten. Die Wale wurden auf allen Weltmeeren gejagt. Über mehrere Jahrzehnte fielen pro Jahr um die 40 000 Tiere der schonungslosen Jagd zum Opfer. Heute wird kommerzieller Walfang nur noch von Island und Norwegen sowie Japan unter dem Deckmäntelchen der Wissenschaft betrieben. Aus unserer heutigen Sicht stellt es eine Grausamkeit dar, einen Wal zu harpunieren, auch, wenn es im Namen der Wissenschaft geschieht.

Jacques-Yves Cousteau begeisterte das Meer. In der französischen Marine hatte er es bis zum Korvettenkapitän gebracht. 1946 half er dabei, den von Hans Hass entworfenen Atemregler, den der Deutsche »Aqualunge« nannte, zu verbessern. 1950 baute der Franzose auf Kosten der Biermarke Guinness das ausgemusterte Minensuchboot *Calypso* zum Forschungsschiff um. Doch unter Wasser gefilmt hatte er schon viel früher. Bereits 1942 entwickelte er ein wasserdichtes Gehäuse für Filmkameras und drehte damit seinen ersten Film. Über 100 weitere Dokumentationen und mehrere Bücher sollten folgen. Über Jahrzehnte verfolgten die Fernsehzuschauer seine Abenteuer auf den Meeren der Welt ...

Schwerelos, mit vollendeter Geschmeidigkeit schwebt nun ein Weißspitzen-Hochseehai heran. Die Sinne des Fisches haben Schallwellen wahrgenommen, die ihn neugierig werden lassen. Sie verraten ihm, dass sich ein großes Wassertier in höchster Not windet. Das klingt für ihn nach einem gefundenen Fressen. Schon seit Tagen knurrt ihm der Magen. Seine Schwanzflossen geben Schub – in die Richtung, die ihm eine große Beute verspricht. Er wird sich einreihen in die Riege der Jäger und seine Portion abbekommen. So kennt er es, so wird es wieder geschehen.

Zwei Kilometer weiter haben auch zwei andere Haie die untrüglichen Schwingungen wahrgenommen, die nur von einem verwundeten Tier stammen können. Es sind zwei Blauhaie, die durch die Weite des Meeres pflügen. Auch sie gehören zu den Hochseehaien, die in der Regel zwischen drei und vier Meter lang werden. Doch da ist noch mehr. Schon lange haben sie das Dröhnen eines Schiffes registriert. Dieses mechanische Bullern der Schrauben ist ihnen vertraut. Sie fürchten die Schiffe nicht. Gelegentlich folgen sie ihnen sogar über weite Strecken neugierig. Sie haben entdeckt, dass von den Schiffen Abfälle ins Meer geworfen werden, die sie sich gleich einverleiben. Die Schallwellen des verletzten Lebewesens und die des Schiffes, das nun nur noch tuckert und sich nicht mehr zügig fortbewegt, kommen aus derselben Richtung. Die Blauhaie ändern, aus einer anderen Richtung als der Weißspitzen-Hochseehai kommend, gemeinsam ihre Route. Synchronschwimmer hätten es nicht besser hingekriegt.

Die Hochseehaie sind die größten Haie der Ozeane, abgesehen von dem friedlichen Walhai. Ihr bekanntester Vertreter ist der Weiße Hai. Ihnen gemeinsam ist, dass sie zur ewigen Ruhelosigkeit verdammt sind. Es ist ihnen nicht vergönnt, sich für ein Nickerchen auf den Boden sinken zu lassen oder ein halbes Stündchen den Betrieb einzustellen. Ihr Leben lang müssen sie schwimmen: 24 Stunden am Tag, 365 Tage im Jahr. Nur so durchströmt genügend sauerstoffreiches Wasser ihre Kiemen. Geraten sie in Netze, sterben sie an Sauerstoffmangel. Ein Hochseehai im Treibnetz der Fischer ist ebenso verloren wie ein Delfin.

Cognac für Haie

Jacques-Yves Cousteau ging in den Siebzigerjahren mit Haien alles andere als zimperlich um. Er wollte im Roten Meer herausfinden, ob die Blauhaie dort standorttreu sind. Dazu ließ er zunächst 110 Blauhaie in der Umgebung von acht verschiedenen Riffs mit individuellen Plaketten versehen. Taucher fixierten diese mit einem Stab in der Haut der Haie. Einige Zeit später kehrten sie zurück und suchten nach den markierten Haien. Sobald sie einen Hai mit Plakette entdeckten, setzten sie ihm einen beköderten Haken vor die Nase. Insgesamt 65 Haie wurden auf diese Weise auf die *Calypso* gezogen, wo sie qualvoll verendeten. Es stellte sich heraus, dass fast alle dieser Haie an derselben Stelle gefangen wurden, an der sie markiert worden waren.

Heutzutage wären Naturfilme, für die derart viele Tiere

getötet werden, vollkommen unmöglich. Wer so handelt, würde sich heftiger Kritik von Tierschützern ausgesetzt sehen und hätte womöglich mit rechtlichen Konsequenzen zu rechnen. Die Wissenschaftler von heute müssen aber nicht auf Experimente und Forschung verzichten. Mittels moderner Sender lassen sich die Wege der Tiere nahtlos verfolgen.

Bei anderen Experimenten mit Haien testete das Team um Cousteau verschiedene Abwehrmethoden und Narkotika und bannte die Ergebnisse auf Zelluloid. In einem Versuch waren vier Haie in einen großen Unterwasserkäfig gelockt worden. Mehrere Narkotika, die zum Betäuben von Fischen benutzt werden, schlugen jedoch bei den Haien nicht an. Vergeblich warteten die Unterwasserforscher auf die betäubende Wirkung. Einen Tag später dachte sich die Crew eine sehr französische Betäubungsmethode aus: Sie wollten den Haien im Käfig Cognac injizieren, den Jacques-Yves Cousteau zur Verfügung stellte. Als die Taucher mit den gefüllten Injektionsspritzen bei den Haien ankamen, waren diese jedoch gestorben. Möglicherweise war der Käfig zu klein gewesen, und die Haie hatten nicht genug Sauerstoff bekommen. Vielleicht waren die Haie aber auch an dem ihnen zuvor verabreichten Cocktail aus Narkotika eingegangen. Es gelang dem Team danach nicht mehr, weitere Haie anzulocken und zu fangen, um dieses sehr zweifelhafte Experiment durchzuführen. Vielleicht wären sie gekommen, hätten sie gewusst, dass ihnen Jacques-Yves Cousteau persönlich Cognac ausgegeben hätte.

Die *Elie Monnier* ist jetzt so nah an den Walen dran, dass die Mannschaft ihre kleinen Augen erkennen kann, wenn sie zum Atmen die Oberfläche durchstoßen. Es sind Grindwale. Sie gehören zur Familie der Delfine. Da die Delfine wiederum zu den Zahnwalen gehören, sind Grindwale Delfine und Wale in Personalunion. Diese zoologische Spitzfindigkeit interessiert die aufgebrachte Gruppe Grindwale indes nicht im Geringsten. Das dominante Männchen, ihr Leittier, dem die anderen Grindwale blind folgen, weicht seitlich aus. Wiederum ändert das Schiff seine Fahrtrichtung und kommt den Walen immer näher. Die Grindwale sind sich nicht sicher, welche Konsequenzen dies für sie haben könnte. Bisher haben Schiffe von ihrer Anwesenheit nie Notiz genommen. Große Unruhe macht sich breit. Der gewünschte Sicherheitsabstand zu dem Schiff ist bereits unterschritten. Der Lärm der Schiffsschrauben stört ihre Kommunikation. Doch dann hören sie plötzlich den markerschütternden Schrei eines ihrer Artgenossen.

Ein ausgewachsener Grindwal aus der Herde von ungefähr einer Tonne Gewicht taucht vier Meter von Frédéric Dumas entfernt vor dem Schiff auf. Frédéric Dumas visiert ihn an. Dann wirft er die Harpune mit aller Kraft, die ihm zur Verfügung steht. Schon schwirrt die Harpune durch die Luft. Getroffen! Tief dringt das spitze Metall nahe der Rückenflosse in den Wal ein. Am Ende der 100 Meter langen Harpunenleine hängt eine große graue Boje, die der Wal über die gespannte Leine ins Wasser zieht. Dann taucht er ab. Kurz darauf verschwindet die Boje unter Wasser.

Als die Boje wieder auftaucht, erscheint alsbald auch der Wal an der Oberfläche. Dumas nutzt diese Gelegenheit und trifft den Wal zweimal mit seinem Gewehr. Viele Liter Blut färben das Meer um das getroffene Tier rot und verteilen sich im Wasser. Hilflos verfolgen die Grindwale den Todeskampf ihres Kameraden. Ihr hoch entwickeltes Sozialgefüge ist stärker als der Impuls zur Flucht. Sie lassen ihren verletzten Kameraden nicht zurück. Das Leittier der Gruppe umkreist die *Elie Monnier*, die Walherde folgt.

Blutrausch

Der Weißspitzen-Hochseehai trifft ein. Zunächst peilt er die Lage. Der Geruch von Blut dringt in sein Bewusstsein, berauscht ihn. Erregt schwimmt er schneller und hektischer. Er spürt den Todeskampf des Wals. Seine feinen Sinne haben registriert, dass die Konkurrenz nicht schläft und bald eintreffen wird. Er braucht sie nicht zu fürchten. Er gehört zu den Großen unter den Haien. Seine einzige Sorge besteht darin, nicht genug von der Beute abzubekommen. Noch ist es jedoch nicht so weit. Der Weißspitzen-Hochseehai schwimmt nicht einfach zum lebenden Wal und reißt sich ein Stück heraus. Er ist vorsichtig, umrundet die Beute. Aus Erfahrung weiß er, dass ein stark verletztes Tier eine sichere Beute ist. Fluchtgefahr besteht nicht mehr. Die Kreise, die er zieht, werden enger. Er prüft die Reaktion des Wals und lässt gleichzeitig das nahe Schiff nicht aus den Augen. Seine Angriffe sind strukturiert, die Sinne konzentriert auf den Wal gerichtet. Plötzlich platschen zwei große Dinge vom Schiff ins Wasser. Verunsichert schwimmt er zur Seite. Irritiert hört er seltsame Blubbergeräusche. Die Dinge bewegen sich, das müssen Lebewesen sein. Eine weitere Konkurrenz? Das muss er sich genauer anschauen.

Die beiden Blauhaie betreten die Szene und drehen ihre ersten Runden, zunächst noch in der Tiefe. Binnen Kurzem haben sie gecheckt, wer ihre Mitspieler in dem sich anbahnenden Drama sein werden: ein schwer verletzter Grindwal, ein Schiff, ein anderer großer Hochseehai. Noch nie aber sind ihnen zwei lebendige Blubbergestalten untergekommen, die sich von den Schiffen ins Meer fallen ließen. Die Grindwalherde nehmen sie nur als Zuschauer zur Kenntnis. Sie sind Profis, wissen die Lage einzuschätzen. Dies hat einen guten Grund: Sie bekommen es mit sehr unterschiedlicher Beute zu tun. Blauhaie sind Kosmopoliten par excellence, keine andere Haiart hat so ein großes Vorkommen wie sie. Bei 70,8 Prozent globaler Wasserfläche ist ihr Verbreitungsgebiet größer als das jedes Landwirbeltieres. Und der Blauhai ist ein echter Nomade. Einzelne markierte Exemplare wurden in über 11 000 Kilometer Entfernung wiederentdeckt. Wer weit wandert, erlebt viel. Wer ständig mit anderer Beute zu tun hat, muss anpassungsfähig sein. Das Drama des Fressens und Gefressenwerdens kennt dieser Hai in vielen Variationen, je nach Beute. Da passt es gut, dass sich die Blauhaie zu eigen gemacht haben, alles zu fressen, was zu erbeuten ist. Alles! Im Zweifelsfall wird nicht lange gefackelt.

Von der Besatzung ist die Boje eingeholt und die Leine am Schiff befestigt worden. Jacques-Yves Cousteau und sein Kollege Frédéric Dumas sind mit den letzten Vorbereitungen für ihren Tauchgang beschäftigt. Sie kennen sich schon lange und sind unter Wasser ein eingespieltes Team. Beide sind fanatische Taucher. Jetzt sind sie in Eile. Sie wollen die Grindwale filmen und beobachten, wie sie sich verhalten. Mit freudiger Erregung nehmen sie zur Kenntnis, dass sich Haifische eingefunden haben. Das verspricht, spannende Bilder zu geben. Drei Stahlflaschen packen sie sich auf den Rücken, um lange unter Wasser bleiben zu können. Es ist so weit: Daumen hoch, Rolle rückwärts ins offene Meer. Mit einem Platschen fallen sie in die unendliche Weite der See. Der Blick zu allen Seiten offenbart ihnen ein Strahlen und Schimmern von Lichtreflexionen in allen Blautönen. Der Blick nach unten verliert sich in einer gespenstischen Tiefe. Die beiden Männer wirken verloren und fremd in der Weite des Meeres, die erst zweieinhalbtausend Meter unter ihnen endet. Sie folgen der Leine, die zu dem Wal führt. Dumas will eine Schlinge über den Schwanz des Wales streifen, um ihn an Bord zu ziehen.

Es hat nicht vieler Flossenschläge bedurft, um sich den unbekannten Lebensformen zu nähern. Der Weißspitzen-Hochseehai schwimmt zunächst abwartend und mit großem Abstand um die fremdartigen Wesen herum. Noch nie hat er derartige Gestalten gesehen. Die Kreaturen verfügen über vier lange Fortsätze, die sie unbeholfen im Wasser bewegen. Nicht effizient, findet der Hai, denn Bewegungen im Wasser sollten beschleunigen oder wenigstens zur geschmeidigen Richtungsänderung beitragen. Gelegentlich frisst er Tintenfische. Die sind auch lahm. Diese Viecher hier sind jedoch nicht mit Tintenfischen vergleichbar. Am merkwürdigsten sind die Luftblasen, die in regelmäßigen Abständen blubbernd hochsteigen. Eine Gefahr für sich kann der große Hai nicht erkennen. Er ist neugierig geworden, der noch lebende Wal ist ihm sicher, der kann warten. Der Weißspitzen-Hochseehai zieht seine Bahnen und Runden an den beiden Lebewesen vorbei. Wie zufällig rückt er Stück für Stück näher heran. Als er einmal in Reichweite kommt, berührt ihn sogar eine der Gestalten an der Schwanzflosse. Ist die lebensmüde?

Rudelbildung

Die ungewöhnliche Aktivität beim Schiff ist den Blauhaien nicht entgangen. Ebenso wie der andere Hai scheren sie aus ihren Runden um den sterbenden Wal aus und nehmen Kurs auf das Schiff. Was mag da vor sich gehen? Noch haben sie keine Vorstellung davon, was sie dort erwartet. Sie sind grundsätzlich neugierig. Da ist etwas Lebendiges im Wasser. Vielleicht eine Vorspeise? Das wollen sie herausfinden. Sie sehen den anderen Hai, der vor ihnen eingetroffen ist. Wenn eine größere Beute gerissen werden soll, schließen sie sich zusammen, dann fügen sich die unterschiedlichen Arten von Hochseehaien ineinander wie die Zahnräder eines Uhrwerks. In der Masse sind sie stärker. In dieser Formation greifen sie sogar Tiere an, die viel größer als sie selber sind. Die drei Hochseehaie wissen, dass sie aus dem gleichen Holz geschnitzt sind. Sie haben Blut geleckt, sind erregt. Die Zweckgemeinschaft rückt noch näher an die Taucher heran.

Kaum sind Jacques-Yves Cousteau und Frédéric Dumas ein paar Meter abgetaucht, da sehen sie schon den ersten König der Meere. Es ist ein etwa drei Meter langer Weißspitzen-Hochseehai mit dem wissenschaftlichen Namen *Carcharhinus longimanus*. »Lange Hand« bedeutet *longimanus*. Scherzend wird der Hai von Cousteau und seiner Crew wegen der langen, runden Brustflossen »Langer Arm« genannt. Die grau-braune Färbung hebt sich markant von der blauen Farbfächerung des Meeres ab. Die Flossenspitzen sind weiß durchsetzt. Er ist ein großer, gedrungen wirkender Jäger der wärmeren Meeresregionen. Fasziniert verfolgen die Forscher seine eleganten Bewegungen. Ein einziger Schlag der Schwanzflosse lässt den Hochseehai wie ein Torpedo durchs Wasser gleiten. Jeder andere Taucher oder Schnorchler wäre zu Tode erschrocken.

Nicht so die beiden Franzosen. Die sind total begeistert. Ohne zu zögern, lassen sie die Leine los, die sie mit dem Schiff verbindet. Eilige Flossenschläge bringen sie näher an den Hai heran, der um sie kreist. Die Unterwasserkamera von Jacques-Yves Cousteau läuft. Jede Sekunde Film ist ihnen Gold wert, kann zu einer spannenden Geschichte über die Könige der Meere ausgebaut werden. Sie erwarten, dass der Hai abdreht und sich dem Wal zuwendet. Dabei bemerken sie nicht, dass sie sich allmählich vom Schiff entfernen.

Mehrfach begegneten Jacques-Yves Cousteau und seine

Taucher auf ihrer Reise durch die Ozeane mit dem Forschungsschiff *Calypso* Weißen Haien. Sie waren verblüfft, dass sich die gefürchteten Raubtiere jedes Mal vor ihnen zurückzogen. Seitdem fühlen sie sich in Anwesenheit von Haien absolut sicher. Sie scherzen sogar über deren Feigheit. Ein Gefühl der Überlegenheit hat sich in der Crew von Jacques-Yves Cousteau breitgemacht. Sie haben jeden Respekt vor den Haifischen verloren, als hätten sie es mit Haifischzähnen aus Zuckerwatte zu tun. Grundsätzlich schwimmen sie auf Haie zu, unabhängig von Art und Größe. Ihr Gefahren verachtender Snobismus, wie der Meeresforscher später selbst ihr Verhalten nennt, wurde auf die Spitze getrieben, indem sie Haie sogar durch Berührungen, wie bei einer jugendlichen Mutprobe, ärgerten.

Der Weißspitzen-Hochseehai umkreist weiter die beiden schwarzen blasenwerfenden Kreaturen. Er testet, was geschieht, wenn er etwas näher an sie heranschwimmt. Ihr Verhalten ist seltsam, denn sie paddeln langsam auf ihn zu – und entfernen sich von dem Schiff mit der rotierenden Schraube. Ihm gefällt dieser wirbelnde Radau von dem Schiff überhaupt nicht. Die feinen Schwingungen der lebenden Welt um ihn herum, die ihm wertvolle Informationen liefern, gehen in dem Krach verloren. Er lockt die beiden vom Schiff weg und in die Tiefe. Gut so, die folgen blind. Als Nächstes nimmt er wohlwollend zur Kenntnis, dass die zwei verwandten Gesinnungsgenossen, die er zuvor schon gesichtet hatte, bei ihm aufkreuzen. Das erleichtert die Sache mit den beiden merkwürdigen Lebewesen. In der Gruppe sind sie stärker und vor allem mutiger. Zu dritt können sie ihre Handlungen nach bewährtem Muster abstimmen: ablenken und gleichzeitig aus verschiedenen Richtungen vorschnellen.

Der Geruch von Blut hängt im Wasser, bedeutet Nahrung,

lässt die drei Haie ihren Heißhunger verspüren. Die anfängliche Zaghaftigkeit weicht entschlossenem Draufgängertum. Das mit Blut gewürzte Wasser bewirkt zudem dieses rote Rauschen im Kopf des Weißspitzen-Hochseehais. Es lässt ihn immer unbeherrschter werden, bis sich seine Gier nach blutigem Fleisch zur wilden Raserei aufbäumt. Mit einem Mal weben die kreisenden Bahnen der drei Haie ein unsichtbares Netz um die Taucher, dessen Maschen sich immer enger ziehen.

Verwundert stellen die beiden Taucher fest, dass »Langer Arm« gar nicht daran denkt, sich zu verdrücken, wie sie es so oft mit Weißen Haien erlebt hatten. Sie waren davon ausgegangen, dass er sich dem Grindwal zuwendet und dort ein Gemetzel beginnt. Doch sein Interesse gilt zweifelsfrei ihnen. Schon oft haben sie Haie beobachtet, die sich an Beute heranmachen oder Blut im Wasser riechen. Dann schwimmen die Haie lebhafter, wechseln nervös und unvermittelt die Richtung, nähern sich von unterschiedlichen Seiten. Genau dieses Verhalten erleben sie jetzt in unmittelbarer Sichtweite. Die Erregung von »Langer Arm« überträgt sich auf die beiden. Sie schauen sich fragend an. Unruhe macht sich in ihnen breit. Ihre Selbstsicherheit beginnt zu bröckeln.

»Wo ist eigentlich die Leine?«, fragt sich Jacques-Yves Cousteau. »Und wo ist das Schiff?« Er gestikuliert zu Frédéric Dumas, zeigt in die Richtung, in der er das Schiff vermutet. Als Antwort bekommt er ein Schulterzucken. Nichts deutet auf die Anwesenheit des Schiffes hin. Ihre Rettungsleine ist keinen Strohhalm mehr wert, an den sie sich klammern könnten. Wie auch, sie sind beim Filmen mit den gefährlichen Räubern auf 20 Meter Tiefe hinabgestiegen. Sie sind dem Hai gefolgt, ohne darauf zu achten, wie weit sie sich vom Schiff entfernen. Plötzlich tippt Frédéric Dumas seinen Tauchpartner an und deutet mit dem ausgestreckten Arm schräg nach unten: Zwei große Schatten wirbeln durch die Wassermassen auf dem Weg zu ihnen herauf: Blauhaie! Sie sind nicht mehr alleine mit »Langer Arm«. Die beiden Kameraleute merken den Neuankömmlingen sofort an, dass sie den beiden ebenso wenig aus dem Weg zu gehen gedenken wie der erste Hai. In die bröckelnde Selbstsicherheit mischen sich erste Anflüge von Panik. Jacques-Yves Cousteau zeigt nach oben: auftauchen!

Arthurs unrühmliches Ende

Lange glaubte die Crew der *Calypso*, dass das Material Neopren die Haie generell vom Zubeißen abhält. Mehrfach hatten Haie Kameramänner beim Filmen gestreift. Nie aber griffen die Haie danach an. Die Crew glaubte an eine feinsinnige Sensorik, die dem Hai mitteilt, ob das Objekt im Wasser als Beute geeignet ist oder nicht. Sie vermuteten, dass die Haie durch diese Berührungen mit ihrer Haut über Sinneszellen einen Geschmackseindruck erhielten und Neopren als ungenießbar eingestuft wurde. Sie wollten es genauer wissen. Arthur wurde erschaffen. In einen Tauchanzug bastelten sie ein Stahlgerüst. Die Hohlräume stopften sie mit Schaumstoff aus. Als Nächstes bekam Arthur Flossen. Eine Melone füllte den Helm des Neoprenanzugs aus. Kunststoff-Attrappen der Atemgeräte vervollständigten den Taucher-Dummy.

Arthur musste jetzt in haiverseuchtem Wasser baden gehen. Philippe Cousteau, Jacques-Yves' Sohn, lag außerhalb eines Stahlkäfigs auf der Lauer. Doch nichts geschah. Die Haie zeigten kein Interesse an dem Neopren-Dummy. Als der Dummy aber innen mit Fischstücken versehen wurde, rochen die Haie das Blut und umrundeten Arthur. Ein Weiß-spitzen-Hochseehai schwamm einen Scheinangriff und strich dabei mit dem Maul über das rechte Bein der Puppe. Danach wendete er und schwamm mit weit geöffnetem Maul auf Arthurs Bein zu. Kurz darauf hörte Philippe Cousteau das grässliche Geräusch eines Hais, der auf Stahl beißt. Der Hai ruckelte wild und riss dem Dummy das Bein ab. Ein Stahlstab, der wie ein gebrochenes Bein hervorstand, blieb übrig. Philippe Cousteau ahnte, was nun geschehen würde. Er stoppte das Filmen und kehrte hastig in seinen Käfig zurück. Von nun an stürzten sich die Haie blindlings auf alles, was im Wasser war. Einer von ihnen prallte mit voller Wucht gegen seinen Käfig.

Seit diesem Versuch wussten sie, dass Neopren alleine Haie nicht davon abhält, zuzubeißen. Dieser Zahn wurde ihnen gezogen. Außerdem ist Raserei unter Tieren ein bekanntes Phänomen: Vom Blutrausch getrieben, ruhen Marder im Hühnerstall erst, wenn alle Hühner totgebissen sind. Selbst unser treuester Freund, der Hund, beißt wild um sich, wenn er auf einen ungeliebten Artgenossen trifft. Kommt ihm dabei das Bein seines Herrchens in den Weg, ist es im besten Fall nur die Hose, die Schaden erleidet. Erregte Tiere ticken anders, können gefährlich werden.

Na also! Die beiden Kreaturen sind doch aus der Ruhe zu bringen. Die Haie spüren die Angst der beiden unförmigen Lebewesen. Wer Angst hat, ist aus Fleisch und Blut, auch wenn die schwarze Haut und die runden Dinger auf den Rücken ihnen sehr ungewöhnlich erscheinen. Die beiden Lebewesen überraschen sie mit einem eigenartigen Verhalten: Sie stellen sich senkrecht im Wasser auf. Als Nächstes bewegen sie ihre Flossen und treiben nach oben. Das gefällt dem Hai nicht. Es wird höchste Zeit, mit den beiden in direkten Kontakt zu treten, sie abzuschmecken. Ein Probebiss wäre jetzt genau die richtige Maßnahme. Sollten dabei Zähne abbrechen, kein Problem, sie werden schnell ersetzt. Haie haben ein Revolvergebiss, bei dem die Zähne auf der Innenseite des Kiefers beständig nachwachsen. Hinter jedem aufrecht stehenden Zahn wachsen mehrere neue Zähne nach, die flach im Mundraum liegen und erst bei Bedarf ihre tödliche Position im Raubfischgebiss einnehmen.

Der Weißspitzen-Hochseehai bricht plötzlich aus der Runde aus und schnappt nach dem Kameramann. Unerwartet geschickt weicht der dem Biss aus und haut ihm einen harten Gegenstand auf die Schnauze. Verdutzt zieht sich der Hai zurück. Mit dieser Härte hat er nicht gerechnet. Nun rücken auch die Blauhaie näher an die beiden Lebewesen heran. Lauernd umkreisen sie die beiden Taucher.

Aufrecht währt am längsten

In senkrechter Position lassen Jacques-Yves Cousteau und Frédéric Dumas sich nach oben treiben. Ein Ratschlag im Wasser zur Vermeidung von Haiangriffen besteht tatsächlich darin, im Wasser in die aufrechte Position zu gehen. Eine den Haien vertraute Beute macht das nicht. Für Sekunden eine Verschnaufpause, die Leben retten kann. Regel Nummer eins aber sollte sein: keine Panik! Ruhe bewahren und keine Angst zeigen. Aber mal ehrlich, den Badegast oder Schwimmer will ich sehen, der dazu in der Lage ist. Rücken an Rücken stehen die beiden Taucher im Wasser. So können sie wenigstens verhindern, von hinten angegriffen zu werden. Sie benutzen ihre Unterwasserkamera als letzte Barriere, strecken sie aufgerissenen Hai-Mäulern entgegen, um sich vor deren wüsten Attacken zu schützen. Frédéric Dumas zieht sein Tauchermesser. Ein Messer gegen Mäuler voller Haifischzähne, das klingt nicht gut!

Wie aber verhält man sich richtig bei Haiattacken? Der Tauchpionier Hans Hass und seine Crew von der *Xarifa* schworen darauf, im Wasser laut zu schreien. Das soll die Haie erschrecken, zum Rückzug zwingen. Die Crew der *Calypso* bezeichnet diesen Tipp als kriminell. Sie haben Haie durch Schreie und Klatschen mit der Handfläche auf das Wasser angelockt. Ihrer Erfahrung nach kann ein Schrei einen sofortigen Angriff auslösen. Diese Fische sind ein Mysterium. Wahrscheinlich ist an beiden Aussagen ein Funken Wahrheit. Einige Haie mögen den lauten Schall als schmerzhaft empfinden und fliehen, andere nicht. Wenn Schreie sie in unmittelbarer Umgebung erschrecken, dann besteht die Gefahr des reflexartigen Angriffs. Die beiden Taucher probieren es, schreien, was das Zeug hält. Die Reaktion der Haie: nichts, keine Wirkung ist erkennbar.

Die Zweckgemeinschaft der Räuber lässt die beiden Männer nicht an die Oberfläche, als wüssten sie, dass sie nach oben entkommen könnten. Sobald sie auftauchen wollen, starten die Haie wilde Angriffe. Schon seit zehn Minuten versuchen sie vergeblich Abstand zu den Haien zu gewinnen und an die Oberfläche vorzudringen. Nur so haben sie eine Chance, die Crew des Schiffes auf ihre prekäre Situation aufmerksam zu machen. Nur kurz gelingt es ihnen, abwechselnd an die Oberfläche vorzustoßen und wild mit den Armen hin und her zu schwingen. Dabei sehen sie das vom Wind abgetriebene Schiff in rund 300 Metern Entfernung. Sobald der Kopf aber die Oberfläche durchstößt, können die Taucher nicht mehr erkennen, was unter ihnen vor sich geht. Sie sind in einer ausweglosen Situation gefangen. Verzweifelt wehren sie einen Vorstoß der Haie nach dem anderen ab. Sie schützen sich gegenseitig, so gut es geht, drehen sich mit den Raubrittern der Meere, dass ihnen schwindelig wird. Bei ihren wenigen Vorstößen nach oben entdecken sie kein Zeichen, dass Hilfe im Anmarsch ist. Noch sind sie unverletzt, doch es ist nur eine Frage der Zeit, bis einer der Haie sie zu fassen bekommt. Was das bedeuten würde, bedarf keiner weiteren Erläuterung. Jacques-Yves Cousteau und Frédéric Dumas haben gehört, dass das Schwenken der Arme Haie vertreiben soll. Sie wissen jedoch auch, dass zappelnde Bewegungen bei Haien ebenso wie Blut einen Angriff auslösen können, und sie sind deshalb extrem vorsichtig.

Philippe Cousteau harpunierte einst mit seinem Freund, dem Tauchexperten Raymond Kientzky, genannt Canoë, bei einem Riff eine Stachelmakrele, die für die Bratpfanne gedacht war. Sie hatten die Makrele nicht gut getroffen, sodass sie wild zappelnd an der Fangleine hing. Binnen kürzester Zeit erschien ein großer Hai und kreiste unmittelbar vor ihnen. Sie suchten Deckung in einer kleinen Lücke im Riff, in die sie sich zurückzogen. Sie wussten, dass sie den zappelnden Fisch so schnell wie möglich loswerden mussten. Canoë zog sein Tauchermesser und stieß es der Stachelmakrele in den Kopf. Knochen zersplitterten knirschend. Er traf ausgerechnet den zentralen Nervenstrang. Die Makrele vibrierte heftig. Genau in diesem Moment griff der Hai blitzartig an und prallte mit einem gewaltigen Schlag auf die Sauerstoffflaschen auf Canoës Rücken. Von der unerwarteten Härte seines Opfers überrascht, zog sich der Hai benommen zurück. Das Zerbersten der Fischknochen und die Vibration des Todes hatten einen unwiderstehlichen Reiz zum Angriff ausgelöst. Beide Taucher kamen unverletzt, aber mit einem gewaltigen Schrecken davon.

Ich selbst habe auf Utila, einer honduranischen Insel in der Karibik, erlebt, wie immens der Reiz zappelnder Fische auf Raubfische wirkt. Ich musste mir das Gelächter der Utilaner anhören, als ich mal wieder einen Fisch an meiner Angel herauszog und dann nur noch einen Fischkopf am Haken hatte. Barrakudas hatten dem Zappeln des Fischs am Haken nicht widerstehen können und den Körper abgerissen. Das passiert da regelmäßig.

Verloren

Der Kapitän der *Elie Monnier* ist besorgt. Seit 15 Minuten hat er kein Lebenszeichen von den beiden Männern im Ozean bekommen. Kaum, dass sie abgetaucht waren, haben sie die sichere Leine, die Verbindung zum Schiff, losgelassen. Das alleine ist zwar kein Grund zur Besorgnis. Schließlich lässt es sich mit einer Hand an der Leine schlecht filmen. Die Luftblasen der Taucher entfernten sich aber immer weiter, bis die Crew dieses Lebenszeichen zwischen den unruhigen Wellen aus den Augen verloren hat. Besorgt ist der Kapitän, weil die beiden genau in die Richtung vorgedrungen sind, in der sie die Rückenflosse eines Haies gesehen hatten. Wieder fragt er sich, was unter Wasser wohl gerade vor sich geht. Er befiehlt einigen Crewmitgliedern, das motorisierte Beiboot zu Wasser zu lassen und sich auf die Suche nach den beiden zu begeben ...

Die Haie sind frustriert, immer wieder hält die eine der beiden Kreaturen dieses feste Ding vor sie. In das Ding zu beißen ist sinnlos, das haben sie längst begriffen. Der andere wehrt ihre Angriffe mit einem spitzen Gegenstand ab. Doch sie wissen, dass sie eine Lücke in der Verteidigung finden werden. Die Reaktionen der Blubbertiere werden langsamer. Sie spüren dieses erste Anzeichen von Schwäche. Die Haie beschäftigen die beiden fremden Wesen, lassen ihnen keine Sekunde Ruhe. Seit einiger Zeit nehmen sie auch ein weiteres Motorengeräusch wahr, das sich an sie herantastet. Plötzlich hält es genau auf sie zu, entwickelt sich zu einem unheilvollen Dröhnen. Dann rauscht ein kleines Boot über sie hinweg. Erschreckt lassen die Haie von den beiden ab. Sie entfernen sich und warten erst einmal ab. Das unsichtbare Netz um die vermeintlich sichere Beute ist nun durchlässig geworden.

Die beiden Leute in dem Motorboot haben Kurs auf die Stelle genommen, wo zuletzt Luftblasen gesichtet wurden. Schlimmes ahnend, kreuzen sie von einer Position zur nächsten. Da, Luftblasen! Endlich, nach ein paar Minuten Suche entdecken sie aufsteigende Luft. Sie drosseln den Motor und versuchen das wellige Meer mit ihren Blicken zu durchdringen. Ungewöhnlich große Mengen an Blasen steigen auf. Ein sicheres Indiz für heftige Atmung. Dann sehen sie die drei Schatten, die um die beiden Taucher kreisen.

Jacques-Yves Cousteau und Frédéric Dumas haben das Boot ebenfalls bemerkt. Die Haie sind verschreckt. Jetzt oder nie! Schnell steigen sie an die Oberfläche auf und schreien den beiden im Boot zu: »Holt uns hier raus, schnell!« Die Bootsbesatzung fährt zu ihnen hin. Dann packen sie die völlig erschöpften Männer und ziehen sie ins Boot.

»Langer Arm« bemerkt die Flucht und schießt heran. Noch hängen die Beine der zweiten Kreatur im Wasser. Gleich wird er zubeißen. Er will es endlich wissen. Weit öffnet er sein Maul. Nur noch wenige Meter. Er spürt ein Gefühl des Triumphes, gleich wird er seine scharfen Zahnreihen in dieses Lebewesen schlagen. Er ist nun ganz nah dran. Doch dann geschieht das Unfassbare. Im letzten Augenblick verschwinden die Beine aus dem Wasser. Zu spät. Die beiden merkwürdigen Kreaturen haben es geschafft, sich ihnen zu entziehen. Sie sind in einen Bereich geflohen, der ihm für immer verwehrt bleiben wird: die Luft und das Land in Form eines kleinen Bootes. Aufgeregt schwimmt der Hai um das Boot herum. Auch den beiden Blauhaien ist nicht entgangen, dass die merkwürdigen Lebewesen fort sind. Sei's drum. Sie verlassen die Szenerie und wenden sich wieder dem Grindwal zu. Da ist mehr zu holen als bei den komischen Dingern unter Wasser. Angesichts des Blutgeruchs und des Tumultes haben sich längst weitere Haie zu einer Visite eingefunden. Nach kurzer Zeit sieht der Weißspitzen-Hochseehai das genauso und folgt den Blauhaien zum Wal. Die stupsen die Beute längst mit ihrer Nase an, prüfen sie sorgfältig. Dann ist es ein Blauhai, der seine Zähne zuerst in der Beute vergräbt. Die Fressorgie beginnt. Weitere Hochseehaie treffen ein. Es ist genug für alle da.

Nach 20 endlosen Minuten liegen Jacques-Yves Cousteau und sein Freund Frédéric Dumas erschöpft im Boot. Körperlich sind sie unversehrt. Zum Glück! Seelisch haben die drei Haie ihnen jedoch tiefe Wunden zugefügt. Nie wieder werden sie bedenkenlos ohne Schutz auf Haie zuschwimmen können. Die Könige der Meere haben den ihnen zustehenden Respekt eingefordert – und bekommen.

7

Der Mann auf dem Krokodil

04:30 Uhr

»Hast du schon einmal etwas von dem Riesenhai *Megalodon* gehört? Der wurde locker 15 Meter lang, etwa drei Mal so lang wie ein Weißer Hai. Wenn der sein Maul aufriss, hätte in ihm sogar ein Mensch im Stehen Platz gefunden. Leider ist dieser Hai aber mittlerweile ausgestorben«, sage ich zu Jörg.

»Leider ausgestorben?«, moniert Jörg. »Ich möchte so einem Viech lieber nicht begegnen. Für mich ist es so schon unheimlich genug, im Meer zu baden. Wusstest du, dass es sogar im Mittelmeer Weiße Haie gibt?«

»Ja, weiß ich. Aber von denen sind nicht mehr viele übrig. Das Mittelmeer ist zum einen leer gefischt, zum anderen geraten die Haie in Netze und verenden. Es ist wahrscheinlicher, dass du vom Blitz getroffen wirst, als dass ein Hai nach dir schnappt.«

»Von unserem Fluss hier kenne ich dieses gruselige Gefühl auch«, sagt Jörg. »Ich war vor ein paar Tagen mit drei Guyanern im Dunkeln fischen. Danach sind sie an einer Sandbank baden gegangen. Mir war so, als müsste jeden Moment ein Kaiman aus den dunkel dahinströmenden Fluten emporschießen. Am Tag zuvor hatten wir genau an jener Stelle drei, vier Meter lange Mohrenkaimane gesehen.

161

Da habe ich es vorgezogen, nur meine Füße hinter den Indianern ins Wasser zu dippen.«

»Zugegeben, mir geht es genauso«, verrate ich. »Letztens stand ich etwa einen Meter tief im Wasser, als der Kapitän des Bootes mir erzählte, dass er einmal von dem Giftstachel eines Süßwasser-Rochens gestochen wurde. Die Schmerzen waren fürchterlich! Ich stand dann nicht mehr so entspannt im Wasser! Spätestens seit dem tragischen Unfall von Crocodile Hunter Steve Irwin möchte ich lieber keine nähere Bekanntschaft mit Stachelrochen machen.«

»Stachelrochen? Sind die etwa auch gefährlich? Was ist denn das wieder für eine Nummer?«, fragt Jörg.

»Wie man es nimmt. Es sind gerade mal drei tödliche Fälle registriert. Die Geschichte von einem dieser drei ging allerdings um den ganzen Erdball.«

Vom Glück verfolgt

»Danger, Danger, Danger!« Eindringlich ziehen einen die Worte gleich in ihren Bann. Der Mann, der sie gerufen hat, ebenso. Der Ruf ist allerdings nicht als Warnung gedacht. Oder doch, für das Krokodil vielleicht schon, auf das sich der über 40 Jahre alte Mann in seiner kurzen Khakiuniform gleich werfen wird. Er rennt um das Krokodil herum und landet so routiniert auf dem Rücken der Panzerechse, wie ein Postbote seine Briefe ausliefert. Seine kräftigen Arme haben das Reptil schnell im Griff. Er zeigt ihm damit, wer hier jetzt der Boss ist. Als Nächstes beginnt er dem Publikum enthusiastisch von dem Krokodil zu erzählen. Er scheut sich dabei nicht, Krokodilmännchen als passionierte Liebhaber zu bezeichnen, die einen charmanten, fast zärtlichen Umgang mit den Weibchen pflegen. Dies ist eine sehr eigenwillige Art, öffentlich über die Krokos zu sprechen.

Seine Fans lieben ihn dafür. Das Krokodil mag denken: »Nicht schon wieder!«, und versucht ihn halbherzig abzuschütteln. Wie immer vergeblich. Immerhin hat es ein faules Leben und bekommt reichlich Futter von den Pflegern. Für Steve Irwin ist es keine Mutprobe, auf dem gepanzerten Rücken Platz zu nehmen, es ist Methode und Inszenierung. Zugleich ist das der helle Wahnsinn. Alle wissen das. Gefährlichen Tieren auf die Pelle zu rücken ist sein ganz persönliches Markenzeichen.

Der Australier Steven Robert Irwin, genannt »Steve« oder der »Crocodile Hunter«, wurde am 22. Februar 1962 in Essendon im Bundesland Victoria geboren. An Tiere erinnert er sich, seit er denken kann. Sein Vater arbeitete für die australische Regierung. Er hatte den Auftrag, große und giftige Reptilien in von Menschen bewohnten Gebieten zu fangen und umzusiedeln. Schon im Kindesalter wurde Steve von ihm mitgenommen, der seinerseits begeistert half. Zu seinem sechsten Geburtstag bekam er eine über drei Meter lange Python geschenkt. Im selben Jahr fing er auch zum ersten Mal eine tödlich giftige Schlange. Mit neun Jahren begann er mit seinem Vater zusammen Krokodile einzufangen. Für Steve gab es kein Halten mehr. Tiere, die andere sicher hinter Glas oder in einem Käfig wissen möchten, waren seine Spielkameraden. In ihrem Haus hingen Koalas an den Gardinen, und seine Mutter päppelte Kängurubabys auf. Unter Tieren aufzuwachsen, das war für einen Jungen wie ihn ein Paradies. Oft verbrachte er Monate im Outback. So lernte Steve von klein auf die australische Wildnis kennen und wusste sich sicher in ihr zu bewegen. Neben Krokodilen und Waranen hatten es ihm besonders Schlangen angetan. Je giftiger, desto besser.

Steve Irwin ist ein echter Kenner gefährlicher Reptilien. Er hat alle denkbaren Erfahrungen mit ihnen gesammelt und versteht es, sich ihnen geschickt zu nähern und sie einzufangen. Dennoch wurde er mehrfach von unterschiedlichen Tieren gebissen, angepinkelt, angespuckt. Dies, so sagt er, sei seine eigene Schuld, weil er ja wisse, worauf er sich einlässt: »Ich habe keine Angst davor, mein Leben zu verlieren. Wenn ich einen Koala, ein Krokodil oder eine Schlange retten muss, dann mache ich es eben.« Es ist sein Job, eine Selbstverständlichkeit für ihn, mit gefährlichen Tieren zu arbeiten. Bis jetzt hatte er Glück, dass er sich nur kleinere Verletzungen zuzog. 1991 übernahm Steve zusammen mit seiner Frau Terri den »Reptile & Fauna Park« seiner Eltern, den er in »Australia Zoo« umbenannte und im Laufe der Zeit groß ausbaute. In seinem Zoo errichtete er eine Arena, in der er mit einer Krokodilshow sein Publikum begeistert.

Der schönste gefährliche Platz

Was liegt näher, als in Australien nicht nur die gefährlichen Tiere des Landes, sondern auch die der Meere zu filmen. Vor Steve Irwins Haustür liegt das größte Korallenriff der Erde, das Great Barrier Reef. Es erstreckt sich vor der australischen Küste mit einer Länge von gut 2 300 Kilometern. Eine unvergleichlich bunte, vielfältige Tierwelt lebt hier. 1 500 Fischarten und ebenso viele Seeigel und Seesterne sowie mindestens 5 000 Weichtiere tummeln sich hier. Für Taucher ist es das Eldorado der Ozeane. Gefährliche und giftige Tiere gibt es für Steve in dem Megariff zuhauf.

Der Titel des Films heißt *Ocean's Deadliest*, auf Deutsch *Die tödlichsten Tiere des Ozeans*. Deutlicher hätte es nicht formuliert werden können, worum es in dem Film geht. Spannung ist vorprogrammiert. Als tierfanatischer Australier weiß Steve viel über die Tiere des großen Riffs im Pazifischen Ozean. Ein Spezialist für diese Tiere ist er jedoch nicht. Es ist ein großer Deal, mit Philippe Cousteau Jr., dem Enkel des berühmten Meeresforschers Jacques-Yves Cousteau, vor die Kamera zu treten und nach den »Tödlichen« zu forschen.

2006 beginnen die Dreharbeiten. Zusammen mit anderen Meeresforschern suchen sie die Tiere. Steve Irwins 23 Meter lange Yacht mit Namen *Croc One* dient als Basis. Sie ist nach den Plänen von Steve gebaut worden und bietet Platz für mehrere Forscher, ein Labor und umfangreiche Tauchausrüstungen. Darüber hinaus, und das wird kaum verwundern, hat er auf seiner Yacht genügend Platz für große Krokokäfige. Wie könnte es anders sein, die Rolle des Crocodile Hunters im Film besteht darin, Kontakt mit den gefährlichen Tieren aufzunehmen und mit ausufernder Begeisterung über sie zu erzählen. Der Steinfisch ist Kandidat Nummer eins.

Echter Steinfisch
Status: giftigster Fisch
Verbreitung: Indo-Pazifik
Vergiftungen pro Jahr: Hunderte

Herumliegen und warten, dass etwas Fressbares vors Maul schwimmt, das ist sein Leben. Algen wachsen auf ihm, er sieht aus wie ein 30 Zentimeter langer Stein. Die verlängerten Stacheln seiner Rückenflosse sind Giftspritzen. Auf einen Steinfisch zu treten endet deshalb oft tödlich. Steve Irwin und Philippe Cousteau Jr. sind auf der Suche nach ihm. Kaum ist ein Steinfisch entdeckt, schiebt Steve seine Hand unter ihn und hebt ihn vom Meeresboden hoch. Dann bugsiert er ihn in einen Behälter. An Bord der *Croc One* soll aus den Drüsen Gift zu Forschungszwecken entnommen werden. Zurück auf dem Boot, nimmt Steve den Fisch aus dem Wasserbehälter und hält ihn zum Melken fest in der Hand. Ein Biologe zapft aus den Drüsen das Gift ab. Steve ist ganz aus dem Häuschen, weil der Fisch so schön ruhig ist und keine Anstalten macht, sich zu wehren. Der Sicherheitsabstand zu dem Giftzwerg beträgt null Komma null. Wieder einmal beweist der Crocodile Hunter, dass er ein Wunderknabe ist, dem nichts ernsthaft Böses von den Tieren zugefügt wird. Oder ist er einfach nur ein Glückspilz, den gefährliche Tiere verschont haben? Bisher jedenfalls.

Steve ist absolut routiniert darin, vor der Kamera mit Tieren zu hantieren und über sie zu erzählen. Bereits 1992 begannen die Drehs für seine Serie *The Crocodile Hunter*. Seine Bühne ist überall dort, wo er den giftigen und gefährlichen Tieren, meistens Reptilien, bei seinen vielen Filmausflügen nachjagt. Da Steve die Reptilien Australiens so sehr am Herzen liegen, hat er eine Fangmannschaft ausgebildet, damit Krokodil, Schlange und Co. aus Menschennähe in die Wildnis umgesiedelt werden können. Selbst die größten existierenden Krokodile fangen sie. Das ist Adrenalin pur und für die Serie Gold wert. Und wenn im Zoo ein Krokodil in ein anderes Gehege verfrachtet wird, ist das Chefsache. Er macht daraus eine große Show, die natürlich gefilmt wird. Steve avanciert zu einer echten Rampensau. 1996 startete dann die Serie im australischen Fernsehen. Sie war so erfolgreich, dass sie rund um den Globus ausgestrahlt wurde. Nach Steves eigenen Angaben haben ihn über 500 Millionen Menschen in 137 Ländern im Einsatz gesehen – 25 Mal mehr, als Australien Einwohner hat. Insgesamt produzierte er in 15 Jahren 354 Folgen mehrerer Serien. 2001 trat er in *Dr. Dolittle 2* auf. Bald darauf drehte

Steve seinen ersten Kinofilm *Crocodile Hunter – Auf Crash-Kurs*, in dem er und seine Frau Terri sich selbst spielen.

Steve Irwin ist ein Global Player. Eine ganze Generation ist mit seinen Filmen groß geworden. Der Reptilien-Maniac versprüht eine geballte Ladung an charismatischer Begeisterung für die Tiere, die sich auf seine Fans überträgt. Aber er polarisiert auch. Seine Fans heben ihn in den Himmel. Seinen Kritikern steht er zu sehr im Mittelpunkt der Serien. Dabei geht es Steve nach eigenen Angaben darum, sich mittels der Serien für das Wohl der Tiere einzusetzen, und nicht um sich selbst. Die Wahrheit liegt wohl irgendwo dazwischen, und so schmeißt sich der Crocodile Hunter denn schon wieder auf das nächste Krokodil. Darin ist er absoluter Profi, der genau weiß, was er tut. Vor der Kamera jedoch ist er unberechenbar. Ein Drehbuch gibt es nicht. Steve soll so sein, wie er nun einmal ist. Er springt unvermittelt in krokodilverseuchtes Wasser und robbt hinter Giftschlangen her, als wolle er mit ihnen spielen. Steve soll einmal gesagt haben, dass er ein Gespür für das habe, was er tun kann und was nicht. Alle glaubten ihm …

Kegelschnecke
Status: giftigstes Weichtier
Verbreitung: alle tropischen Gewässer
Registrierte Vergiftungen: über 30, einige Todesfälle

Die Kegelschnecke steht als Nächstes auf dem Programm. In ihrem Mundrüssel, den sie blitzartig etwa fünf Zentimeter weit ausstrecken kann, steckt eine harpunenartige Raspelzunge, mit der sie das Gift in ihr Opfer injiziert. Sie lähmt damit andere Schnecken, ihre Beutetiere. Diese können dann ihren Verschlussdeckel, das Operkulum, nicht mehr schützend vor der Gehäuseöffnung platzieren. Die Kegelschnecke kann so das betäubte Opfer in aller Ruhe aussaugen. Auch zur Verteidigung setzt sie ihren Stachel ein. Die vor Gift triefenden Harpunen können auch die menschliche Haut durchdringen. Wer ahnt schon, dass das Aufnehmen eines schönen Schneckengehäuses im Wasser tödlich enden kann?

Steve hat keine Scheu vor den giftigen Tieren. Ein Meeresforscher macht es vor, wie sie anzufassen sind. Dann ist Steve dran und sammelt sie ein. Kein Problem, er weiß ja jetzt, wie er es anstellen muss.

Steve Irwin ist nicht einfach nur ein Tiernarr und eine schillernde Persönlichkeit des Adventure-TV. Er setzt sich aktiv für den Schutz der Tiere ein und verwendet dafür seine Gewinne aus den TV-Produktionen und dem Merchandising. Er gründete eine eigene Tierschutzorganisation, die »Steve Irwin Wildlife Foundation«, und unterstützt viele Schutzprojekte, unter anderem den Ankauf von Land für wild lebende Tiere. Vor allem in Australien und in den USA kommt sein Bekanntheitsgrad dem eines Popstars gleich. Er ist einer der berühmtesten Australier überhaupt. In den USA braucht er Personenschutz und eine Polizeieskorte, um sich fortbewegen zu können. Diesen Ruhm empfindet er selbst als Schattenseite seines Erfolgs. Andererseits hilft ihm seine Bekanntheit dabei, dass die Behörden den Plan, Krokodiljagd-Safaris für wohlhabende Touristen zu organisieren, wieder fallen lassen. Ihn interessiert der Schutz der Tiere, und er fordert ein Recht auf Leben auch für unbeliebte Tiere ein. Dabei beweist er immer einen eigenen Kopf. Eine Einladung Bill Clintons zu dessen Abschiedsessen im Weißen Haus lehnt er ab. Tourismusbotschafter Australiens zu werden ist ihm dagegen recht. In dieser Position kann er den Tieren helfen.

Nie wird er müde, über seine geliebten Tiere zu erzählen, sie ins rechte Licht zu rücken. Er attestiert Krokodilen eine schillernde Gefühlswelt. Das klingt spleenig. Vielleicht wird man ein wenig spleenig, wenn man wie er von klein auf Monate im Outback mit Krokos und anderen Geschöpfen den Lebensraum teilt. In puncto Salzwasserkrokodile in freier Wildbahn besitzt er einen Erfahrungsschatz, der ihn zum gefragten Experten werden lässt. Namhafte Wissenschaftler kommen zu ihm, wenn sie Krokodile in freier Wildbahn erforschen wollen.

Steve fühlt sich als Krieger und zum Anwalt für die bedrohten wilden Tiere berufen. Für ihn ist es eine Mission, ihm sind die Tiere ebenso wichtig wie den Grzimeks der Erhalt der Serengeti. Dafür riskiert er sein Leben – immer wieder.

Mit Hauen und Stechen

Wenn Steve sich Tieren nähert oder sie sogar einfängt, schwebt er in der Gefahr, ihr gesamtes Repertoire an Abwehrmöglichkeiten hautnah kennenzulernen. Die ungezähmten Tiere können nicht unterscheiden, ob ein Mensch harmlos ist oder sie im nächsten Moment angreift. Wer sich ihnen zu sehr nähert oder sie gar bedrängt, wird gebissen, gekratzt, getreten, gestochen oder vergiftet. Vielen Tierarten, wie auch der Kegelschnecke, traut man es gar nicht zu, dass sie einen Menschen ernsthaft verletzen oder sogar tödlich sein können. Wenn ein Wal mit der Fluke schlägt, kann das ebenso fatal enden wie der Tritt eines Vogel Strauß' oder der Stich einer Wespe. Allen Tieren gemeinsam ist, dass sie mit aller Wildheit und Entschlossenheit um ihr Leben kämpfen, wenn sie sich bedroht fühlen. Tiere kennen keine moralischen Schranken – sie wehren sich ohne Rücksicht und Gnade.

Tierfilmer wissen, dass sich der gewünschte Sicherheitsabstand von Tierart zu Tierart und von Individuum zu Individuum unterscheidet. Auch wenn sie ihn respektieren – es bleibt immer ein Restrisiko. Tiere sind nie vollkommen berechenbar. Selbst die Tagesform des einzelnen Tieres spielt eine wichtige Rolle: Vielleicht ist es gerade an dem Tag, an dem es gefilmt wird, besonders schlecht gelaunt, hatte einen Kampf um die Rangordnung, ist hungrig oder krank. Insbesondere wenn es um den Schutz der Nachkommen geht, reagieren Elterntiere oft anders oder energischer als gewohnt. Dann greifen selbst harmlose Singvögel große Räuber an, attackieren diese mit ihren spitzen Schnäbeln, um Nest und Nachwuchs zu schützen.

Besonders gefährlich wird es, wenn gar nicht bemerkt wird, wie nah man einem Tier kommt. Im Camp der Anakondaexpedition nach Guyana wäre beinahe einer unserer Leute auf eine hochgiftige Lanzenotter (*Bothrops atrox*) getreten. Er war morgens aufgestanden und trug lediglich Flipflops. Einen Schritt weiter – und die Katastrophe wäre eingetreten. Im letzten Moment erkannte er die Gefahr. Zum Glück war die Lanzenotter morgens nach einem Regenschauer noch nicht auf Betriebstemperatur. Als Kaltblüter ist eine Schlange von der Umgebungswärme abhängig, in der Morgenkühle war sie noch etwas steif und langsam in ihren Reaktionen. Laut wurde nach mir gerufen. Ich packte die Giftschlange mit einem professionellen Schlangengreifer und steckte sie in einen Leinensack. Später wurde es ernst für mich, die Giftschlange sollte gefilmt werden. Die Kameras und Licht waren aufgebaut, ich ließ sie aus dem Beutel gleiten. Wie ein Blitz schoss sie in Richtung Wald davon. Mit dem Tempo und dieser Agilität hatte keiner von uns gerechnet. In Campnähe wollte sie ganz sicher keiner von uns haben. Ich bin also hinterhergesprintet und habe sie nur mit größter Mühe mit der Greifzange wieder einfangen können. Bewegte Bilder, in denen sie normal schlängelt, waren mit ihr kaum möglich. Ich war froh, als der Dreh vorbei und die Schlange endlich wieder im Beutel war. Später habe ich sie auf der anderen Flussseite freigelassen. Unsere Guyaner hätten lieber mit der Machete kurzen Prozess mit ihr gemacht.

Schlangenbisse sind besonders verheerend. Pro Jahr werden etwa fünf Millionen Menschen von Schlangen gebissen. 125 000 sterben daran. Viele Unfälle mit Giftschlangen wären durch einfache Sicherheitsmaßnahmen zu verhindern: Da die meisten Schlangen unterhalb der Fußknöchel zubeißen, sind lange Hosen und festes Schuhwerk im Gelände absolute Pflicht. Ausgerechnet der Gottvater des deutschen Tierfilms, Bernhard Grzimek, verhielt sich diesbezüglich absolut leichtsinnig: Er trug immer nur Sandalen. Gutgläubig ging er davon aus, dass die Tiere ihm nichts Böses wollen. Doch bei einer Giftschlange kann das ein tödlicher Fehler sein. Bernhard Grzimeks Weigerung, festes Schuhwerk zu tragen, hatte keine Konsequenzen für ihn. Er starb 1987 während einer Vorstellung des Zirkus Althoff in Frankfurt am Main im Alter von 77 Jahren.

Sein Sohn Michael Grzimek hatte weniger Glück. Ganz Deutschland trauerte, als er 1959 bei den Dreharbeiten zu *Die Serengeti darf nicht sterben* mit seiner kleinen Zebralook-Propellermaschine abstürzte und an den Verletzungen starb. Ein ähnliches Schicksal ereilte Philippe Cousteau, der 1979 bei einem Unglück mit einem Wasserflugzeug ums Leben kam. Bei all den Abenteuern, die er unter Wasser erlebte, erscheint es geradezu als eine Ironie des Schicksals, dass er so und nicht durch einen Haiangriff oder einen Tauchunfall ums Leben kam.

Für den Film *Nomaden der Lüfte* wurden Vögel während

ihres Fluges von kleinen Leichtbau-Flugzeugen aus gefilmt. Ganze sieben Mal stürzten diese Miniflieger während der jahrelangen Dreharbeiten ab – wie durch ein Wunder wurde kein Pilot ernsthaft verletzt. Götz-Dieter Plage war dies nicht vergönnt. Er filmte in luftigen Höhen die verborgen lebenden Tiere in den Wipfeln von riesigen Urwaldbäumen aus einem Ultraleicht-Flugzeug heraus. Bei einem seiner Ausflüge drückte ihn plötzlich eine heftige Böe gegen einen großen Baum. Plage hatte keine Chance, mit seinem Flieger auszuweichen. Er überlebte den Crash und den folgenden Sturz nicht. Götz-Dieter Plage war einer der ganz Großen unter den Tierfilmern, der seine Leidenschaft zum Beruf gemacht und dem Bernhard Grzimek viel zu verdanken hatte.

Naturfilmer leben gefährlicher als Menschen mit einem Schreibtischjob. Aber die Gefahr, durch Unfälle, Überfälle oder Krankheiten die Gesundheit einzubüßen oder gar das Leben zu verlieren, ist viel größer als die Gefahr, die von den gefilmten Tieren ausgeht. Es sind nicht die großen Lebewesen, die am meisten Unheil anrichten. Die Palette der tropischen Krankheitserreger, die eben auch ins Reich der Tiere gehören, ist vielfältig. Der Malariaerreger *Plasmodium* zum Beispiel ist so groß wie ein rotes Blutkörperchen und tötet nach Angaben des Robert-Koch-Instituts jährlich zwischen 1,7 und 2,5 Millionen Menschen. Einen absoluten Schutz mittels moderner Medizin wird es nie geben. Diese Gefahr besteht für jeden, der sich in entsprechende Regionen begibt.

Menschen schockt es, wenn sie erfahren, dass einer der ihren von einem Tier verletzt oder getötet wurde. Jeder tödliche Unfall in einem Zoologischen Garten steht am nächsten Tag groß in der Presse, und es wird im Fernsehen darüber berichtet. Dies ist dem archaischen Grauen der

Menschen davor geschuldet, von einem Tier verletzt, getötet oder sogar gefressen zu werden. Daraus lässt sich Kapital schlagen. Spannung wird durch Gefahren erzeugt. Die Urängste vor Tieren werden angesprochen und bedient. Darum funktionieren Schocker wie der *Weiße Hai* von Steven Spielberg oder *Die Vögel* von Alfred Hitchcock so gut. Naturfilmer werden gerne als mutige Helden und Abenteurer verehrt, die sich in Gefahr begeben und vor den wilden Tieren ihre Kameras aufbauen. Dieses Image wird tatsächlich bedient, von dem einen mehr, von dem anderen weniger. Und einige wiederum verzichten ausdrücklich darauf. Und so manche suggerierte Gefahr gab es gar nicht und wurde erst im Schnittraum bzw. beim Vertonen des Films kreiert. Steve Irwin aber begab sich wissentlich in echte Gefahr, indem er den Tieren viel zu nahe kam. Immer wieder.

Seeschlangen
Status: giftigste Reptilien
Verbreitung: Indo-Pazifik
Vergiftungen pro Jahr: Hunderte Bisse, viele Todesfälle

Sie entdecken eine unglaublich große, abgeplattete Seeschlange (*Astrotia stokesii*) von ca. 180 Zentimetern Länge. Der Crocodile Hunter springt zu ihr ins Wasser und treibt seine Flossen schlagend vor ihr her. Er will sie an sich gewöhnen. Die Schlange schwimmt auf ihn zu, ihr Kopf ragt aus dem Wasser. Sie ist nur zehn Zentimeter von ihm entfernt. Wenn sie jetzt vorschnellt und zubeißt, gäbe es kein Entrinnen für Steve. Im Wasser wäre er viel zu langsam. In diesem Moment ist in Steves Mimik die Anspannung zu sehen. Jetzt kommt es darauf an, ob die Seeschlange angreift. In diesem Moment ist er ihr ausgeliefert, auf ihre Gutmütigkeit angewiesen. Steve wird nicht gebissen. Die Seeschlange schwimmt entspannt wirkend an ihm vorbei.

Steve berührt sie, hebt sie dann vorsichtig aus dem Wasser und hält sie vor die Kamera. Die Schlange lässt sich alles von ihm gefallen. Gnadenlos betatscht er mit seinen Fingern die randvoll gefüllten Giftdrüsen. Andere Schlangen hätten sich spätestens jetzt umgedreht und zugeschlagen. »Look at this …«, beginnt er, wie so oft, mit einem breiten Grinsen seine Erläuterung – ein weiteres Markenzeichen vom ihm. »Seeschlangen sind die giftigsten Schlangen überhaupt!« Steve ist jetzt richtig in Fahrt. »Dies ist die größte Seeschlange, die es gibt, und von allen hat diese Art die längsten Giftzähne. Die sind lang genug, um Neoprenanzüge zu durchdringen!« Steve hat nicht einmal diesen Schutz, er steht in seiner kurzen Khaki-Kluft im hüfthohen Wasser. Seeschlangen müssen schon extrem gereizt werden, bevor sie zubeißen. Der Seeschlange gefällt es nicht, dass Steve mit ihr hantiert, sie am Wegschwimmen hindert. Er erzählt gerade, dass diese Seeschlangen die tödlich giftigen Steinfische fressen würden. Die giftigste Schlange frisst den giftigsten Fisch, das ist ganz nach dem Geschmack des quirligen Australiers. Plötzlich schießt die Seeschlange ein kleines Stück vor. Steve reißt seinen Arm zurück. Das Maul der Schlange war nicht einmal geöffnet. Das war eine Warnung. Steve weiß das, und kurz darauf lässt er sie von dannen ziehen. Noch einmal betont er, dass Seeschlangen wunderschön sind und es absolut nicht stimmt, dass sie darauf aus sind, Menschen zu töten. Den Beweis dazu hat er soeben geliefert.

Das Glück, beziehungsweise das Geschick, das Steve mit der großen Seeschlange hatte, blieb Andreas Kieling verwehrt. Für die Serie *Die Letzten ihrer Art* reiste er auf eine indonesische Insel. Er filmte Komodowarane weit entfernt von menschlichen Siedlungen. Gerade wusch er sich, über einen Fluss gebeugt, das Gesicht. Da schnellte plötzlich eine kleine Seeschlange aus dem Wasser und biss ihm hinein. Vermutlich war sie ungewollt von ihm erschreckt worden. Angriffe können so plötzlich vonstattengehen, dass keine Zeit zum Denken oder Handeln bleibt. Er war einfach zur falschen Zeit am falschen Ort gewesen. Nach dem Schlangenbiss wurde seine Muskulatur schwächer und seine Atmung flacher. Es gab keinen Funkkontakt, um medizinische Hilfe herbeizuholen. Kieling war auf sich allein gestellt. Er verhielt sich den Umständen entsprechend richtig, bewahrte Ruhe und vermied Panik. Erst nach zwei Tagen hatte er die Giftattacke überstanden. Andreas Kieling hat Glück gehabt, dass die kleine Seeschlange bei ihrem Biss nur wenig von ihrem Gift injizierte. Ansonsten hätte er den Biss nicht überlebt.

Als Nächstes fängt Steve nachts Schnabelseeschlangen mit einem Kescher von der Meeresoberfläche. Sie sollen zur Gewinnung von Antiseren gemolken werden. Über 90 Prozent aller tödlichen Bisse durch Seeschlangen weltweit gehen auf ihr Konto. Besonders für Fischer sind sie eine tödliche Gefahr, wenn sie sich in deren Netzen verfangen haben. Steve fasst sie am Schwanz und hält die zappelnden Schlangen in die Luft. Einen Grund für Steves fahrlässiges Handeln gibt es nicht, außer dem medienwirksamen Spiel mit der Gefahr. Wieder hantiert er mit den giftigsten Schlangen in kurzer Hose. Sein Khaki-Anzug ist nun mal sein Markenzeichen, ob nun an Land oder im Wasser. Immerhin trägt er feste Schuhe.

Schlangenwirbel

Wenn ich Steve Irwin im Fernsehen dabei zuschaute, wie er im Gelände Schlangen fing, kam ich öfters um ein breites Grinsen nicht umhin. Nicht nur, weil er mit unglaublichem Enthusiasmus dem Zuschauer spannende Details über die soeben gefangene Schlange vermittelte. Ich grinste, weil er noch eine hochgiftige Schlange in der Hand hielt und während des Erzählens bereits die nächste Schlange entdeckte, auf die er sich sofort stürzte und sie gekonnt durch die Luft wirbelte. Ein Zufall? Auf mich wirkten die Schlangen in seinen Filmen gelegentlich unnatürlich zahm oder wie vor seine Füße gelegt. Meine eigene Erfahrung legt nahe, dass da nachgeholfen wurde. Schlangen, die schon in Menschenhand waren, sind an den Menschen gewöhnt und zeigen viel weniger Abwehrverhalten. Vor allem aber muss die Situation näher betrachtet werden. Wenn Steve eine Schlange präsentiert, stehen vermutlich fünf bis zehn Leute der Filmcrew um ihn herum. Da hätte sich jedes Tier längst vom Acker gemacht oder wäre zuvor entdeckt worden.

Ich bin der Meinung, dass man Steve mit einem Augenzwinkern nicht weiter übelnehmen sollte, wenn es vorkam, dass Schlangen zuvor für ihn platziert worden waren. Zumindest, wenn die Arten auch wirklich in dem Gebiet vorkommen. Steves Serien sind nicht als Tierdokumentationen angelegt. Das ist einfach zu durchschauen. Anders sieht es aus – dieses Vorgehen ist mir allerdings von Steve nicht bekannt –, wenn in einer ernst zu nehmenden Dokumentation Tiere gezeigt werden, die in dem Gebiet überhaupt nicht vorkommen. Aus zoologischer Sicht ist es einfach nur ärgerlich, wenn beispielsweise eine Unterart der Regenbogenboa im Film auftaucht, die definitiv nicht in das gezeigte Gebiet gehört. Das führt zu Fehlern in der öffentlichen Wahrnehmung, die kaum noch auszurotten sind.

In Steves Serien werden keine Tiere aus einem Versteck heraus in ihrem Alltagsleben gefilmt. Steve geht zu den Tieren hin und schnappt sie sich. Dieses Vorgehen mag nicht nach jedermanns Geschmack sein, doch seine Fangemeinde, die durch ihn an die Natur und die Tiere herangeführt wird, ist riesig. Es zeugt von einem undifferenzierten Umgang mit ihm, seine Aktionen nur einseitig zu betrachten und ihn weder als Menschen noch als Naturschützer wahrzunehmen. Ich verstehe sein Schaffen und seine Serie als zoologische Show. Spielerisch lernt der Zuschauer, getragen von Steves Verrücktheit, etwas über das Leben der nicht immer geliebten Reptilien kennen. So gesehen ist er ein missionarischer Pädagoge mit besten Absichten. Als eines seiner Krokodile im Zoo starb, weinte Steve hemmungslos in die Kamera hinein: Er hatte es, seiner eigenen Aussage nach, so sehr geliebt wie seine Frau. Das Kind in ihm macht ihn sympathisch, der Adrenalin-Junkie sorgt für Spannung. Seine durchgeknallten Aktionen sind schrullig, lassen uns schmunzeln. Seine Begeisterungsfähigkeit reißt alle mit. Das ist das offene Geheimnis seines Erfolgs. Aber die Kehrseite der Medaille sticht uns ebenfalls ins Auge, denn er ist viel zu nah dran am tödlichen Biss.

Leistenkrokodil
Status: größtes Reptil
Verbreitung: Asien bis Nordaustralien
Registrierte Todesfälle: 27 in Australien von
1975 bis heute

Mit platschenden Schritten stapft das Leistenkrokodil, auch Salzwasserkrokodil oder umgangssprachlich Saltie genannt, durch den Schlamm. Es hat einen saftigen Braten vor sich. Zu spät bemerkt es, dass der saftige Braten ein Köder war und es in eine lange Lebendfalle getappt ist. Es hat knapp viereinhalb Meter Länge und wiegt um die 250 Kilogramm. Die größten Salzwasserkrokodile erreichen annähernd sieben Meter. Sie sind damit nicht nur die größten Vertreter aller Krokodile, sondern die größten lebenden Reptilien überhaupt.

Ähnlich wie bei den Riesenschlangen kursieren Berichte von weitaus größeren Salties. Einer Überprüfung halten die Berichte aber nicht stand. Leider vermitteln angebliche Rekordgrößen oft ein falsches Bild. Wenn in einem Film erzählt wird, dass auch Mohrenkaimane sieben Meter lang werden, dann ist das Wunschdenken und Sensationsmache. Noch nie wurde ein Mohrenkaiman von auch nur annähernd sieben Metern Länge vermessen. Zu Recht wird erwartet, dass in einer Dokumentation echte Begebenheiten gezeigt werden. Der Trend, Arten mit Rekordwerten zu beschreiben, führt zu einem falschen Bild beim Zuschauer. Wenn beispielsweise in einer Dokumentation erzählt wird, dass Wasserschweine so groß werden wie Schäferhunde, dann ist das falsch. Wasserschweine sind ohne Zweifel kleiner als Schäferhunde, selbst wenn das jemals größte Wasserschwein so viele Kilogramm auf die Waage gebracht haben mag wie der kleinste Schäferhund aller Zeiten.

Steve und sein Team aus zehn Leuten checken von der *Croc One* aus die Fallen. Wieder haben sie ein Saltie erwischt, dem sie einen Peilsender und ein Messgerät anheften wollen, das Daten zu Temperatur, Wassertiefe und Standort aufzeichnet. Als Erstes ziehen sie die Falle samt Kroko vom Wasserrand aufs Land. Dann bugsiert Steve dem

Krokodil mit einer Holzstange drei Schlingen langer, starker Seile um den Oberkiefer. Er zieht die Schlingen zu, die Zähne verhindern, dass die Schlingen abrutschen.

»Zieht, zieht!«, ruft Steve. Das Kroko wird aus der Falle gezogen. Kaum ist das Reptil heraus, dreht es sich wie ein Berserker um die eigene Achse. Das Team kann dieser eruptiven Kraft wenig entgegensetzen. Aber sie haben nur darauf gewartet. Wie bei einer japanischen Kampfsportart wird die Energie des Gegners genutzt. Die Seile wickeln sich um das Maul des Krokos. Es fesselt sich selbst. Der Crocodile Hunter steht an vorderster Front und hält die Seile so, dass sie sich bei den Drehungen um das Maul des Salties wickeln. Nun kann es das Maul kaum mehr öffnen, um zuzubeißen. Und es kämpft sich müde. Jetzt ist es so weit, der Moment der Wahrheit ist gekommen: »Go!«, schreit Steve. Zehn Leute werfen sich auf sein Kommando auf das riesige Ungetüm. Steve ist der Schnauze am nächsten, Philippe Cousteau Jr. darf mitmachen und den kräftigen Ruderschwanz am Schlagen hindern. Ein wichtiger Posten, denn Krokodile können gefährlich mit dem Schwanz um sich hauen. Schnell wickelt Steve Tape um das Maul. Jetzt kann es endgültig nicht mehr zuschnappen.

Ohne die Unterstützung von Steve und seiner Crew wären diese Forschungen nicht möglich gewesen. Sie sind das beste Team der Welt, wenn es ums Fangen von großen Krokodilen geht. Das Messgerät wird befestigt und das Kroko freigelassen. Das ist noch einmal gefährlich, denn es könnte sich, sobald das Maul frei ist, umdrehen und auf die Leute zustürzen. Doch mit einem großen Platsch springt es ins Wasser und taucht erst einmal weg. Geschafft!

Am selben Tag finden sie noch ein etwas kleineres Kroko in einer Falle. Nachdem Peilsender und Messgeräte angebracht sind, verfrachten sie es in einem Transportkäfig auf die *Croc One* und schippern vom Flussdelta ins Meer hinaus. Salties werden hier regelmäßig gesichtet. Von allen Krokodilen schwimmen sie am weitesten ins Meer hinaus. Wissenschaftler wollen mehr über die Wege der Krokodile im Meer erfahren. Bei 30 Metern Wassertiefe wird der Käfig auf dem Boot geöffnet. Es dauert ein wenig, dann poltert das Kroko übers hintere Deck und taucht platschend ins Wasser ein. Und Steve, was macht der durchgeknallte Aussie? Raten Sie mal! Er schnappt sich Taucherbrille und Schnorchel und springt in seiner Khaki-Uniform dem Saltie direkt hinterher. Das ist alles in einer Einstellung zu sehen, das ist kein Fake. Er taucht ihm hinterher, was aber nur kurz gelingt, denn er braucht Luft, während die Panzerechse bis zu einer Stunde unter Wasser bleiben kann. Über den Peilsender folgen sie dem Kroko. Weitere Bilder mit dem Saltie und Steve entstehen. Wie konnte Steve wissen, dass sich das Kroko nicht zu ihm umdreht und ihn in die Mangel nimmt? Nichts und niemand hätte ihn retten können. Auch dieses Mal hat Steve das Reptil richtig eingeschätzt.

Würfelqualle
Status: giftigstes Tier
Verbreitung: alle tropischen Küstengewässer
Registrierte Todesfälle: Hunderte

Auch Würfelquallen bekommen von Philippe Cousteau Jr. und den Wissenschaftlern Peilsender verpasst. Es geht darum zu klären, wo sie sich wann aufhalten, welche Wanderungen sie unternehmen. Vorhersagen darüber können Menschenleben retten. Denn die Würfelquallen sind die tödlichsten Kreaturen weltweit. Ein stärkeres Gift gibt es im ganzen Tierreich nicht. Berührungen mit den bis zu drei Meter langen Tentakeln können Menschen in ein bis zwei Minuten töten. Hunderte Todesfälle gehen auf ihr Konto. Steve fehlt bei diesem Dreh. Liegt es daran, dass der Crocodile Hunter dann doch nicht so verrückt ist, diese Wasserminen in die Hände zu nehmen? Auch bei der Suche nach dem giftigsten Tintenfisch, dem handtellergroßen Blauringkraken, ist er nicht dabei. Klein, aber oho, für mehrere Todesfälle ist er verantwortlich. Immerhin warnt der Krake, wenn er sich bedroht fühlt. Dann leuchten die blauen Ringe auf. Ein Gegengift gibt es noch nicht, soll aber von den Forschern auf der *Croc One* entwickelt werden.

Zum Anfassen wären die Weißen Haie gewesen, die als nächste Art im Film Thema sind. Anfassen? Das muss nicht sein, das weiß auch Steve. Die Statistik besagt, dass von 232 registrierten Angriffen 63 tödlich endeten. Die Haie bekommen ebenfalls Peilsender, um mehr über ihre Gewohnheiten zu erfahren. Ich frage mich, warum Steve auch bei diesem Dreh nicht dabei war. Bei den unheimlich giftigen Würfelquallen, dem Blauringkraken und dem Weißen Hai, einem definitiven Top-Predator, sind eigentlich alle Kriterien für Steves heiße Begeisterung für Tiere erfüllt. Es bleibt offen, ob er nicht dabei war, weil Quallen, Krake und Weißer Hai für ihn keine Tiere zum Anfassen sind, oder ob es mit dem zu tun hat, was während der Dreharbeiten passierte.

Mitten ins Herz

Am 4. September 2006 entdeckt die Mannschaft der *Croc One* einen Stachelrochen vor der Küste von Port Douglas, Queensland. Diese Rochen erreichen eine Spannweite von eineinhalb Metern und haben lange, dünne Schwänze, an deren Spitzen giftige Stacheln sitzen. Steve Irwin und ein Kamerateam springen ins Meer. Steve taucht auf den Rochen zu. Wie könnte es anders sein? Er hält nichts von Beobachtungen aus der Ferne. Er muss einfach ganz nah ran, näher als alle anderen. Er lässt seine Hand an ihm entlanggleiten. Die Tauchregel »Anschauen immer – berühren nie« gilt nicht für Steve. Es sieht so aus, als vollführe Steve ein Unterwasserballett mit dem Rochen, der um ihn herumschwimmt. Doch der Rochen ist sichtlich erregt, seine Schwimmbewegungen hektisch. Der Schwanz ist mit einem Mal über dem Körper nach oben gebogen, wie bei einem Skorpion, der zustechen will. Vermutlich sieht Steve das nicht, denn es ist ein deutliches Zeichen dafür, dass der Rochen gereizt ist und zur Abwehr bereit. Auch ein Stachelrochen besitzt eine Grenze, eine Art Barriere, bei deren Überschreitung er entweder flieht oder sich aktiv verteidigt. Steve überschreitet diese unsichtbare Grenze.

Fische machen keine Geräusche, brüllen nicht los oder kreischen, um ein eindeutiges »Stopp – bis hierher und nicht weiter« mitzuteilen. Das Meer ist eine andere Welt, in der wir nur zu Besuch sind. Wir können zwar in diese Welt eintauchen, sind jedoch nicht in ihr zu Hause. Im Wasser gelten andere Gesetze. Das verraten selbst unsere Sinne. Es ist nicht nur unangenehm, unter Wasser die Augen zu öffnen, sondern wir sehen ohne Taucherbrille auch verschwommen. Das Gehör nimmt den Schall nur gedämpft wahr. Im Wasser bewegen wir uns im Zeitlupentempo, als würde die Zeit stillstehen. Dagegen gleiten die stromlinienförmigen Fische so elegant durchs Wasser, als würden sie schweben. Jeder Fisch hängt uns mühelos ab. Dem Menschen gegenüber sind sie in ihrem Element stets im Vorteil. Sie sind hier um ein Vielfaches schneller und wendiger als er.

Statistisch gesehen ist es höchst unwahrscheinlich, durch einen Stachelrochen ums Leben zu kommen. Lediglich zwei tödliche Unfälle mit diesen Fischen waren bis 2006 dokumentiert. Sie gelten nicht als angriffslustig. Womöglich lässt sich Steve von diesem Wissen zu seinem leichtsinnigen Verhalten hinreißen. Er taucht dicht über den Rochen hinweg. Plötzlich schnellt der lange, dünne Schwanz mit seiner stilettförmigen Spitze nach oben, und der Rochen sticht zu. Sein spitzes Schwanzende trifft Steve in die Brust. Steve weiß, dass die Schwanzenden von Stachelrochen mit giftigen Stacheln versehen sind und dass die Tiere im Angriffsfall ihren Schwanz wie eine Stichwaffe benutzen und mit großer Kraft in den Körper ihres Feindes stoßen können.

Wie immer, wenn sich Steve einem Tier nähert, läuft die Kamera und zeichnet die Attacke des Rochens auf. Steve soll sich den langen, dünnen Schwanz noch selbst aus der Brust gezogen haben. Dann fällt er in Ohnmacht, aus der er nicht mehr erwacht. Der Rochen hatte ihn ausgerechnet ins Herz getroffen. Ein schnell herbeigerufener Arzt kann nur noch seinen Tod feststellen. Wäre Steve eines Tages durch ein Krokodil oder eine Giftschlange schwer verletzt oder getötet worden, hätte dies kaum jemanden wirklich überrascht. Aber durch einen Rochen, das hat sich niemand vorstellen können. Wie oft hat er sich viel gefährlicheren Tieren genähert, sie in die Hände genommen und ihnen sein Leben anvertraut. Und immer ist es irgendwie gut gegangen. Wie oft hatte er Glück, dass ihm nichts Schlimmeres zustieß als ein paar kleinere Verletzungen, die er davontrug. Er hätte wohl nicht ins Wasser gehen sollen. Das Wasser war nicht sein Element.

Für Philippe Cousteau Jr. und die Filmcrew war es eine schwierige Entscheidung, ob sie weitermachen sollten oder nicht. Sie rangen sich dazu durch, Steve Irwins letzten Film *Ocean's Deadliest* fertig zu produzieren. Alle waren sich sicher, er hätte es so gewollt. Das starke Plädoyer des Films für den Schutz der Tiere und des Riffs war ganz in seinem Sinne. Szenen von seinem letzten Tauchgang mit dem Rochen sind nicht im Film enthalten. Die Kopien dieser Aufnahmen sind alle vernichtet worden, das Original erhielt seine Frau Terri. Der Film macht Steves Tod nicht zum Thema. Lediglich zum Schluss erscheint der Schriftzug: »In Erinnerung an Steve Irwin«. Steve Irwin wurde im »Australia Zoo« an einer Stelle beigesetzt, die nur seiner Frau Terri, seinen Kindern Robert Clarence, Bindi Sue sowie dem engsten Familienkreis bekannt ist. Das Angebot eines Staatsbegräbnisses lehnte die Familie ab. Steve gehört zu seinen Krokodilen. Seine Frau Terri sagt, dass jeder Tag mit ihm ein Abenteuer gewesen sei. Australien hat mit seinem Tod eine der schillerndsten Persönlichkeiten des Landes verloren. Die Salties ihren größten Fürsprecher.

8

Ein Zehnfinger-Nest für den Regenpfeifer

4:46 Uhr

Schweigen. Wir sitzen in Gedanken versunken da und betrachten unsere Anakonda.

»Ich habe gestern einen lebenden Dinosaurier gesehen!«, platzt Jörg plötzlich heraus.

Ich lache, diese Aussage ist einfach zu skurril.

»Soll ich jetzt Angst haben, dass *Tyrannosaurus rex* gleich aus dem Dickicht hervorbricht?«

»Nein, du brauchst keine Angst zu haben!«, beruhigt mich Jörg.

»Hast du vielleicht einmal zu viel *Jurassic Park* gesehen?«, frage ich ihn.

»Bei meiner Ehre als Biologe, ich schwöre, ich habe einen Dinosaurier gesehen. Genau genommen sogar mehrere!«

Ich werfe einen Blick auf die Uhr, es ist spät, aber noch ist kein Morgenlicht zwischen den Baumwipfeln auszumachen. Bis jetzt hat Jörg die Nacht durchgemacht, da er nach seiner Nachtwache bei mir geblieben ist. Ich betrachte seine Kaffeetasse und durchforste mein Gehirn danach, ob Koffein Halluzinationen auslösen kann. Dann schaue ich in sein Gesicht. Er sieht mich mit großen glänzenden Augen an. Es ist ihm anzumerken, dass er schier platzt und endlich des Rätsels Lösung präsentieren will.

185

»Du hast auch Dinosaurier gesehen, es aber nicht bemerkt!«, behauptet Jörg.

»Also gut, raus damit, wann und wo habe ich gestern einen Dino gesehen?«

»Du erinnerst dich doch an den Fischadler, der einen Piranha gefangen hat?«

»Ja, du hast mir bei der Gelegenheit erzählt, dass das dieselbe Art Fischadler sein soll, die sogar in Europa vorkommt. Was hat das mit den Dinos zu tun?«

»Genau, der Fischadler hat ein riesiges Verbreitungsgebiet. Außerdem ist er ein Dinosaurier.«

»So, so«, sage ich zweifelnd. Ich schlürfe geräuschvoll den Rest Kaffee aus meiner Tasse und stelle sie neben mich. »Mir war so, als hätte ich mal gehört, dass die Dinosaurier ausgestorben seien!« Ich kenne Jörg, da kommt noch etwas.

»Das ist nicht ganz richtig! Genau genommen sind die nämlich gar nicht ganz ausgestorben. Wir haben tagtäglich mit ihnen zu tun: Wir züchten sie, wir essen sie, wir halten sie uns in Käfigen in der Wohnung und erfreuen uns an ihrem Trällern. Die Dinos von heute watscheln durch die Antarktis oder drehen Kreise am Himmel und beobachten uns mit Adleraugen. Die Vögel stammen nämlich von den Dinos ab. Voilà, schon fliegen die gefiederten Dinosaurier durch den Dschungel!«

Jetzt ist Jörg so richtig in Fahrt, und er doziert weiter: »Wenn du ein Brathähnchen auf dem Teller hast, dann verspeist du einen Dino! Vergleich doch einmal den Fußabdruck eines Huhns mit dem von *Tyrannosaurus rex*. Außer der Größe sehen sich die Fußabdrücke total ähnlich.«

Tatsächlich gibt es neben den Knochen weitere Merkmale, die die Verwandtschaft der Vögel zu den Dinosauriern belegen. Beide Gruppen zeichnen sich durch hartschalige

Eier aus. Die Eier anderer Reptilien, also von Schlangen, Eidechsen, Krokodilen und Schildkröten, sind weichschalig. Es verdichten sich immer mehr die Hinweise darauf, dass die reptilischen Vorfahren der Vögel bereits gleichwarm waren, so wie alle Vögel heute. Zumindest die Gruppe der Dinosaurier, aus denen sich die Vögel entwickelt haben, besaß ein Federkleid zur Wärmedämmung.

Eine andere Gruppe ausgestorbener Reptilien verfiel unabhängig von den Dinos auf die gleiche Idee. Es ist ein Vorteil, immer auf voller Betriebstemperatur zu sein und mit voller Leistungsstärke auf jede Situation reagieren zu können. Einen Nachteil bringt das ständige Wärmen des Körpers allerdings mit sich: wie bei einem Haus muss Energie zum Heizen aufgebracht werden.

»Wenn du Vögel als gefiederte Dinosaurier bezeichnest, dann bist du ein behaartes Reptil!«, sage ich zu Jörg. »Oder warum nicht gleich ein fortschrittlicher Fisch, da wir uns von den Fischen über Amphibien und Reptilien zu Säugetieren und letztlich zum Menschen entwickelt haben!«

»Zugegeben, das klingt wirklich komisch«, antwortet Jörg. Es entsteht ein Moment der Ruhe und Nachdenklichkeit, der aber nicht allzu lange währt: »Hast du schon einmal von dem gefiederten Dinosaurier gehört, der es sich angeblich in den Flossen eines fortschrittlichen Primaten bequem gemacht hat?«

Handzahm im Polarlicht

Stellen Sie sich vor, ein wilder Vogel kommt auf Sie zugetrippelt, Sie halten Ihre Hände schalenförmig auf, der Vogel klettert hinein und setzt sich gemütlich hin. Das klingt doch sehr unwahrscheinlich, eher wie aus dem Reich der Fabeln. Als zweites Szenario für den frei lebenden Vogel in der Hand könnte das biblische Paradies in Betracht gezogen werden: Zwischen Menschen und Tieren herrscht Friede, wenn man mal von der Schlange absieht. Die Urbevölkerung Lapplands ist reich an uralten Sagen über Berggeister, Trolle und Eiskönige. Eine jedoch handelt von diesem Vogel, der sich freiwillig in die Hände der Menschen begibt. In der Sage heißt es: »Wenn du dem Vogel begegnest, dann zeig ihm behutsam, dass du sein Land kennst, liebst und verstehst – dann vertraut er dir alles an, was er besitzt!«

Ernst Arendt und Hans Schweiger wollen herausfinden, ob sich ein Körnchen Wahrheit hinter dieser Sage verbirgt. Es ist der Mornellregenpfeifer, von dem die Rede ist. Die Ureinwohner Lapplands nennen ihn »Láhol«, die Vogelfreaks einfach nur »der Mornell«.

Über das Buch *Mein Freund, der Regenpfeifer* von Bengt Berg aus den Zwanzigerjahren sind sie auf die Sage aufmerksam geworden. Der Autor beschreibt in seinem Text die ungewöhnlich geringe Fluchtdistanz in den Brutgebieten. Ist es möglich, dass der Mornell sich wirklich freiwillig in den Händen eines Menschen niederlässt? Vögel sind in aller Regel scheu, wenn es sich nicht gerade um Inselarten handelt wie den flauschigen Kakapo, die keine Räuber kennen. Zugegeben, die Mornells leben sehr einsam in den Hochebenen Lapplands beziehungsweise in ihren Brutgebieten in den Tundren zwischen Skandinavien bis Ostsibirien. Die wenigsten von ihnen kommen hier mit Menschen in Kontakt. Doch jedes Jahr treten sie die große Reise nach Nordafrika oder in den Vorderen Orient an, wo sie überwintern. So ganz weltfremd können sie doch eigentlich nicht sein.

Lappland, das ist der hohe Norden, da, wo im Sommer das Licht nicht ausgeht und es im Winter vor Kälte nur so klirrt. Im Hochland herrschen subpolare Bedingungen. Es ist ein Land, das keine Grenzen kennt, denn es war nie ein politisches Gebilde. Lappland, das ist so ziemlich alles in Skandinavien oberhalb des nördlichen Polarkreises. Der wiederum teilt Norwegen, Schweden und Finnland ungefähr im oberen Drittel dieser Länder. Es ist das Land der Samen, Ureinwohner, die heute nur noch vier Prozent der Bevölkerung ausmachen. Sie leben von den halbwilden Rentierherden, die ihnen gehören. In Lappland kommen nur zwei Menschen auf einen Quadratkilometer, außerhalb der Städte lebt praktisch niemand mehr.

Die beiden Tierfilmer starten Anfang Mai. Vier Monate haben sie Zeit, um im skandinavischen Sommer die Regenpfeifer zu finden, zu filmen und Freundschaft mit einem von ihnen zu schließen. Noch ist alles tief verschneit und vereist in den Bergen an der Eismeerküste Norwegens. Sie nehmen sich Zeit, den Winter von Lappland einzufangen. Der Sage nach müssen sie bereit sein, wenn die Regenpfeifer aus der Ferne ihr Brutgebiet erreichen. Da sind die beiden gewissenhaft. Und so filmen sie schon einmal Schneehase und Schneehuhn, beide noch wölkchenweiß in ihrer Wintertracht. Sie wollen dem Mornell vom Winter in den Bergen erzählen können, wenn der von seiner langen Reise aus den sonnigen Halbwüsten jenseits von Europa heimkehrt. Sie wissen, dass sie viel Zeit mit einem Mornell verbringen müssen. Nur so kann genug Vertrauen aufgebaut werden und das Experiment gelingen.

Juni. Die Sonne scheint jetzt rund um die Uhr. Der Schnee schmilzt rasant dahin. Wassermassen stürzen druckvoll aus den Hochlagen dem Meer entgegen. Die ersten schneefreien Flächen treten hervor. Zwischen Zwergsträuchern, Moosen und Flechten sprießen Gräser und Kräuter aus dem aufgetauten Boden. Ernst Arendt und Hans Schweiger hoffen auf diesen ersten freien Flächen Mornellregenpfeifer zu finden.

Auf den Schneeflächen würde der braune Vogel auffallen wie ein Hammerhai im Nichtschwimmerbecken eines Freibades. Das kann sich der sagenumwobene Láhol nicht leisten. Feinde wie Fuchs und Adler würden ihn nur zu gerne in die Fänge bekommen. Doch der Vogel weiß, dass er in der schneefreien Tundra bestens getarnt ist.

Im Irgendwo der Tundra

Mit Ferngläsern suchen die beiden Tierfilmer die Inseln im Schnee sorgfältig ab. Sie sind sogar auf Skiern unterwegs, um die freien Inseln zu erreichen. Jede kleine Bewegung am Boden, jeder auffliegende Vogel könnte das Objekt der Begierde sein. Wieder einmal huscht ein Tier durchs Blickfeld des Fernglases. Es ist ein Vogel, der auf langen gelben Beinen unterwegs ist, ungefähr so groß wie eine Drossel. Er hebt den Kopf, schaut in die Runde. Flink trippelt er 20 Meter weiter. Die Tierfilmer haben den Vogel jetzt beide im Visier. Als der stehen bleibt, erkennen sie einen weißen Streifen um den Kopf. »Da, das ist doch einer!«, schallt es durch die Tundra. Wieder Trippeln. Sie können es kaum glauben, sie haben einen gefunden. Flink huscht der Mornell weiter, bleibt stehen, reckt den Hals, schaut sich zu den beiden um. »Was sind das denn für welche?«, mag sich der Mornellregenpfeifer fragen, der die beiden längst bemerkt hat. Ein zweiter Mornell taucht auf. Seitlich, wie ein Balletttänzer, bewegt er sich auf den ersten zu. Es ist ein Paar, das sich schon gefunden hat. Ernst Arendt und Hans Schweiger jubilieren. Das geht gut los. Sie beobachten, wie sich das Weibchen auf den Boden drückt und Pflanzenreste beiseiteschiebt. Das ist ein eindeutiges Zeichen für das Männchen, eine geeignete, möglichst unscheinbare Stelle für das Nest ausfindig zu machen. Gerne wählen sie als Standort eine et-

was erhöhte Stelle in möglichst flachem, gut überschauba-
rem Gebiet, die freie Rundumsicht gewährt und in der sich
kein Wasser ansammeln kann. Sie bevorzugen ein Gelände
mit nur spärlicher, niedriger Vegetation. Bäume mögen sie
nicht. Als Nest scharren die Männchen nur eine angedeu-
tete Kuhle aus und polstern diese mit ein paar weichen
Pflanzenteilen – fertig.

Die Regenpfeifer in der Tundra wohnen sehr einsam. Das
ist ihr Schutz. Sie brüten irgendwo. Nicht da, wo ein großer
Fels oder ein Busch ist, sondern irgendwo im Nirgendwo.
Es wäre reiner Zufall, wenn hier der Fuchs vorbeikäme.
Und wenn ein Fuchs käme, hat der Mornellregenpfeifer einen Trick. Der funktioniert ganz einfach: Der Regenpfeifer springt vom Nest auf, bevor der Fuchs es sehen kann.
Die Eier sind durch schwarze Fleckung perfekt getarnt. Das
Nest als solches ist nicht zu erkennen. Und genau so will
es der Mornell haben. Der Regenpfeifer rennt dann vor den
Fuchs hin und simuliert den Schwerverletzten. Er ist ein
großartiger Schauspieler, abgesehen davon vielleicht, dass
er maßlos übertreibt. Er tut so, als hätte er gebrochene Flügel und gebrochene Beine. Dazu piepst er jämmerlich, während seine Lautäußerungen ansonsten weich und gedämpft
wirken, unscheinbar eben, wie seine Lebensweise im Ver-
borgenen. Er lässt die Flügel über den Boden schleifen und
hinkt im Schlingerschritt. »Eine leichte Beute«, denkt sich
der Fuchs, und rennt sofort hinterher. Rasch läuft der Mornell eine kleine Strecke. Nun beginnt das theatralische
Schauspiel von vorne. Kann der Mornell den Eindringling
nicht von seinem Nest oder den Nestflüchtlingen ablenken,
schauspielert er mit zitternden Flügeln und Schwanz den
sterbenden Schwan. Nicht von ungefähr hat er den lateinischen Namen *morinellus* bekommen, was »Kleiner Narr« bedeutet.

Dumm gelaufen

Der Mornell lockt den angeblich so schlauen Fuchs vom Nest fort. Der ist so einfältig und merkt nicht, wo der Hase langläuft. Das ist seit Tausenden von Jahren so, dass der Fuchs veralbert wird. Und wenn der kluge Vogel den Fuchs ein-, zweihundert Meter weit weggelockt hat, dann fliegt der Mornell auf, und der Fuchs steht da wie der Ochs vorm Berg. Der Regenpfeifer indes fliegt im Halbkreis zu seinem Nest zurück und setzt sich darauf. Er duckt sich flach und ist wieder unsichtbar, bis sich vielleicht der nächste Fuchs zufällig im Irgendwo verirrt – oder zwei Tierfilmer ihm auflauern.

Ernst Arendt und Hans Schweiger suchen das Nest. Mit Feldstechern beobachten sie das Paar. Damit haben sie aber noch lange nicht das Nest ausgemacht, denn nur das Männchen sitzt auf dem Nest und brütet. Das Weibchen ist oft in der Nähe und steht in akustischem Kontakt mit dem Männchen. Meist ist sie als Wachposten im Brutgebiet auf kleinen Erhebungen positioniert. Wenn nötig, beteiligt sie sich an der Verteidigung des Nestes. Werden die Regenpfeifer gestört, haben sie ein eigenartiges Verhalten entwickelt. Sie drehen den Kopf auffällig weg, als wenn sie den Störer nicht sehen würden. In Wirklichkeit aber fixieren sie den Störenfried. Erfahrene Vogelkundler können Weibchen und Männchen unterscheiden, denn die Weibchen werden größer und sind etwas auffälliger gefärbt. Um das Nest zu finden, beobachten sie, wo das Männchen sich niederlässt, und merken sich möglichst genau die Stelle. Dann schnappen sie Kamera, Stativ und Tonaufnahmegerät und marschieren vorsichtig auf die Stelle zu.

Diese Methode ist für Ernst Arendt und Hans Schweiger aber sehr ungewöhnlich, und sie wenden sie nur an, weil sie den Wahrheitsgehalt der Sage von dem Vogel in der Hand überprüfen wollen. Wenn sie Tiere filmen, versuchen sie es ansonsten so zu gestalten, dass die Tiere nicht durch ihre Anwesenheit beunruhigt werden, am besten erst gar nicht mitbekommen, dass sie in der Nähe sind. Meistens filmen sie Vögel aus einem Versteck oder Tarnzelt heraus. Wenn sie ein Nest filmen, müssen sie ins Tarnzelt hinein und wieder hinaus. Dabei werden sie gesehen, das lässt sich nicht vermeiden. Wenn aber beispielsweise Hans Schweiger in das Beobachtungszelt geht, werden die Elternvögel ihn beobachten und wissen, dass er im Zelt vor ihnen sitzt. Die Kameraleute greifen deshalb auf einen einfachen Trick zurück: Sie gehen zu zweit ins Tarnzelt hinein, und bald darauf verlässt eine Person ostentativ das Versteck wieder. So ein Vogel denkt sich dann: »Aha, da ist eine Gefahr gekommen, und jetzt geht sie wieder. Dann ist ja alles wieder in Butter.« Entweder – oder, schwarz oder weiß, so funktionieren viele Vogelgehirne eben.

Krähenvögel und Papageien sind auf diese Weise nicht gut auszutricksen. Die können zählen. Bei Krähenvögeln haben die Tierfilmer festgestellt, dass sie mit mindestens acht Leuten ins Versteck gehen und dann sieben wieder abziehen müssen, um die Vögel zu täuschen. Eine verblüffende Intelligenzleistung. Krähenvögel lernen und sind dadurch sehr anpassungsfähig. Der Mornellregenpfeifer hingegen besitzt seit ewigen Zeiten intelligente Verhaltensweisen, die sich langsam herausgebildet haben und in den Genen festgeschrieben sind. Die Tiere reagieren auf eine Gefahr deswegen alle gleich und sind für uns Menschen leichter ausrechenbar.

Wenn Ernst Arendt und Hans Schweiger in mehr als zehn Metern Abstand am Männchen im Nest vorbeilaufen würden, beobachtete der Mornell sie nur und bliebe sitzen.

Dann würde er sich ducken, und die beiden hätten kaum eine Chance, ihn zu erkennen. Der ist zu gut getarnt. Wenn sie aber näher auf das Nest zulaufen, dann muss der Mornell reagieren. Er weiß nicht, was das für lange, dünne Wesen sind. Die etwas dusseligen Rentiere kennt er genau. Es könnte sein, dass die äsend vorbeiziehen und sich just neben dem Nest niederlegen, um da wiederzukäuen. Dann werden ihm die Eier kalt, wenn er zu lange versucht, das Rentier wegzulotsen. Denn das folgt ihm nicht, selbst wenn er noch so kläglich piepst und gebrochene Flügel markiert. Den Menschen hingegen kennt er kaum. Deswegen gehen Ernst Arendt und Hans Schweiger davon aus, dass der Mornell aufspringt, wenn sie ihm zu nahe kommen, und es mit seiner Strategie versucht, sie dazu zu verleiten, ihm zu folgen. In seinem subarktischen Lebensraum gilt seine Fluchtdistanz gegenüber Menschen während der Brutzeit als auffallend gering. Kein Wunder, entweder wird er erst gar nicht entdeckt oder er will sie dazu verleiten, sich von seinem Nest schnellstmöglich wieder zu entfernen.

Der eingebildete Kranke

Die Tierfilmer sind kurz vor der Stelle, an der das Männchen mehrfach gelandet und wieder aufgeflogen ist. Plötzlich hören sie ein jämmerliches Piepsen vor sich und sehen den Mornell, der den Schwerverletzten simuliert. Die beiden bleiben stehen und beobachten das Theater. Wenn sie jetzt seiner Einladung folgen, so schön die Bilder wären, dann denkt der sich in etwa: »Aha, ein Feind!« Da sie ihn nur von ihrem Standpunkt aus beobachten und nicht das Verhalten eines Beutegreifers zeigen, denkt er sich irgendwann: »Die folgen mir nicht, sind also keine Räuber. Die müssen harmlos sein. Außerdem, die komischen langen

Zweibeiner sind wohl so etwas Ähnliches wie zwei halbe Rentiere.«

Zu lange darf er das Nest, wie gesagt, nicht verlassen. Die Eier bedürfen seiner wohligen Wärme. Also kehrt er irgendwann zum Nest zurück. Jetzt wissen die beiden Tierfilmer, wo es ist. Mit langsamen Bewegungen lassen sie sich in der Nähe nieder. Vertrauen zu gewinnen braucht Zeit. Dem Mornell geben sie so zu verstehen, dass sie ihm nicht böse gesinnt sind. Ab diesem Zeitpunkt kommen sie täglich zu dem brütenden Mornell, jedes Mal ein kleines bisschen näher, und erzählen ihm vom strengen Winter in Lappland, der Dunkelheit, den Schneemassen, den Stürmen, den zu Eis erstarrten Wasserfällen und den wenigen Tieren, die den Winter dort überdauern. Sie geben ihm zu verstehen, wie in der Sage gefordert, dass sie sein Land kennen und lieben. Der Mornell sitzt einfach da und hört zu. Klein und unauffällig, schlicht und elegant, wie er ist, entwickelt er sich für die beiden zu einer vertrauten Persönlichkeit. Ihr Leben und Streben dreht sich nur noch um ihn. In ihren Gedanken ist er jetzt der schönste und wichtigste Vogel auf der Welt. Angst hat er längst nicht mehr vor den beiden Quasselstrippen, die sich so gerne bei ihm niederlassen. Er nimmt sie als Selbstverständlichkeit hin, als gehörten diese halben Rentiere mit zur Landschaft.

Der Mornell von Ernst Arendt und Hans Schweiger flieht überhaupt nicht mehr. Der bleibt einfach im Nest sitzen, egal, wie nahe sie ihm kommen. Als sie ihm einmal ein paar kleine Regenwürmer anbieten, frisst er sie ihnen aus der Hand. Er ist damit zufrieden, denn dann muss er nicht so lange nach Insekten und Spinnen suchen, die den größten Teil seiner Nahrung ausmachen. In kleinen Mengen nimmt er pflanzliche Nahrung in Form von Blättern und Beeren zu sich. Entspannt steckt er seinen Kopf in die Federn und ruht. Als ihm dann noch die Augen zufallen, ist wirklich Vertrauen da. Im Bereich des Polarkreises ist der Mornell 24 Stunden am Tag aktiv, allerdings legt er zwischenzeitlich lange Ruhe- und Putzpausen ein. Die Tierfilmer wiederum sind entzückt über das Vertrauen des wilden Vogels und genießen es, ihm so unglaublich nah zu sein. Und wenn ihnen die Geschichten vom Winter in Lappland ausgehen, erzählen sie ihm ihre Lebensgeschichten und von all den anderen Tieren, zu denen sie gereist sind.

Duo Animale

Die Tierfilmer Ernst Arendt und Hans Schweiger, beide Jahrgang 1949, filmen seit 1972 zusammen. Sie liefern stets solides Handwerk ab, das sehr liebevoll und mit großer Ausdauer gemacht ist. Der unverwechselbare Stil besticht nicht nur durch den unermüdlichen Einsatz auf der Jagd nach tiefen Einblicken in das Leben und Verhalten vieler Tiere, sondern ebenso durch die hochwertige Qualität der Bilder. Ihrem klassischen Format der Siebzigerjahre sind sie treu geblieben. Durch moderne Strömungen haben sie sich nicht beirren lassen, Computer-Animationen in ihren Filmen kommen für sie nicht infrage. Sie wollen es so authentisch machen wie möglich. Und wenn sie dann doch einmal das Ablaichen von Kröten im Aquarium gefilmt haben, dann fließt das in die Erzählung mit ein, sodass der Zuschauer versteht, dass es anders nicht möglich war. Musik kommt in der Natur nicht vor – und deshalb auch nicht in ihren Filmen. Streichorchester im Gebüsch, da stehen sie nicht drauf. Ernst Arendt gibt sich lieber viel Mühe mit dem Ton und fängt das Säuseln des Windes, das Rascheln der Blätter oder das Gezwitscher einer Lerche ein. Er selbst ist der Erzähler in ihren Filmen. Hans Schweiger ist der Kameramann und Techniker des Duos. Sollten Objektive mal nicht mit seiner Arriflex-Kamera kompatibel sein, dann klemmt er sie kurzerhand auf die Drehbank und bearbeitet sie, bis sie passen.

1977 begann ihre Erfolgsserie *Tiere vor der Kamera* mit der Folge *Singende Vögel*. Als 2006 die Folge *Die Saga vom Vogel in der Hand* erschien, war dies bereits die 42. der beliebten Serie. Mittlerweile sind sie für ihr Lebenswerk ausgezeichnet worden. Kein Grund anzuhalten, ihr Unimog mit den beiden an Bord ist unterwegs wie eh und je.

Das Besondere an ihnen? Ihre größte Tugend ist ihre Normalität. Sie schmeißen sich nicht auf Krokodile und suchen nicht die Nähe zu gefährlichen Tieren. Die Tiere werden so gezeigt, wie sie ihre Akteure vor die Linse bekommen haben. Sie sind die freundlichen Nachbarn von nebenan, die etwas Besonderes erleben und die Zuschauer auf diese Reise mitnehmen und daran teilhaben lassen. Ihr Markenzeichen ist ein alter Unimog U1550, den sie zu ihrem fahrbaren, mit moderner Technik vollgestopften Filmstudio und zur Wohnhöhle umgebaut haben. Weit über 300 000 Kilometer sind sie schon mit ihrem Kleinlaster über die Kontinente gejuckelt. Die bodenständige, humorvolle Erzählweise von Ernst Arendt ist gespickt mit Mutterwitz, dabei aber erfreulich unaufdringlich. Ohne sich selbst groß in Szene zu setzen, zeigen sie nicht nur die Tiere, sondern auch ihre Erlebnisse und Begegnungen mit ihnen. Sie blenden sich schon mal frierend oder schwitzend im Ansitzzelt ein. Da wird das *Making-of* dann gleich mitgeliefert. Für viele Kinder und Jugendliche wurden sie so zum Vorbild und Auslöser des Berufswunsches Tierfilmer oder Biologe.

Dichtungskiller

Die beiden haben ein gutes Gespür für Themen und Tiere mit besonderen Geschichten und Eigenarten. Der ungekürte Lieblingsfilm der Zuschauer, erzählte mir Ernst Arendt einmal, ist der über die Keas. Das sind mittelgroße Papageien mit einem unauffälligen olivgrünen Federkleid. Die Unterseiten der Flügel sind orange gefärbt. Die Keas leben in den Bergen Neuseelands. Papageien, die den Schnee mögen und außerhalb tropischer Gefilde ihre Heimat haben, das ist außergewöhnlich. Die Keas sitzen aber in der weißen Pracht nicht einfach auf einem Ast und plustern sich auf. Sie tollen und purzeln durch den Schnee, dass es nur so eine Freude ist, ihnen dabei zuzuschauen. Es sind sehr intelligente Vögel, die es verstehen, mit ihren langen, gebogenen Schnäbeln Werkzeuge zu benutzen. Unbeaufsichtigte Rucksäcke von Wanderern öffnen sie mit Begeisterung und machen sich über deren Inhalt her.

So verwunderlich das klingt, bis Arendt und Schweiger sich der Sache annahmen, existierte überhaupt noch kein Filmmaterial von Nestern und Brutverhalten der Keas. Was für eine Herausforderung für die zwei Vogelexperten. Sie reisten um die halbe Welt, nur um festzustellen, dass die Keas in jenem Jahr nicht brüteten. Es sprach sich selbst in Wissenschaftskreisen erst langsam herum, dass sie nicht jedes Jahr ihrem Brutgeschäft nachgehen. Pech, da waren die beiden ganz schön angeschmiert. Doch es kam anders, und sie haben es letztlich viel schöner erwischt, als sie sich vorstellen konnten: Das Material, das sie über die Keas gedreht haben, reichte auch so für einen Fünfundvierzigminüter. Ein dankbareres Tier zum Filmen konnten sie kaum finden, denn die Neugierde der Keas ist grenzenlos. Die haben sie mit ihrem Forscherdrang und ihrer Verspieltheit derart belästigt, dass es schon skurril war: Die Tiere haben ständig in sämtliche Fenster gespäht, wären liebend gerne in den Unimog gekommen, um alles genauestens zu untersuchen. Ein Experiment lief in etwa darauf hinaus, festzustellen, wie klein etwas zu zerrupfen ist. Die Kameraausrüstung durften sie nie unbeaufsichtigt draußen lassen. Abstand zu halten, um das natürliche Verhalten zu filmen, war fast unmöglich. Die Keas kamen sofort an, wenn sie die beiden entdeckt hatten. Die Schleifen ihrer Schnürsenkel haben sie geradezu inbrünstig aufgezogen. Und wenn sie mit dem berühmten Klappspaten losgingen, kamen sechs Keas mit ihnen mit, saßen im Kreis drum herum und verrenkten sich die Köpfe vor Neugierde. Es war zum Verrücktwerden mit den Viechern. Die haben die Schnabelspitzen auf den Lack gesetzt und sind dann gelaufen. Das ergab so einen ekeligen Quietscher, wie der Lehrer das in der Schule mit der Kreide auf der Wandtafel machen konnte. Das Auspuffrohr des Unimogs: Es gab nichts, wo sie ihre Köpfe nicht hineinsteckten – und zur Belustigung der beiden den ganzen Tag mit schwarzen Köpfen um sie herumflatterten. Die haben einen Quatsch gemacht, es war wunderschön zu filmen. Beim Nudelnkochen haben sie ihnen kopfunter durch das Fenster des Unimogs zugeschaut.

Ihr Leben ist eine Aufforderung an jeden, der ihnen begegnet, mit ihnen Spaß zu haben. Für das Duo der Filmer artete es manchmal in groben Unfug aus. Die Keas hatten nichts Besseres zu tun, als mit ihren spitzen Schnäbeln die Wischergummis herauszuziehen und auf dem Dach des Unimogs sämtliche Dichtungen zu zerpflücken. Sie haben die Anwesenheit der beiden Männer als willkommene Abwechslung angesehen. Ernst Arendt und Hans Schweiger hätten es nicht für möglich gehalten, dass sie einmal fluchtartig wegen fortwährender Gummifledderei von Vögeln aus den

Bergen fliehen würden. Sie mussten ins Tal, wo es keine Keas gibt, denn nur da konnten sie neue Dichtmasse in die Ritzen drücken und trocknen lassen.

Ernst Arendt erzählt diese Geschichte mit einer gewissen Schadenfreude, die beim Zuschauer gut ankommt und zum Schmunzeln verführt. Der Film hat ihnen bestätigt, dass nicht nur grandiose Bilder gezeigt werden müssen, sondern dass auch die Geschichte, wie sie selbst die Natur erlebt haben, gut ankommt. Und was könnte da besser passen als die Sage vom Vogel in der Hand?

Einmal, als sie sich ein wenig vom Nest des Mornells entfernen, hören sie gar nicht weit weg das Piepsen des Weibchens, das Kontakt zum brütenden Männchen aufnimmt. Es saß die ganze Zeit abseits, getarnt und bereit einzuschreiten, sollten die halben Rentiere für das Nest zu einer Gefahr werden. Brüten ist bei den Mornells reine Männerangelegenheit. Bei der Aufzucht hilft sie ihm nur gelegentlich. Ob die Männchen eine Ahnung davon haben, dass die Weibchen in ihrer Abwesenheit gerne in der Gegend herumstreunen und ihre Gene verteilen? Jetzt werden Sie sich fragen, ob Sie richtig verstanden haben, schließlich sind es die Männchen, denen dieses Verhalten im Tierreich nachgesagt wird. Mit Recht. Und doch bestätigen Ausnahmen immer wieder die Regel.

Bei den Mornellregenpfeifern sind nämlich die Geschlechterrollen vertauscht. Im Brutgebiet finden sich zunächst Balzgruppen aus meist weniger als zehn Individuen zusammen. Die größeren Weibchen versuchen durch Scheinfluchten, Sich-Ducken oder durch Scheinbrüten die Aufmerksamkeit eines Männchens auf sich zu ziehen, um es aus der Balzgruppe fortzulocken und es an sich zu binden. Dabei kann es zwischen den Weibchen schon einmal zu kleinen Prügeleien um ein Männchen kommen. Findet sich ein Paar, sondert es sich von der Gruppe ab und besetzt ein Revier. Beide Elterntiere verteidigen es von nun an energisch. Der Rollentausch ist nicht nur sehr ungewöhnlich in der Vogelwelt, er geht sogar so weit, dass das Weibchen zwei oder sogar drei Männer zur Paarung verführt. Das Weibchen hat dann mit jedem dieser Männchen ein Nest und ein unabhängiges Gelege. Es beschäftigt so mehrere Männchen gleichzeitig. Die Logik dahinter ist verblüffend einfach: Das Weibchen kann auf diese Weise nicht nur die üblichen drei Nachkommen zeugen, sondern sechs oder gar neun. Der lose Zusammenhalt der Paare dauert meistens nur bis zum Schlüpfen oder kurz danach.

Ernst Arendt und Hans Schweiger sind jetzt schon seit Wochen in der Gegend. Ihr Leben spielt sich in ihrer Basis, dem Unimog, ab. Wenn sie zu ihrem Mornell gehen, lassen sie den Unimog an der Straße zurück. In der Nähe des Nestes bauen sie ein Zelt auf, um ihre Geräte und sich selbst schützen zu können, wenn Regenschauer aufziehen. Als es einmal zu hageln beginnt, gehen sie besorgt zum Nest des Regenpfeifers. Wenn der jetzt sein Nest verlässt und die Eier kaputtgehen, dann war all ihre Mühe mit dem Vogel umsonst. Als sie bei ihm ankommen, wundern sie sich, wie stoisch und scheinbar gelassen er das Unwetter aussitzt, als wäre er ein kritisierter Politiker in hoher Position. Die Jungen schlüpfen nach 24 bis 28 Tagen aus den Eiern. Innerhalb dieser Zeit müssen sie das Vertrauen des Mornells gewinnen. Schon 10 bis 30 Stunden nach dem Schlupf verlassen die Jungen das Nest. Dann sind sie für die Tierfilmer nicht mehr auffindbar.

Die beiden Männer legen sich direkt vor das Nest. Der Mornell ist kurz zuvor ausgeflogen. Der Tag der Entscheidung, ob der Láhol, wie in der Sage geschildert, in die Hände klettern wird, rückt näher. Als der Regenpfeifer zurückkommt, setzt der sich aufs Nest und dreht sich vis-à-vis zu ihnen. Sie schauen sich direkt in die Augen, keine Unterarmlänge voneinander entfernt. Ernst Arendt und Hans Schweiger strahlen wie Honigkuchenpferde. Das Zutrauen des Mornells rührt sie. Nach einer Weile ziehen sie sich ganz behutsam zurück. Sie wollen den Vogel ja nicht erschrecken. Sie haben viel Zeit vor dem Nest zugebracht.

Ein wenig später möchten sie wissen, ob der Regenpfeifer sich wirklich in ihren Händen niederlässt. Ernst Arendt liegt wieder vor dem Nest, auf dem der Mornell brütet. Ganz langsam nähert er sich mit einer Hand, berührt den Vogel vorsichtig. Der steht auf und schaut zu, wie der die Eier herausnimmt und auf seine zweite Hand legt. Dann formt er mit seinen Händen ein schalenförmiges Nest, vergleichbar groß dem Nest des Mornellregenpfeifers. Der ist erst einmal ratlos und läuft aufgeregt ein paar Meter nach links, dann nach rechts und schaut sich die Situation von allen Seiten an. Er trippelt zu Ernst Arendt zurück, vor seine Hände, prüft noch einmal die Situation. »Soll ich es wagen, mich zu den Eiern in die Hände des halben Rentiers zu setzen?«, mag er denken. »Die beiden großen Zweibeiner sind schon längere Zeit über immer wieder hier. Die haben mir nie etwas getan, sind freundlich. Die sind in Ordnung, ganz bestimmt. Die tun mir nichts, wenn ich in die Hände schlüpfe und die Eier weiter bebrüte.« Mit ein paar kleinen Schritten klettert er in die Handschale von Ernst Arendt und lässt sich auf den Eiern nieder. In menschlichen Kategorien ist es für ihn ein Wasserbett, das wohlig von unten wärmt. Nach zwei Wochen intensivem Kontakt haben die beiden die Prüfung bestanden, und die Sage bewahrheitet sich: Der Mornell vertraut den Tierfilmern!

Für den menschlichen Nestbauer ist es ein ulkiges Gefühl, weil der Mornell so kalte Füße hat. Der wiederum rückt die Eier noch einmal zurecht, breitet sein Gefieder aus und lässt sich endgültig zum Brüten nieder. Dann sitzt er da, guckt den Menschen an oder guckt ihn eben nicht an, weil das plötzlich das Selbstverständlichste auf der Welt für ihn ist. Für ihn ist alles in Ordnung.

Es ist ein bewegender Moment, wie die Versöhnung zwischen Mensch und Tier im Paradies. Tief dringt er in die Seelen der Männer ein, indem er ihnen sein Urvertrauen schenkt. Fast alle wilden Tiere flüchten ja vor den Menschen. Der Mornellregenpfeifer vertraut Ernst Arendt alles an, was er besitzt: seine Freiheit, sein Leben, seinen Nachwuchs. Die beiden Filmer sind verblüfft und gerührt. Es beschleicht sie ein unglaublich schönes, erhebendes Glücksgefühl. Ein Moment, in dem sich ihr Leben als Tierfilmer vor ihnen abspult. Sie sind dankbar, dass sie das erleben dürfen. Es kommt ihnen so vor, als hätten sie ein Märchen verfilmt, obwohl sie im Freiland mit einem wilden Tier gearbeitet haben. Beide sind sich einig, dass sie ihren emotionalsten Film gedreht haben – *Die Saga vom Vogel in der Hand*.

9

Der Clan der Vielfraße

»Hast du schon einmal davon gehört«, reißt mich Jörg aus meinen Gedanken über den Vogel in der Hand, »dass es Berechnungen darüber gibt, wie viel Kilo Fleisch *Tyrannosaurus rex* hätte verspeisen müssen, wenn er wie die Vögel seine Körpertemperatur konstant gehalten hätte?«

»Nein, noch nie davon gehört.«

»Der Paläontologe James Farlow hat folgende Berechnungen aufgestellt: Ein ausgewachsener *T. rex* müsste im Jahr ganze 292 Anwälte von 68 Kilogramm verspeisen, um genügend Kalorien zu sich zu nehmen. Sollten die Donnerechsen jedoch kaltblütig gewesen sein, wären sie laut seiner Berechnungen mit lediglich 77 Anwälten ausgekommen.«

Ich lache. »Wissen, das die Welt nicht braucht! Findest du nicht auch, dass *Tyrannosaurus rex* ein genialer wissenschaftlicher Name ist?«

»Ja, auf jeden Fall. Den kennt schon jeder zehnjährige Junge. Neben *Homo sapiens* vielleicht der bekannteste wissenschaftliche Name«, sagt Jörg. »Was bedeutet eigentlich der Name der Großen Anakonda – *Eunectes murinus?*«

»*Eunectes* bedeutet ›Guter Schwimmer‹ und *murinus* ›grau‹«, antworte ich.

»Guter Schwimmer macht Sinn«, sagt Jörg, »aber grau?«

»Vielleicht hat Linné ein altes in Alkohol konserviertes Exemplar gehabt, bei dem das Grün eingetrübt war«, gebe ich zu bedenken.

Der schwedische Botaniker und Naturforscher Carl von Linné hatte allen zu seiner Zeit bekannten Pflanzen- und Tierarten einen vorn stehenden Gattungsnamen und einen dahinter stehenden Artnamen gegeben. Diesem gestaffelten Ordnungssystem, das auf der zwölften Auflage seines Hauptwerkes *Systema Naturae* von 1758 fußt, folgen die Biologen noch heute. Damit ist das Jahr 1758 quasi das Jahr null der wissenschaftlichen Namensgebung. Dabei werden generell die Gattungsnamen groß- und die Artnamen kleingeschrieben, und beide werden durch Kursivschrift gekennzeichnet. So schaffte er Ordnung in der schier unüberschaubaren Menge an Arten. In diesem System sind Arten mit demselben Gattungsnamen nahe verwandt, wie beispielsweise bei den Menschen *Homo sapiens*, *Homo neandertaliensis*, *Homo erectus* und *Homo habilis*. Von den vier Anakondaarten war ihm die Große Anakonda bereits bekannt.

»Abrakadabra und die Anakonda hat eine falsche Farbe im Namen. Hast du schon einmal etwas von *Abra cadabra* gehört?«, will Jörg wissen.

Ich schaue ihn verständnislos an.

»Das ist ein Käfer«, platzt es aus ihm heraus. »*Abra* ist der Gattungsname, *cadabra* der Artname!«

Jetzt bin ich wieder up to date. Jörg spielt auf die Fantasie einiger Beschreiber an, die manchmal zu sehr schrägen Stilblüten geführt hat. Immerhin musste bisher für 1,75 Millionen Arten ein Name gefunden werden. Drei Viertel der beschriebenen Arten sind Tiere, davon etwas mehr als 4 600 Säugetiere.

»*La paloma* ohé!«, antworte ich.

Jörg lacht, wie könnte es anders sein. Ihm ist die Motte mit dem urigen Namen *La paloma* bekannt.

»Schon mal etwas von der Wespe *Panama canali* gehört?«, fragt er.

»Nein. Gibt es die wirklich?«

»Ja! Ist doch gar nicht einmal so dumm, da weiß doch gleich jeder, wo die vorkommt.«

»Kennst du die Grabwespe *Oxybelus cocacolae?*«, fragt Jörg weiter, ohne wirklich eine Antwort zu erwarten. »Wer weiß, vielleicht fiel sie dem Entdecker der Art in sein Cola-Glas? Hm, oder könnte es sein, dass Coca Cola den Entdecker geschmiert hat?«

»Und – werden die Beatles es gemocht haben, dass der marine Wurm *Greeffiella beatlei* nach ihnen benannt wurde, weil die Härchen des Wurms angeblich an die Pilzköpfe der Beatles erinnert haben sollen?«, denke ich laut nach.

In der Tat ist es nicht selten, dass Personen mit wissenschaftlichen Namen geehrt werden. Früher bedienten sich die Beschreiber von neuen Arten fast nur bei Naturforschern, die sich in der Wissenschaft verdient gemacht hatten. Charles Darwin sind gleich mehrere neue Arten gewidmet worden, wie der Nasenfrosch *Rhinoderma darwinii*. Heute ist es gang und gäbe, auch Promis zu verewigen. Sowohl eine neu entdeckte Ameise als auch eine Spinne tragen beispielsweise den Artnamen *harrisonfordi*. Harrison Ford, der Darsteller von Indiana Jones und verwegener Abenteurer der Star-Wars-Trilogie, befindet sich in bester Gesellschaft: Eine Milbe erhielt den Namen *Darthvaderum*. Ob Michail Gorbatschow, Boris Becker, Mick Jagger, Freddie Mercury oder auch einmal einfach nur die geliebte Ehefrau, sie alle sind Namenspatrone aus Sympathie geworden.

»Kennst du *Agathidium bushi*, *Agathidium cheneyi* und *Agathidium rumsfeldi?* Das sind drei Schleimpilz-Käfer. Ich würde ja zu gerne die Gesichter der drei Herren sehen, falls sie von den Schleimpilz-Käfern erfahren. Sieht ganz danach aus, dass die beiden Beschreiber und Namensgeber der Käfer zu Irakkriegs-Zeiten ihrer politischen Meinung Ausdruck verleihen wollten.«

»Der Übervater der Namensgebung, Carl von Linné persönlich, hat auch einmal ein Tier nach einer Sagengestalt benannt, dem Gulon. Das Fantasiebiest ist eine Mischung aus Hyäne und Löwe und hat scharfe Klauen. Weißt du, von wem ich spreche?«

»Nein.«

»Ich spreche vom Phantom des Nordens, dem *Gulo gulo*. Klingelt es?«, frage ich Jörg.

»Ein Vogel ist es nicht ...«

»Nein, es ist das verkannteste Tier Europas, der Vielfraß!«

Vom Hüpflaufen eines Phantoms

Wie ein ungeschliffener Edelstein präsentiert sich die Wildnis Skandinaviens. In der rauen, von Fjorden und Hochgebirgen zerklüfteten Landschaft verbirgt sich eine atemberaubende Schönheit. Wenn das Licht auf Skandinavien herabfällt, die herbstlichen Dämmernebel die Landschaft durchfluten, wenn die Polarlichter den Himmel verzaubern, wenn der Halbschatten der Mitternachtssonne die Sinne berauscht, dann entpuppt sich der ungeschliffene Stein als klarer, funkelnder Diamant. Schaut man verzückt in ihn hinein, lässt sich von seinem lebendigen Funkeln leiten, dann entdeckt man in ihm noch aus den Zeiten des ewigen Eises eine verborgene, archaische Tierwelt von geheimnisvoller Kraft – allen voran der Vielfraß.

Innerlich grummelt der Vielfraß. Eilig läuft er über den zugefrorenen Fluss. Er ist soeben von Moschusochsen verjagt worden. Er, der keine Angst hat, selbst Braunbären ihre Beute streitig zu machen. Aber dem Gehörn von Moschusochsen geht er doch lieber aus dem Weg. Hungrig ist er. An die Jungtiere der Moschusochsen war nicht heranzukommen, die Alten haben die Kleinen in ihre Mitte genommen. Nicht einmal an die verlockend duftende Nachgeburt eines frisch geborenen Kalbes haben sie ihn herangelassen. Er würde es später noch einmal versuchen. Das Ungemach des Bärenmarders, wie die Vielfraße auch genannt werden, ist noch nicht vorüber. Abgelenkt, wie er ist, läuft er geradewegs auf zwei Zweibeiner zu. Mit solchen hat er keine guten Erfahrungen gemacht. Nichts wie weg, sagt er sich und entfernt sich schleunigst mit seinem unverwechselbaren Hüpflaufen.

Oliver Goetzl und Ivo Nörenberg bleiben stehen. Was ist das? Dichtes braun-schwarzes Fell, kurzer buschiger Schwanz, etwa einen Meter lang. Ein Vielfraß! Erst ein paar Schritte vor ihnen auf dem Eis bemerkt der erregte Vielfraß die beiden Tierfilmer. Wie vom Blitz getroffen weicht er zur Seite aus und hüpfläuft aufs Ufer zu, weg vom zugefrorenen Fluss. So plötzlich, wie er auftauchte, ist er schon wieder verschwunden. Wie ein Phantom, das nur ganz kurz aus dem Augenwinkel wahrgenommen werden kann.

»Das glaube ich nicht, was ich da gerade gesehen habe!« Größer könnte die Überraschung kaum sein, als die beiden begreifen, dass ihnen soeben eines der scheuesten Wildtiere der Tundra und Taiga in die Arme gelaufen ist. Sie machen in rekordverdächtiger Geschwindigkeit die Kamera startklar. Zu spät, nur noch ein paar Schüsse aus der Ferne sind möglich, letztlich kaum verwertbar. Die beiden sind in heller Aufregung. Enttäuscht darüber, dass sie keine Chance hatten, den Vielfraß zu filmen, begeistert davon, überhaupt einen in freier Wildbahn gesehen zu haben.

Die Moschusochsen sind noch in Aufruhr, scharren mit den Hufen. Sie toben sich mit ihrem Gehörn genau an dem Felsbrocken aus, den der Vielfraß zuvor markiert hat. Allmählich schalten sich die Kleinhirne von Ivo und Oliver wieder ein. Ist womöglich doch noch mehr drin? Der Vielfraß ist in Richtung der Europastraße entfleucht. Da will der bestimmt nicht hin. »Vielleicht kommt der zurück«, überlegen sie. So beschließen sie, sich hinter einer Felskante auf die Lauer zu legen. Und wirklich, 20 Minuten später ist er wieder da! Dieses Mal bemerkt er sie nicht. Der Wind steht günstig, der große Marder kann sie selbst mit seiner feinen Nase nicht wahrnehmen. Ihnen gelingen schöne Aufnahmen dieses argwöhnischen Tieres. Oliver und Ivo sind magisch berührt von dieser Begegnung. Einen kleinen Wermutstropfen haben die Aufnahmen dann doch: Der Bärenmarder trägt ein Halsband von Forschern. Zurück im Hotel erzählen sie ihre Geschichte den Norwegern. Ein Journalist aus dem 200 Kilometer entfernten Trondheim erfährt davon und kommt extra angereist. Am nächsten Tag finden sie ihr Erlebnis in einem halbseitigen Artikel einer großen norwegischen Tageszeitung wieder. Stück für Stück sickert in ihr Bewusstsein, welch seltene Aufnahme eines freien Vielfraßes ihnen geglückt ist. Noch wissen sie nicht, dass sich dieser Vielfraß immer tiefer in ihrem Bewusstsein festsetzen wird, sie nicht mehr loslässt.

Oliver und Ivo sind vom Ehrgeiz gepackt, wie Bergsteiger, die alles daransetzen, einen Gipfel zu erstürmen. Ihr Gipfel sind Aufnahmen vom natürlichen Verhalten wilder Vielfraße, unbemerkt gefilmt aus einem Versteck heraus. Von Rangern bekommen sie ein paar Tipps, wo Vielfraße gesichtet wurden. Da platzieren sie an filmtechnisch günstigen Stellen Kadaver und legen sich vor der Abenddämmerung mit der Kamera auf die Lauer. Strenger nächtlicher Frost erwartet die beiden. Trotz Zwiebellook, worunter Oliver bis zu 13 Klamottenlagen gegen die Kälte versteht, frieren sie erbärmlich. Die Tierfilmer bleiben alleine, kein Vielfraß lässt sich blicken. Das trübt jedoch ihre gerade erst entfachte Begeisterung für die Vielfraße in keiner Weise. Es gibt nun mal Begegnungen, die dem Lebensweg eine neue Richtung geben. Bei mir selbst waren, wie gesagt, zwei zufällige Funde von Anakondas Auslöser meiner Faszination für diese Schlangen. Ähnlich eingeschlagen hat auch die Begegnung von Oliver und Ivo mit dem Vielfraß am zugefrorenen Fluss. Wie Blutsbrüder schwören sie sich: »In fünf Jahren machen wir unseren ersten eigenen Film, und der wird über Vielfraße sein!« Das war 1999.

Ulrich Nebelsiek, Tierfilmproduzent und ehemaliger Redakteur des NDR, hatte Oliver Goetzl und Ivo Nörenberg nach Norwegen geschickt. Dort sollten sie die Jungtiere von Moschusochsen und, wenn möglich, von anderen Säugetieren und Vögeln für den Film *Kinderstube in Europas Tundra* filmen. Die beiden Newcomer hatten einen Hinweis erhalten, wo die Moschusochsen im Dovrefjell-Nationalpark ihre Jungen in einem idyllischen Tal zur Welt bringen. Als Ulrich Nebelsiek die Bilder von dem Vielfraß sieht, flippt der schier aus. Und wieder sickert der Vielfraß tiefer in ihr Bewusstsein, packt Ivo und Oliver endgültig.

In der Abonnentenbeilage der *National Geographic Deutschland* vom November 2003 erscheint ein reich bebilderter Artikel über Vielfraße von dem finnischen Fotografen Antti Leinonen. Oliver und Ivo sind ganz aus dem Häuschen. Sie hatten längst alle Foto- und Fachartikel über die scheuen Marder zusammengekratzt. Die Ausbeute war mager. Der Finne aber beschreibt das Leben der wilden Gesellen verblüffend detailliert. Das konnte nur jemand schreiben, der entweder etwas vom Pferd erzählt oder über ungewöhnlich umfangreiche und unmittelbare Erfahrungen mit den Tieren verfügt. Oliver und Ivo begreifen, dass keiner die Vielfraße so gut kennt wie Antti Leinonen. Tatsächlich fotografiert der Finne die »Bärenmarder« seit mittlerweile mehr als 20 Jahren mit größter Leidenschaft. Es gelingt ihm, über Jahre hinweg einzelne Tiere zu beobachten. Seine Fotos stellen alle bisher veröffentlichten Abbildungen in den Schatten und sind die definitiv besten weltweit. Drei Mal gewinnen seine Fotos den ersten Preis des BBC-Wildlife-Fotowettbewerbs.

Und noch etwas: Zweifelsohne hatte er die Aufnahmen von den Bärenmardern aus allernächster Nähe geschossen, ohne dass diese sich davon stören ließen. Wie war es dem Finnen gelungen, das Vertrauen der bärbeißigen Riesenmarder zu gewinnen? Ivo und Oliver sind sich einig: »Das ist der richtige Mann!« Also schreibt Oliver Antti an und fragt ihn, ob er damit einverstanden wäre, dass sie einen Film über ihn und die Vielfraße drehen.

Duo mit Herz und Seele

Oliver Goetzl kennt Ivo Nörenberg schon seit 1984. Als 16-Jähriger leitete er beim NABU eine Kindergruppe. Ivo war da das älteste Kind. Außerdem wohnten sie gleich um die Ecke. So wurden sie Freunde. Später drifteten die Interessen zunächst auseinander. Oliver begeisterte sich mehr für Musik, Ivo für Fotografie. Beide befassten sich jedoch weiterhin aktiv mit dem Thema Umweltschutz. 1994 heiratete Oliver. Zur Hochzeit stand eine Reise nach Indonesien an. Der Schwiegervater wollte ihm eine Fotoausrüstung zur Hochzeit schenken. Da erinnerte er sich an Ivo, klopfte bei ihm an und erkundigte sich, welche Geräte er kaufen solle. Eine sehr gute Idee, der Kontakt lebte wieder auf.

Ivo hatte seine Karriere als Werbefotograf begonnen, gefolgt von einer Ausbildung zum Spiel- und Werbefilm-Kameraassistenten. Während dieser Zeit reiste er sechs Wochen nach Namibia, wo er als Assistent des Tierfilmers Rudolf Lammers erste wertvolle Erfahrungen sammelte. Ivo war ehrgeizig, mit einem Ziel vor Augen: Tierfilmer zu werden. Zunächst jedoch folgte eine zweijährige Pause. Er klopfte bei Tierfilmern an, fragte, nervte, ob sie ihn nicht mitnehmen könnten. Als Kameraassistent hatte er schließlich Ahnung von der Technik. Die beiden Tierfilmer schmunzeln, wenn Ivo sich daran erinnert, dass der Tierfilmproduzent Ulrich Nebelsiek ihn einmal fragte, ob er denn den Ruf von Sterntaucher und Prachttaucher unterscheiden könne. Das meisterte Ivo mit Bravour, denn er ist ornithologisch schon von Kindheit an sehr interessiert. Einmal drehte er in Eigenregie einen Kurzfilm mit einer 16-Millimeter-Kamera: Sechs Wochen richtete er das Objektiv auf eine Grauammer. Oliver kommentiert augenzwinkernd, wenn von dem Streifen die Rede ist, wie unglaublich sexy und weltmarktfähig die Grauammer sei. Das darf aber nicht falsch verstanden werden: Ivo ist heute für Oliver einer der besten Kameramänner weltweit – gerade wenn es um die filmische Auflösung und das Erarbeiten von Tierverhalten geht.

1999, noch vor der Reise nach Norwegen mit der ersten Vielfraß-Begegnung, arbeiteten Ivo und Oliver zum ersten Mal zusammen: Bei Ivo Nörenberg klingelte das Telefon. Ulrich Nebelsiek war dran. Es ging um Wisente in Polen. Für den Film *Wildes Masuren* fehlten Aufnahmen von Wisenten im Schneesturm. Der NDR brauchte diese Bilder besser gestern als morgen: sofort packen und los. Da war sie, die Chance für Ivo, auf die er so lange gewartet hatte. Außerdem fragte ihn Ulrich Nebelsiek, ob er jemanden kenne, den er mitnehmen könne. Ivo rief Oliver an, aber es lief immer nur der Anrufbeantworter. Er probierte es ein ums andere Mal, textete das Aufnahmegerät zu. Oliver schrieb gerade an seiner Diplomarbeit über die Schultergelenke von Fledermäusen unter der Fragestellung, wieso die eigentlich fliegen können und warum sie nicht abstürzen. Erst nach einer Woche meldete er sich endlich bei Ivo: Was denn los sei? Zwei Tage später waren sie unterwegs nach Masuren.

14 Tage blieben ihnen für den Dreh. Der Winter hatte Polen mit strengem Frost bis minus 17 Grad fest im Griff. Anstatt Schneegestöber empfing sie Sonnenschein. Verdrehte Welt, sie wünschten sich sehnlichst ein kräftiges Tief herbei. Nach zehn Tagen hatten sie zwar viel Material von behäbig wiederkäuenden Wisenten, ihr Auftrag aber war nicht erfüllt. Obwohl sie nichts dafür konnten, dass Frau Holle ihre Betten nicht schüttelte, fühlten sie sich wie Versager. Da hatte Oliver eine Idee, um Ivo bei seinem ersten Auftrag auf unerwartete Weise zum Erfolg zu verhelfen: Otter! Sie würden statt der Wisente Otter filmen. Sie hatten von den Ottern in ihrer Vorrecherche erfahren. Das würde Ulrich Nebelsiek vom Hocker reißen – dachte Oliver sich. Auf einer Landkarte entdeckten sie in 200 Kilometer Entfernung einen großen See. Vor Ort fanden sie im Bereich des Abflusses wie erhofft eine freie Wasserstelle im zugefrorenen See vor. Und tatsächlich, die Uferbereiche waren voller Otterspuren. Sie positionierten ihre Kamera und warteten. Aber nach fünf Stunden hatte sich noch immer keiner blicken lassen. Da saßen sie ohne Otter, ohne Schneetreiben. Was für eine Enttäuschung! Würden sie jemals wieder eine Chance bekommen, um sich zu beweisen? Sie wollten schon wieder abbauen, als sie plötzlich einen Schatten huschen sahen. Ein Otter, dann noch einer! Die Otter fingen Krabben und Fische, stahlen sich gegenseitig das Futter.

Mehrfach brachen sie im Eis ein, wenn sie an der Eiskante entlangliefen. Eindeutig, die Otter fühlten sich pudelwohl, hatten ihren Spaß. Sie lieferten eine Show, quietschfidel, als wollten sie die beiden dafür entschädigen, dass sie noch keine Wisente im Schneesturm filmen konnten. Ivos Kamera lief, die Aufnahmen gelangen perfekt. Während der Aufnahmen schüttelte plötzlich Frau Holle ihr Federbett kräftig durch. Nichts wie zurück zu den Wisenten. Am nächsten Morgen, am letzten Tag in Polen, waren sie wieder bei den Wiederkäuern, die gerade einen weißen Anstrich bekamen. Das war's!

Zurück in Hamburg eilten sie sofort zu Ulrich Nebelsiek. Auch Beatrice Nolte, die Chefredakteurin Naturfilm, war da. Gemeinsam sichteten sie das Wisentmaterial. Die Auftraggeber waren sehr zufrieden. Oliver und Ivo hatten exakt das geliefert, wofür sie losgeschickt worden waren. Ulrich Nebelsiek und Beatrice Nolte entspannten sich. Ganz anders die beiden jungen Filmer: Die Aufregung nahm noch zu, denn jetzt zeigten sie die Otteraufnahmen. Den Profis fielen die Kinnladen herunter, sie waren begeistert, beglückwünschten die beiden ein ums andere Mal. Die Otter-Szenen sind mittlerweile in 13 Filmen verwendet worden. Für Oliver Goetzl und Ivo Nörenberg ein guter, glücklicher Einstieg. Die beiden nennen es erarbeitetes Glück. Eigentlich bestand Olivers lang gehegter Lebenstraum darin, mit seiner Frau Corinna nach Indonesien auszuwandern und Schleichkatzen zu erforschen. Das war nicht nur so eine Wunschvorstellung, sie hatten bereits Kontakte zu einer indonesischen Universität aufgenommen. Aber nun hatte ihn die Filmerei gepackt und ließ ihn nicht mehr los – bis heute.

Seitdem sind Ivo Nörenberg und Oliver Goetzl Partner bei der Arbeit. Sie schätzen die individuellen Fähigkeiten des anderen, bilden ein perfekt eingespieltes Team. Wie so oft in einem Zweierteam sind auch bei ihnen die Rollen klar verteilt: Ivo ist Kameramann und Techniker, Oliver Regisseur und Autor. 2004 gründeten sie ihre eigene Produktionsfirma, die sie nach dem wissenschaftlichen Namen der Vielfraße »Gulo Film Productions« nannten. Gemeinsam ist beiden ihre bedingungslose Begeisterung für die Phantome des Nordens. 2005 reist Oliver sogar zum ersten internationalen Vielfraß-Symposium nach Schweden. Er brennt darauf, mehr über die großen Marder zu erfahren. 80 Leute tauschen sich über alles aus, was sie über die Vielfraße wissen. Viel ist das allerdings nicht. 40 von ihnen hatten vielleicht schon einmal einen Vielfraß gesehen, davon wiederum höchstens 20 in der Wildnis.

Langzeitbeobachtungen waren noch niemandem gelungen. Die einzige Ausnahme ist der Finne Antti Leinonen, der jedoch nicht zum Kongress anreiste. Das war für Oliver nicht weiter tragisch, denn er kannte ihn zu diesem Zeitpunkt bereits seit einem Jahr persönlich.

Trio in der Taiga

Antti Leinonen: Als er 15 ist, fragt ihn sein Vater, ob er ein Gewehr haben will. Doch er will keine Tiere töten. Stattdessen wünscht er sich eine Kamera. Er bekommt sie und entwickelt sich zum geschätzten Naturfotografen. Wie Oliver und Ivo haben es ihm die Vielfraße besonders angetan. Kein Wunder, dass auch die TV-Branche auf ihn aufmerksam wird. Alle kommen sie zu ihm, rennen ihm die Tür ein, um ihn dazu zu bewegen, einem Filmteam bei einer Sendung über den *Gulo gulo* zu helfen. Alle wissen, er ist ein Garant für fantastische Aufnahmen. Es gibt gefühlte 1 000 Filme über Löwen, ein abendfüllendes Standardwerk über wilde

Vielfraße gibt es jedoch nicht eins. Zwei Filme über den größten Marder wurden zwar in Montana gedreht, aber in Gehegen mit trainierten Tieren. Uninteressant. Antti Leinonen gilt als eigensinnig, als schräger Vogel. Zur allgemeinen Verwunderung hat er stets alle Anfragen von TV-Sendern und Filmproduzenten abgelehnt, auch die von der BBC und National Geographic. Er befürchtet, dass er hinsichtlich seiner Tricks und Kniffe, seiner selbst entwickelten Methoden nur ausgenutzt wird. Antti ist ein Fuchs, hat seine Ergebnisse und Bilder veröffentlicht, aber bis dato nur angedeutet, wie er es angestellt hat.

Oliver und Ivo haben einen ganz anderen Ansatz. Sie wollen einen Film über den Fotografen, seine Geschichte und seine Leidenschaft für die Vielfraße drehen. Dies soll zwar ihr erster eigener Film werden, doch mittlerweile können die beiden Dreherfahrungen in Polen, Norwegen, Deutschland, Namibia, Botswana, Südafrika und Kenia vorweisen. Wie aber wird er auf ihre Anfrage reagieren?

Antti Leinonen schreibt Oliver zurück. Sie kommen über mehrere Telefonate ins Gespräch. Oliver erläutert nähere Details. Das Konzept mag den Ausschlag gegeben haben, das i-Tüpfelchen war die Begeisterung des Deutschen für seine Lieblingstiere und das Wissen, das er sich angeeignet hatte. Es fluppte, die Chemie stimmte: Der eigenwillige finnische Naturfotograf ist bereit, die beiden Filmer in die finnische Taiga bei Kuhmo, wo er wohnt, mitzunehmen und sie ein Portrait über sich und seine Vielfraß-Besessenheit drehen zu lassen. Ein vorheriges persönliches Kennenlernen lehnt der kauzige Finne aber ab. Auf gut Glück fliegen Oliver und Ivo nach Finnland.

Ihr erster eigener Film steht auf wackeligen Füßen. Das hat zwei Gründe: Sie liehen sich das Geld für eine eigene hochmoderne und für ihre Verhältnisse wahnsinnig teure HD-Kamera zusammen. Was für ein enormes Risiko, wenn bei dem Dreh in Finnland nichts Verwertbares herauskommt! Und zweitens hat Antti Leinonen ihnen im Voraus deutlich gemacht, dass er die Kontrolle darüber behält, was gefilmt wird, und sich jederzeit die Freiheit herausnimmt, aus dem Filmprojekt auszusteigen. Mutig und wild entschlossen gehen Ivo und Oliver das Wagnis ein. Oliver hat es im Gefühl: »Da geht was. Ein wenig verrückt ist der Antti Leinonen schon – aber wir auch!«

Anttis Dampfer im Wald

Kuhmo, Finnland, Mai 2004. Oliver und Ivo sind in einer günstigen Herberge untergekommen. Ihr Filmequipment ist ausgepackt und einsatzbereit. Ein roter Lada fährt vor. Antti Leinonen steigt aus, schüttelt ihnen die Hände und sagt: »Kommt mit, wir fahren jetzt zum Steinadlerhorst!« Upps. Oliver soll bei ihm einsteigen, Ivo mit seinem Wagen hinterherfahren. Kennenlernphase Fehlanzeige. Das riecht danach, dass er die beiden erst einmal auf Herz und Nieren testen will. Sie sollen ihn dabei filmen, wie er zu dem Horst aufsteigt und die jungen Vögel beringt. Aber erst einmal müssen sie beweisen, dass sie fit sind. Antti walkt im Stechstampf-Schritt durch den Wald, sie hinterher. Viele Kilometer müssen sie ihre Filmausrüstung von rund 30 Kilogramm je Rücken hinter ihm herschleppen. Bei dem inneren Druck, den sie verspüren, wären sie mit ihrem Gepäck sogar an einem Stück nach Helsinki und wieder zurück gelaufen. Sie erreichen den Baum mit dem Adlerhorst. Mit Eisenhaken an den Schuhen steigt Antti hinauf. Oliver und Ivo wissen, dass es sich hier entscheiden wird, ob sie zusammenkommen. Nervös filmt Ivo den Finnen. Etwas Unvorhergesehenes geschieht: Trotz mehrerer Versuche schafft Antti es nicht, über den Rand des Horstes zu klettern. Ist hier der Moment der eigenen Schwäche von Antti mit im Spiel, dass er die beiden seinen Test bestehen lässt?

Nach diesem Tag ist das Eis gebrochen. Von der NDR-Redaktion gewünschte Interviews beziehungsweise Kommentare in die Kamera hinein lehnt Antti trotzdem ab. Andererseits hat er sichtlich Spaß daran, besondere Ereignisse nachzuspielen. Er lässt sich dabei filmen, mit welch ausgeklügelten Verstecken und Techniken er sich vor den Mardern versteckt, ohne entdeckt zu werden. Denn die Bärenmarder mögen die Menschen nicht, wagen sich nur selten in deren Nähe. Die meisten seiner Fotos hat Antti aus einer großen, abgedichteten Holzbox heraus geschossen, die absolut luftdicht ist. Auf das Dach hat er ein etwa fünf Meter langes Abluftrohr montiert. Die Box mit dem Rohr auf dem Dach sieht aus wie ein deplatzierter Dampfer im Wald. Der Schornsteineffekt bringt die Körpergerüche in höhere Luftschichten, die dann vom Wind weit genug weggetragen werden. Die misstrauischen Vielfraße können die Gerüche der Tierfilmer in der Box nicht mehr wahrnehmen bzw. zuordnen. Das klingt einfach, es gehört jedoch viel Erfahrung und Infrastruktur dazu, dies mitten in der urwüchsigen Wildnis umzusetzen. Wie bei einem Jägerstand wird die Box aufgebaut und in freier Wildbahn zurückgelassen, sodass die menschlichen Gerüche verfliegen und sich die Wildtiere an die Anwesenheit des Kastens gewöhnen können.

Endlich ist es so weit, Ivo und Oliver sitzen im Mai 2004 in einer Box auf der Lauer. Eine Ewigkeit haben sie darauf hingearbeitet, ihren Bruderschwur wahr werden zu lassen. Sie sitzen schon einige Tage in der Box und warten auf das Phantom. Tage und Nächte, die unendlich lang werden. Beklemmend ist die Vorstellung, erfolglos Zeit und Geld auf der Jagd nach einem Phantom in den Sand gesetzt zu haben.

Dann ein Knacken. Draußen haben sie einen Bewegungsmelder installiert. Der piept jetzt leise. Da draußen ist etwas. Schlagartig sind sie hellwach und furchtbar aufgeregt. Nach fünf Jahren nähert sich der magische Augenblick: Sie sehen wieder einen wilden Vielfraß. Der kümmert sich nicht um die merkwürdige Box, klettert auf einem Baum herum. Jede Millisekunde, die sie ihn sehen, halten sie die Kamera drauf. Im Mai sind die Lichtverhältnisse in der Dämmerung alles andere als günstig. Ivo holt jede Lichtverstärkung aus der Kamera heraus, weiß allerdings, dass die Qualität des Bildes darunter leidet. Aller Anfang ist schwer. Oliver lacht, wenn er an die erste Begegnung mit dem Vielfraß in Finnland denkt, und vergleicht die Qualität mit der von Überwachungskameras zur Terroristenfahndung. Damals konnte er noch nicht wissen, was alles folgen sollte.

We are living in a Box

Wieder einmal betreten die Tierfilmer ihren Unterschlupf, schließen die Box zu, dichten sie ab. Anfangs werden die Kameras aufgebaut, alles eingerichtet, der Bewegungsmelder aktiviert. Ihr Blick ist auf einen idyllisch anmutenden See gerichtet, in dessen Umgebung Antti schon öfter einen Rüden beobachtet hat. Irgendwann gibt es nichts mehr zu tun, nichts mehr zu besprechen. Sie sind bereit für die Vielfraße. Alles haben sie perfekt organisiert. Nun kann das Phantom des Nordens kommen und enttarnt werden. Sie sitzen und warten, bereit für den Einsatz. Ihre Blicke durchstreifen vermittels der Sehschlitze das Gelände auf der Suche nach einer Bewegung, nach braunem Fell auf hohen Marderbeinen. Leise lauern sie voll konzentriert, bis die Anspannung nachlässt und die Müdigkeit einsetzt. Im Sommer sind die Tage sehr lang. Es gibt Wochen, in denen sie fast »durchdrehen«, weil selbst in tiefster Nacht noch die Dämmerung Licht streut. Durchdrehen könnten sie aber auch, wenn sie stundenlang in der Box sitzen und sich draußen absolut nichts bewegt. Es ist ihnen nicht möglich, die Box zu verlassen, jeden Moment kann ja ein Vielfraß oder ein anderes begehrtes Filmobjekt auftauchen. Jeder Angler kennt dieses Gefühl: Man will einpacken, doch die Hoffnung auf einen kapitalen Fang stirbt zuletzt.

Alles Warten findet irgendwann ein Ende. Sie entdecken einen Vielfraß. Jetzt sind sie in ihrem Element. Ivo schwenkt die Kamera mit, fängt den Marder ein, wie er auf einem in den See gestürzten Baum entlangläuft. Dann zoomt er, holt ihn heran. Er schießt atemberaubende Bilder von einem vollkommen frei lebenden Vielfraß. Die Einzelheiten seines Aussehens sind so scharf zu erkennen wie die Schnurrhaare einer zu Hause neben uns auf dem Sofa liegenden Katze. Fantastisch! Sie sind berauscht von diesen Momenten. Sie haben diesen Zugang zu bislang noch nie gefilmten und ungeahnten Verhaltensweisen aus dem Leben der Riesenmarder Antti Leinonen zu verdanken, und das wissen sie zu würdigen.

Mit nur einem Dampfer begnügen sich Ivo und Oliver nicht. Ihre Flotte umfasst gleich fünf verschiedene Verstecke, die sie ab und zu an günstigere Plätze versetzen. Dann befestigen sie die ca. 80 Kilo schweren Boxen an zwei Holzstangen und tragen sie wie eine Sänfte durch das Gelände. Es bedarf einer enormen Portion Zähigkeit und Ausdauer, um den Vielfraßen so dicht auf den Pelz zu rücken. Eine Kameraausrüstung von 40 Kilogramm durch die Landschaft zu buckeln gehört zum Alltagsgeschäft für einen Tierfilmer. Einen toten Elch von ein paar 100 Kilogramm, der als Köder dient, durchs Gelände zu ziehen ist echte Schwerstarbeit. Kein Wunder, dass Bandscheibenvorfälle bei Tierfilmern keine Seltenheit sind. Doch für ihre verwegenen Vielfraße mit ihrer mystischen Ausstrahlung ist Oliver und Ivo keine Arbeit zu schwer.

Die Walddampfer stellen sich als geniale Erfindung des Finnen heraus. Die Vielfraße stören sich nicht weiter an den Boxen. Im Gegenteil, sie kommen sogar bis auf wenige Meter heran, wenn sie sich an die Boxen gewöhnt haben. Den beiden Tierfilmern gelingt eine weitere kleine Sensation: Sie filmen zum ersten Mal einen wilden Vielfraß, der schwimmt. Besonders spannend wird es, wenn die Vielfraße Begegnungen mit anderen Tieren der finnischen Wälder haben. Hätten Sie es für möglich gehalten, dass es eine Zusammenarbeit von Kolkrabe und Vielfraß gibt? Ein Kolkrabe krächzt auffällig laut in der Nähe eines Vielfraßes, flattert herum, weist dem Marder den Weg zu einem Kadaver. Die Kamera läuft. Der Rabe hofft darauf, so besser an kleine Stücke des zerteilten Kadavers heranzukommen. Der Marder betätigt sich wie gewollt als Dosenöffner, denkt jedoch gar nicht daran, mit dem Raben zu teilen. Er zerkleinert zwar den Kadaver in Stücke, versteckt sie aber dann und versucht den Raben zu vertreiben. Der bleibt jedoch, flattert höchstens ein paar Meter zur Seite. Seine Zeit wird kommen, er weiß, es bleibt genug für ihn übrig.

Dämonische Nesthäkchen

Um den Vielfraß ranken sich viele Mythen. In einer Erzählung nordamerikanischer Indianer ist der Vielfraß das schwächste von vier Bärenjungen, das wie ein Nesthäkchen einfach nicht so recht wachsen will. Manche Indianer verehren den Marder als Gottheit, andere bekämpfen ihn als Dämonen oder – und das kommt der Realität schon sehr viel näher – als Rentierkiller.

Und dann wären da noch die vielen Geschichten und Legenden, die nicht alle so ganz der Wahrheit entsprechen. Den Bärenmardern wird nachgesagt, dass sie unsichtbar sind. Kein Wunder, so verborgen wie sie leben. Das kompakte Kraftpaket läuft, zumeist im Dunkeln, Dutzende von Kilometern am Stück, ohne sich groß auszuruhen. Wie Irrlichter durchstreifen die Vielfraße ein riesiges Revier. Er taucht oft an einer Stelle auf und bleibt dann wieder für lange Zeit verschwunden. Jäger, die es auf ihren dicken Pelz abgesehen haben, stellen deswegen lieber Fallen auf, als dass sie versuchen, ihnen viele Kilometer durch den Schnee zu folgen.

Die Bärenmarder gelten zwar nicht als vom Aussterben bedroht, in vielen ursprünglichen Lebensräumen sind sie jedoch ausgerottet. 1980 schätzte man die Population in Finnland auf ganze 40 Exemplare. 2012 haben intensive Maßnahmen bewirkt, dass wieder rund 200 Tiere in diesem Land leben.

Die Vielfraße haben einen mörderisch schlechten Ruf. Wenn es sein muss, können sie sehr aggressiv werden. Sie sollen dann wie Berserker wüten und alles und jeden angreifen. Wahr ist, dass der Marder, wenn ihm der Magen knurrt, sogar Bären von einer Beute verscheucht, obwohl die Bären viel stärker sind. Bären sind nicht scharf darauf, mit den kräftigen Vielfraß-Zähnen nähere Bekanntschaft zu machen. Deren Kiefer sind ähnlich mächtig wie die der Hyänen. Das macht Sinn, denn gleich den Hyänen fressen Vielfraße auch Aas und zermalmen die Knochen. Ist der Bär einigermaßen satt, überlässt er die Beute lieber dem wilden Gesellen. Mit vollem Bauch hat der Bär keine große Lust zu kämpfen. Wen jedoch der Hunger zwickt, der ist zu vielem bereit. Wer satt ist, will in Ruhe verdauen. So läuft das eben – nicht nur da draußen.

Zudem soll der Vielfraß in der Lage sein, sein Markierungssekret zielsicher mehrere Meter weit zu spritzen. Von dieser Geheimwaffe ist viel zu lesen. Glaubhaft beobachtet oder gar gefilmt wurde dieses Verhalten jedoch nie. Eine weitere Legende! Ebenso wie überall geschrieben steht, dass das Sekret ekelerregend riechen soll, ähnlich dem der Stinktiere. Oliver und Ivo haben Vielfraße beim Markieren gefilmt. Der Mensch will einfach alles wissen, selbst, wie das Markierungssekret von Vielfraßen riecht. Die beiden stecken ihre Nasen hinein, sind aber enttäuscht. Erwartet haben Oliver und Ivo einen schauerlichen Gestank, wahrgenommen haben sie einen Uringeruch, der nur für andere Vielfraße eine Bedeutung hat.

Und dann wären da noch die Berichte, dass Vielfraße ausgewachsene Elche angreifen. Die Marder haben verhältnismäßig lange Beine und breite Pranken. Zwischen den Zehen ist eine Spannhaut. Mit seinen Pranken ist er wie auf Schneeschuhen unterwegs und kommt im Tiefschnee besser voran als seine Beutetiere. Ren und Elch versinken mit ihren langen Beinen im tiefen Schnee. Jungtiere sind ganz sicher eine häufige Beute. Ausgewachsene Rentiere aber auch. Der Riesenmarder springt auf den Rücken des Rens, verbeißt sich in Genick und Hals, reißt mit seinen langen vampirartigen Eckzähnen die Halsschlagadern auf, bis die Beute zusammenbricht. Aber stimmt es, dass ein Vielfraß von 15 bis 20 Kilogramm einen Elch von mehreren 100 Kilogramm bezwingen kann? Kaum vorstellbar. Wie soll er das anstellen? Unglaublich, aber wahr: Dokumentierte Kampfspuren lassen keinen anderen Schluss zu, als dass ein Vielfraß auf einen Elch gesprungen ist und ihm am Hals die großen Blutgefäße zerbissen hat. Sowohl aus Russland als auch aus Kanada liegen glaubhafte Beweise dafür vor. Dennoch, es wird eine Ausnahme bleiben, dass ein Vielfraß einen ausgewachsenen Elch erbeutet.

Legendär ist der Riesenhunger der Vielfraße. Ganze Elche sollen schon in ihren Bäuchen verschwunden sein. Können sie sich wirklich so vollstopfen, als wäre ihr Magen ein aufblasbarer Wetterballon? Es stimmt, sie schlingen in unglaublichem Tempo das Fleisch in sich hinein. Aber würden wir es nicht genauso machen, wenn jeden Augenblick ein Rudel Wölfe um die Ecke kommen kann, das uns die Beute streitig macht? Da heißt es stopfen, was das Zeug hält. Vielfraße sind jedoch nicht unersättlicher als andere Raubtiere auch, wenn es ihr deutscher Name glauben macht. Vielleicht kam es ja zur Namensgebung angesichts der Tatsache, dass Vielfraße Beuteteile verstecken und geglaubt wurde, dass große Beutetiere innerhalb kurzer Zeit ganz gefressen wurden.

Und selbst um ihren deutschen Namen rankt sich eine Legende: Der Name »Vielfraß« soll eine falsche Übersetzung des nordischen Begriffs »Fjellfräs« sein, was Felsenkatze oder Gebirgskatze bedeutet. Die Wörter klingen zwar ähnlich, haben aber nichts miteinander zu tun. Der Begriff Vielfraß ist älter und länger in Gebrauch als der Begriff »Fjellfräs«. Folglich kann es sich nicht um eine falsche Übersetzung handeln. Bei dieser Gelegenheit muss noch klargestellt werden, dass die Vielfraße nicht zu der Gruppe der katzenartigen Raubtiere gehören. Mit bis zu einem Meter Körperlänge sind sie die größten Marder. Und wenn sie satt sind, verstecken sie eben Teile der Beute in Höhlen oder schleppen sie auf Bäume. Ideale Voraussetzungen, um zu einem mystischen Waldwesen zu werden.

Der Rentierkeulenbaum

Ivo, Oliver und Antti sind begeistert. Sie sehen eine angefressene Rentierkeule oben auf einem schrägen Baum. Antti hat schon öfter Rentierkeulen in Bäumen entdeckt, die von Vielfraßen deponiert worden waren. Höchst erstaunt war selbst er, als er sogar Rentierköpfe mit Geweih hoch oben in den Zweigen gefunden hat. Ivo und Oliver wollen den Vielfraß drehen, wenn der die versteckte Beute abholt. Was für eine Gelegenheit, darauf haben sie nicht einmal zu hoffen gewagt! Antti weiß, wie es klappen könnte. Sie schrauben einen Metallkasten oberhalb der stinkenden Renkeule an den Baum und verstecken ihre kleine, ferngesteuerte Filmkamera darin. Aber wird der Vielfraß das akzeptieren? Im nahen Dampferversteck richten sich Antti und die beiden Tierfilmer ein. Sitzen und warten, geduldig und leise. So vergehen die Stunden – wieder einmal. Aus Stunden werden Tage. Plötzlich geht der Alarm im Dampferversteck los. Der Bewegungsmelder hat eine Aktivität festgestellt. Ein Vielfraß ist auf dem Weg zum Rentierkeulenbaum! Wird die Spürnase erschnüffeln, dass nach ihm auch noch andere auf den Baum kletterten? Sie sind gespannt, hoffen, alles richtig gemacht zu haben. Der Rentierkeulenbesitzer ist misstrauisch. Er schnuppert reichlich lange am Baum. Irgendetwas nimmt er wahr. Er zögert. Der Hunger siegt, er erklimmt den schrägen Baum. Vom Versteck aus filmt Ivo den Aufstieg des Marders. Oliver betätigt den Fernauslöser für die Kamera in dem Kasten. Der scheue Geselle erreicht die Keule, klettert aber an ihr vorbei zum Kasten. Der Vielfraß weiß genau, dieses Ding gehört da nicht hin. Zwei, drei Mal schnuppert er noch daran. Dann ist ihm der Kasten egal. Der Marder macht kehrt, schnappt sich die Keule, kraxelt vom Baum und verschwindet im Wald. Die Videokamera im Kasten hatte den Rentierkeulenbesitzer direkt vor der Nase. Besser geht es nicht! Sie haben zwei Perspektiven auf eine hochspannende Situation. Das ist das Sahnehäubchen, das Nonplusultra des Tierfilms. Die drei freuen sich gewaltig, der Geniestreich ist geglückt, das lange Warten hat sich gelohnt.

Wenn Vielfraße sogar die großen finnischen Waldrentiere und Elche angreifen, sind die großen Marder dann etwa auch für Menschen gefährlich? Diese Frage beantwortet Oliver mit einem Satz: »Es gibt keinen einzigen Bericht von Angriffen auf Menschen.« Im Gegenteil, über Jahrhunderte sind die großen Marder erbarmungslos selbst gejagt worden. Wie in einem Vernichtungsfeldzug sind die Menschen über sie hinweggerollt. Früher kamen die Marder auch in den Vereinigten Staaten bis weit in den Süden des Landes vor. Das ist aber schon sehr lange her. Doch halt, ein Vielfraß ist ganz aktuell in Kalifornien gesichtet worden. Ihre ansonsten bekannten Vorkommen sind die unzugänglichen, einsamen Weiten der Tundra und der Taiga des nördlichen Asiens, Skandinaviens und Nordamerikas.

Vielfraße sind dem Menschen gegenüber extrem scheu geworden. Wie kaum ein anderes Tier haben sie gelernt, die Menschen zu meiden. Viele Menschen wissen nicht einmal mehr etwas von ihrer Existenz. Selbst am Straßenrand sind sie nicht zu finden. »Sie lassen sich nicht von Autos überfahren – dazu sind sie zu schlau.« Der Filmemacher Oliver klingt stolz, wenn er über seine Lieblingstiere spricht. Kaum jemand bekommt sie je zu Gesicht. So sind die scheuen Marder in den Köpfen der Menschen zu Fabelwesen oder Ungeheuern mutiert, denen irgendwann auch die Menschen lieber nicht mehr begegnen wollen. Angst hatten Oliver und Ivo allerdings nicht die Spur: »Gefährlich waren für uns nicht die Vielfraße, sondern unvorhergesehene Situationen.«

Einmal waren die beiden Tierfilmer als Kamerateam gebucht worden, um in Spitzbergen ein Interview mit dem WWF-Geschäftsführer aufzunehmen. Mit der Kamera in der

Hand ging Oliver neben einer Straße auf einer Eisfläche entlang. In Gedanken versunken suchte er eine schöne Kulisse. Er trug warme, abgerundete Hightech-Schuhe ohne Ecken und Kanten und kam in einer Schräge ins Rutschen, erst ganz langsam, fand das zunächst lustig. Dann wurde es steiler, er rutschte schneller und schneller. Etwa 60 Meter war die Schräge lang, bis sie abrupt endete: Sechs Meter unterhalb der Abbruchkante rauschten die Wellen des eisigen Meeres. Oliver konnte nicht abbremsen. Panik erfasste ihn. Er rief die anderen um Hilfe, die die Situation noch nicht erfasst hatten. Ivo zögerte aber nicht lange, holte Schwung und schlitterte zu Oliver, verfehlte ihn jedoch, da er zu viel Schwung hatte, und überholte ihn. Jetzt hatten beide das gleiche Problem. Ivo kantete seine Schuhe ins Eis, die waren indes nur wenig besser für Eis geeignet als die von Oliver. Letzterer entdeckte dann einen Stein, der aus der Eisplatte herausschaute. Den steuerte er an, versuchte sich festzuhalten, konnte aber nur seinen Schwung abbremsen. Schließlich nutzte er die Kameraplatte zum Abbremsen und kam tatsächlich zum Stehen. Auch Ivo schaffte es mit Müh und Not, auf allen vieren anzuhalten. Die Regisseurin und der Geschäftsführer des WWF fanden ein Seil im Auto und zogen sie wieder hoch. Das war knapp – und eine Lehrstunde in puncto Eis.

Großmutters Rockzipfel

Es gibt Gegenden, in denen sich die Vielfraße häufiger aufhalten. Antti kennt diese Orte. Das sind die magischen Flecken in den großen Waldgebieten, zu denen er seine Holzverstecke schleppt. Als er Oliver und Ivo so eine Stelle zeigt, sehen sie in einiger Entfernung einen Vielfraß, der nicht flüchtet. Antti glaubt zu wissen, warum er nicht fort-

227

läuft. Es ist ein Weibchen mit Namen Aura, das er kennt. An der Fellzeichnung sind die einzelnen Tiere leicht zu unterscheiden. Hinter ihr verbirgt sich eine Höhle zwischen großen Felsen, in denen Aura im Februar des Vorjahres zwei Junge, die bei der Geburt schneeweiß sind, zur Welt brachte. Ein perfekter Platz zum Filmen. Die Mütter sind in der ersten Zeit standorttreu, denn sie nehmen ihre Jungen erst nach acht bis zehn Wochen auf ihre Streifzüge mit. Hier ist der Erfolg vorprogrammiert. Wunderschöne Bilder von Aura mit ihren beiden spielenden Jungen kommen zustande. Oliver und Ivo erarbeiten sich eine große Fülle an Material von grandioser Qualität. Später werden sie die Qual der Wahl haben, welche Sequenzen in den Film geschnitten werden. Es ist Anttis genial ausgeklügeltes Versteck im Vielfraßgebiet, das ihnen das Glück dieser Filmaufnahmen ermöglicht hat. Glück? Nein, es ist schwer erarbeitete, logische Konsequenz aus langem Ansitzen in ihren Dampferverstecken. An Ausdauer mangelt es den beiden wahrlich nicht. Insgesamt neuneinhalb Monate verbringen sie während zweier Jahre in den finnischen Wäldern an der russischen Grenze ...

Einmal bekam Antti einen Tipp von einem befreundeten Lokomotivführer: Nahe eines Bahnübergangs liege ein totes Elchkalb. Ein erstklassiger Köder, den Kadaver will er unbedingt haben. Ivo und Oliver kommen mit und filmen, wie er den Elch auf eine große Plastikschale hievt und die Schale mit Schnüren über die Bahnschwellen zieht. Es wird sofort klar: Das macht er nicht zum ersten Mal. Hinter seinem Lada ist ein Anhänger angekuppelt, auf den er den Elch zieht. Auf geht's in den Wald. Der tote Elch wird vor einem Dampfer ausgelegt. Oliver und Ivo machen es sich darin so bequem, wie es eben geht. Antti ist dieses Mal nicht dabei. Schon am nächsten Morgen ist die ihnen bekannte

Aura da und schlägt sich schmatzend den Bauch voll. Ein zweiter Vielfraß taucht auf, es ist Rajas Sohn, der Enkel von Aura. Raja ist die mittlerweile vierjährige Tochter von Aura. Erst einen Monat zuvor hatten sie Raja mit ihren beiden Kleinen gefilmt. Selbst Antti hatte noch nie so junge Vielfraße gesehen. Erst nachdem Großmutter Aura satt ist, läuft Rajas Sohn zum Elch und frisst ausgiebig. Ivo und Oliver kommen aus dem Staunen nicht mehr heraus, als dann auch noch die Schwester von Rajas Sohn erscheint. Von Aggression keine Spur. Raja, die Mutter der beiden, bleibt verschollen. Verblüfft stellen die Tierfilmer stattdessen fest, dass noch ein weiterer Vielfraß vor ihre Kamera läuft. Es ist ein Sohn von Aura, der erst im letzten Jahr geboren wurde. Den filmen sie, als er zu seiner Mutter läuft und versucht, Milch zu trinken. Nach ein paar erfolglosen Versuchen lässt sie ihn tatsächlich gewähren.

Später zeigen die beiden Tierfilmer Antti die Filmaufnahmen. Der ist erstaunt und begeistert. Er kennt die fünf Vielfraße und erklärt ihnen die verwandtschaftlichen Verhältnisse der Marder. Er hatte bereits ähnliche Beobachtungen gemacht, wenn auch mit weniger Tieren. Zu dritt setzen sie das Familienpuzzle zusammen.

Um die Fassungslosigkeit der drei Männer zu verstehen, muss man folgendes Zitat kennen: »Vielfraße verbringen ihr Leben als notorische Einzelgänger!« Das ist ein unumstößlicher Glaubenssatz, wenn es um Vielfraße geht, der einhellig in jeder Beschreibung über die Bärenmarder zu lesen ist, selbst in wissenschaftlichen Schriften. Diese Überzeugung ist so fest verankert wie der mittelalterliche Irrglaube, dass unsere Erde der Mittelpunkt der Welt sei, um die sich alles dreht. Die Beobachtungen von Oliver, Ivo und Antti stellen das Einzelgänger-Dogma auf den Kopf.

Ihr Film *Wolverines – Hyenas of the North (Finnland – Bä-*

ren, Elche, Riesenmarder) zeichnet ein ganz neues, konträres Bild vom Sozialverhalten der Marder. Diese einzigartigen Filmaufnahmen belegen etwas völlig Neues, selbst für erfahrene Freilandforscher: Drei Generationen Vielfraße an einem Ort, die einvernehmlich zusammenleben. Dies ist ein Beweis für Familienstrukturen, die über die Mutter-Kind-Bindung weit hinausgehen. Die Vielfraße leben im Clan, sind keine notorischen Einzelgänger. Sie werden entmystifiziert, dafür jedoch in ihrem wirklichen Wesen gezeigt.

Der Film schlug ein wie eine Bombe. 31 Filmpreise gewannen Ivo Nörenberg und Oliver Goetzl mit ihrer einzigartigen Dokumentation über das Phantom des Nordens – darunter den Jackson Hole Newcomer Award. Viele Kollegen, auch die von der BBC, beglückwünschten die beiden zu ihren einmaligen Aufnahmen. Ivo ist seitdem nicht mehr nur für Oliver einer der besten Tierfilm-Kameramänner überhaupt!

10

Die Story vom Bären und der tickenden Uhr

05:17 Uhr

Die heißschwüle Nacht neigt sich dem Ende entgegen. Ein erster Lichtschimmer erhellt den Horizont. Der Urwald erwacht zu neuem Leben. Vögel beginnen ihren morgendlichen Gesang. In der Ferne höre ich einen Specht hämmern. Papageien fliegen kreischend vorbei. Auch die Brüllaffen sind noch nicht zur Ruhe gekommen. Im nahen Fluss rudert ein größerer Fisch geräuschvoll an der Oberfläche. Ich fühle mich in diesem Moment der Welt enthoben. Eine tiefe Ruhe durchströmt mich, gerade wegen all des geräuschvollen Lebens um mich herum. Beglückt und berauscht von diesem Moment tief im Dschungel von Guyana, unendlich weit entfernt von meinem Alltag in Deutschland, wünsche ich mir, dass jeder Mensch diesen Zugang zur Schöpfung und dieses erhabene Naturerleben wenigstens einmal empfinden möge.

Jörg betrachtet das Prachtexemplar von Anakonda. »Die ist echt fett!«

Ich nicke und versuche es mal mit einer Hypothese: »Es ist möglich, dass sie trächtig ist. Die Anakonda ist ganz sicher ein Weibchen. Die Männchen bleiben viel kleiner, im Schnitt werden die nur um die drei Meter lang.«

Abschätzend schaut er sie an. »Sie könnte doch so dick sein, weil sie vor Kurzem große Beute gemacht hat.«

»Aber nicht in den letzten Tagen, denn dann würde der vordere Teil des Bauches wie ein verstopfter Gummischlauch aussehen«, entgegne ich.

»Oder wie ein fettes Gerinnsel in einer Hauptschlagader!«, kontert mein Kollege.

»Oder wie ein mit Wasser gefüllter Luftballon«, sage ich etwas lahm in Ermangelung guter Beispiele.

»Oder wie die Schlange in *Der kleine Prinz*, die sich den Elefanten einverleibt hat.«

»Wir hätten kein einziger Mann weniger sein dürfen, als wir sie gestern gefangen haben!«, wechsle ich das Thema. »Man sagt, dass man bei einer Länge von drei Metern pro zusätzlichem Meter Schlange einen Mann mehr dabeihaben soll.«

Mein Kollege denkt nach und fragt dann: »Kennst du jemanden, der von einer Riesenschlange getötet und womöglich sogar gefressen wurde?«

»Nicht persönlich«, sage ich, »aber es sind schon einige Leute, die Anakondas oder Pythons gepflegt haben, von ihren Schlangen getötet worden. Das ist fast immer beim Füttern passiert oder wenn der Pfleger zuvor Futtertiere angefasst hatte. Ich kenne nur sehr wenige Fälle wilder Schlangen, bei denen Menschen in einem Stück und in voller Montur verschlungen wurden.«

»Hm, kein schönes Ende! Mit ihrer starken Magensäure lösen sie doch die Knochen ihrer Beute auf. Aber was ist mit den Kleidern und Schuhen?«

»Das hängt vom Material ab. Leder und natürliche Stoffe werden sicherlich verdaut, Knöpfe, Schmuck, Gürtelschnallen und Ähnliches später ausgeschieden. Hast du schon einmal etwas vom Schicksal des Bärenfanatikers Timothy Treadwell und seiner tickenden Uhr gehört?«

»Nein, was ist denn da passiert?«

Symphonie der Düfte

Da ist es wieder, das nagende Gefühl, diese innere Stimme, die ihn jetzt schon seit Wochen begleitet. Er weiß genau, dass er ihr vertrauen muss. Sie begann mit einem Flüstern wie dem Plätschern eines kleinen Gebirgsbaches. Jetzt knurrt sie gewaltig, sie kommt ihm vor wie das Wüten eines Orkans tief in seinem Inneren. Er gibt sich dieser Stimme hin, von der er spürt, dass sie ihn leitet, dass sie sogar über sein Leben entscheidet. »Steh auf«, sagt sie, »gebrauche deine Sinne, bleibe nicht liegen, lasse dich von mir führen!«

Konzentriert hebt er die Nase und saugt die Luft tief in sich hinein. Die Luft riecht würzig an diesem Oktobertag des Indian Summer. Unmengen winziger, aromatischer Duftmoleküle durchsetzen die Luft. Wabernd strömen sie an seinen Geruchsnerven vorbei. Die Flut an Informationen gleicht der Kakophonie eines abendlichen Insektenkonzertes, wie man es von einer sommerlichen Nacht am Mittelmeer kennt. Es ist ein Rauschen, in dem das romantisch stimulierende Gezirpe einer Grille genauso wie das nervtötende Gekreische einer Zikade in der Summe aller Geräusche vollkommen untergeht. Das Individuum scheint in der Masse zu verschwimmen. Für ihn aber erzeugt diese Flut eine bunte plastische Welt aus Gerüchen, in der er die einzelnen Moleküle erkennt und zu unterscheiden weiß.

Im Sommer hatte er viel Zeit gehabt, diese schillernde Symphonie von Düften durch seine feine Nase schweben zu lassen. Nur ab und zu hatte sich diese Stimme gemeldet, die ihm jetzt so arg zusetzt, ihn peinigt. Und je lauter die Stimme ihn antreibt, desto schlechter wird seine Laune. Wenn sie einen gewissen Punkt unterschreitet, dann wird er sehr, sehr ungemütlich. Dann ist es besser, ihm nicht über den Weg zu laufen.

Vor sich hin brummend, analysiert er die Gerüche in den tiefsten Windungen seines Gehirns und verwirft sie fast alle, da sie jetzt uninteressant für ihn sind. Er ist auf der Suche nach der Sorte von Duftstoffen, die ihm fette Beute verheißen.

Er hat Hunger. Aber er ist nicht einfach nur hungrig, er ist mordsmäßig hungrig. Der Winter steht vor der Tür, und das Knurren in seinem Bauch, diese ewig fordernde Stimme, signalisiert ihm: fressen, fressen, Speck ansetzen. Wenn dann alles in tiefem Schnee versinkt, wird er sich in ein geschütztes Versteck zurückziehen. Er wird auf Sparflamme von seinem Fett zehren und den Winter entspannt vor sich hin dämmern. Dann kann er träumen von prallen Blaubeeren und einem sprudelnden Gebirgsfluss, der vor Lachsen nur so wimmelt.

Doch vorher, solange er nicht genug Beute gemacht hat, wird er weiter einen Bärenhunger in seinem Leib mit sich herumtragen und verdammt schlechte Laune haben. Angesichts dieses knurrenden und brüllenden Hungers hätte er nichts dagegen, seinen Speisezettel zu erweitern. Sogar schwächere Artgenossen würde er anfallen, um die nagende, nach Speckschwarte brüllende Stimme zufriedenzustellen.

Er hebt den Kopf, schnuppert wiederholt, nimmt etwas wahr in der spätherbstlichen Wildnis, das ihn hellwach werden lässt. Jener Bereich in seinem Gehirn, der für Gerüche zuständig ist, hat jetzt ein Maximum an Aktivität erreicht. Schnüffelnd, auf leisen Tatzen folgt er der Duftspur, die ihm willkommene Nahrung verheißt. Die Stimme ist jetzt ruhig, sie überlässt ihn ganz seiner Konzentration. Seine Laune, in Erwartung dessen, was er vorfinden wird, hebt sich.

Im Bannkreis von Mr. Chocolate

»Ich würde für meine Grizzlys sterben!« Diesen verhäng-nisvollen Satz sprach Timothy Treadwell in die Kamera, und es war ihm verdammt ernst damit. Er gab diese Worte nicht etwa medienwirksam in einer Talkshow zum Besten, son-dern sprach sie fast flehentlich in der Wildnis Alaskas, in den unendlich erscheinenden Weiten des Katmai-National-parks. Außer ihm gab es weit und breit keine Menschen-seele. Er war fast immer alleine da draußen mit den Tie-ren und den Grizzlys, denen er sich mit Haut und Haar verschrieben hatte, denen er sein Leben widmete, die sei-nem Leben einen Sinn gaben. Er selbst hatte die Kamera auf dem Stativ befestigt, sie eingeschaltet, er war vor die Kamera gelaufen und drückte wieder einmal überschwäng-lich seine Gefühle für die Bären aus. Verniedlichend erhiel-ten sie von ihm Namen wie Mickey, The Grinch, Sergeant Brown, Mr. Chocolate, Wendy oder Saturn. Seine Liebe zu diesen Tieren ging so weit, dass er sich Jahr für Jahr mit einer kleinen Propellermaschine in diese einsame Gegend Alaskas fliegen ließ, um in den Sommermonaten bei *seinen* Bären zu sein.

Die Ureinwohner Alaskas gingen den Bären aus dem Weg – und die Bären ihnen. Treadwell ignorierte jene un-sichtbare Grenze der Bären, sodass sie auf ihn reagierten. Oft genug musste er sich ihrer Neugier oder dem Unwillen ob seiner Nähe erwehren. In einer seiner Videoaufnahmen erzählte er, dass er sich oft in Lebensgefahr befand. Die Ka-mera war sein ständiger Begleiter geworden, ihr vertraute er sein Innerstes an. Vor laufender Kamera, mit einem we-nige Meter entfernten Bären im Hintergrund, beschrieb er, wie stark die Tiere sind, dass sie blitzschnell töten und ei-nem den Kopf abreißen können. Seine an Verblendung grenzende Begeisterung für die Bären schien unendlich. Er versuchte ihnen so nah wie möglich zu sein, sie in sich aufzunehmen, sie regelrecht zu inhalieren, so zu werden wie sie. Er sah sie als Kinder, die er beschützen musste. Er suchte in ihnen seine eigene Bestimmung, die ihn letztendlich auf grausame Weise einholen sollte.

Treadwell war sehr in Sorge um seine Bären. Besorgt war er, weil gelegentlich sowohl Jäger als auch Wildhüter bis in *sein* Gebiet vordrangen. Mehrfach hatte er Strafen zahlen müssen, weil er sich nicht an die Regeln des Nationalparks gehalten hatte. Eine dieser Regeln besagt, dass man mindestens 100 Meter Abstand zu den Bären einzuhalten habe, wogegen Treadwell fortwährend verstieß. Das regte ihn auf. Es regte ihn sogar so sehr auf, dass er sich gar nicht mehr einkriegte vor seiner Kamera, dass er hasserfüllt auf den Wildlife Service schimpfte und wütend den Stinkefinger zeigte. In einer Art paranoidem Katz- und Maus-Spiel versteckte er sogar sein Camp vor den Rangern.

Während der Wintermonate nahmen ihn seine Freunde auf. In dieser Zeit arbeitete er meist als Kellner und suchte in den USA zunehmend die Öffentlichkeit, um über die Medien einen anderen, seiner Meinung nach besseren Schutz der Bären zu erwirken. Er wurde nicht müde, selbst in Schulklassen über seine Bären zu erzählen und damit schon bei den Kindern für seine Sache zu werben. Geld nahm er dafür nie. Ihm wurde viel Sympathie entgegengebracht, und er avancierte zu einem, wenn auch oft belächelten, nationalen Volkshelden auf seinem Kreuzzug gegen die Jäger, Ranger und die Parkverwaltung. Er gründete die Stiftung »Grizzly People«, deren Aufgabe noch heute darin besteht, Grizzlys weltweit zu schützen. Von anderer Seite wurde er allerdings oft nur als verrückter Spinner abgetan.

Bärendienst

Die Wildhüter waren alles andere als glücklich über Treadwell und kritisierten ihn heftig. Sie sahen es gar nicht
gerne, dass die Bären an die Anwesenheit der Menschen gewöhnt wurden und diese gar in direkten Kontakt zu ihnen
traten. Denn kaum jemand weiß, wie er sich in freier Wildbahn einem Bären gegenüber verhalten muss, der die Scheu
vor Menschen verloren hat. Und Bären, die Menschen zu
nahe kommen oder sie sogar anfallen, werden kurzerhand
erschossen.

Treadwell hatte keine Waffe und würde sich nach eigener
Aussage lieber von einem Bären töten lassen, als diesen zu
erschießen. Da war er absolut kompromisslos. Für den Fall,
dass er von einem Bären getötet würde, wünschte er sich
sogar, dass der Bär am Leben bleiben solle. Doch die Vor-
schriften der Parkverwaltung sahen dies nicht vor.

Timothy Treadwell stammte aus einer New Yorker Mittel-
klasse-Familie und wuchs mit vier Geschwistern auf. Nichts
deutete darauf hin, dass er einmal eine wenn auch umstrit-
tene Bärenberühmtheit werden sollte. Seine Sportlerkarri-
ere als Kunstspringer musste er wegen einer Verletzung abbrechen. Daraufhin versuchte er sich als Schauspieler, war
aber wenig erfolgreich. Gerade in den USA ist es um Sozial-
versicherungen bekanntlich schlecht bestellt. Wer arbeits-
los ist oder ohne Aufträge dasteht und keine Rücklagen besitzt, der gerät schnell in die private Insolvenz. Treadwell
tröstete sich mit Drogen, er rutschte weiter ab und wurde
zunehmend exzentrisch. Seine Verzweiflung gipfelte in einem Selbstmordversuch. Im Grunde war er eine verkrachte
Existenz, ein Mensch, der in unserer modernen Zeit mit seinem Leben nicht zurechtkam.

Auf der Suche nach sich selbst verbrachte er einen Sommer allein in der Natur Alaskas. Hier fühlte er sich frei. Er wollte weg von den Drogen, weg von den Ansprüchen der Gesellschaft und dem Zwang, sich behaupten zu müssen. Treadwell suchte den Frieden mit sich selbst in der grenzenlosen Freiheit Alaskas, im ungestörten Naturerlebnis. Hier lernte er die Grizzlys kennen, von denen er später behauptete, dass sie ihn von den Drogen weggebracht hätten. Er stellte fest, dass ihn die Weite und die Einsamkeit der unberührten Natur berauschten – und seine Probleme jenseits der Wildnis in Vergessenheit geraten ließen.

Höhenflug der Sinne

Auch der Tierfilmer Andreas Kieling, bekannt als »der Bärenmann«, war mehrfach in Alaska unterwegs. Auch er will mit seinen packenden Berichten die Menschen sensibilisieren und ihnen die Liebe zu den Tieren näherbringen.

Kieling hat selbst erlebt, wie sich die Natur auf die Stimmung und die Psyche auswirkt, insbesondere, wenn man für längere Zeit alleine unterwegs ist. Er beschreibt es so: »Zunächst bemerkst du, dass die Sinne geschärft werden. Du siehst mehr Details, nimmst die Farben intensiver wahr, der Geruchssinn wird feiner und das Hören schärfer. Es entwickelt sich eine nicht gekannte Sensibilität für die Welt um dich herum, für alles Leben.«

Wer so lange draußen ist, fühlt eine ungeahnte tiefe Verbundenheit mit der Natur. Die Tiere besetzen Bereiche der Psyche, die ansonsten den Mitmenschen vorbehalten sind. Plötzlich beginnt man mit Streifenhörnchen, Fuchs und Grizzly zu reden. Eine einseitige Pseudobeziehung wird aufgebaut. Die natürliche Distanz zum Tier schwindet. Es entsteht eine euphorische Stimmung, in der man sich den Tieren gegenüber sicher fühlt. Die eigene Existenz erscheint unverwüstlich. Das Rationale verschwimmt immer mehr, das gesunde Bewusstsein für Gefahren geht verloren. Auch das Bewusstsein dafür, dass Tiere im Menschen einen Störenfried, einen Nahrungskonkurrenten oder unter bestimmten Bedingungen auch eine Beute sehen können.

Ein in sich ruhender, gefestigter Charakter wie Andreas Kieling nimmt diese Veränderung an sich selbst wahr und reagiert mit erhöhter Konzentration. Treadwell dagegen sang seinen Bären Lieder vor. Er entwickelte eine Bindung, wie Menschen sie normalerweise nur den eigenen Artgenossen, der eigenen Sippe oder Familie gegenüber haben. Dies ist nun im Zeitalter der technisierten, aber auch vereinsamten Welt nichts Ungewöhnliches. Schließlich leben Millionen von Hunden und Katzen in Deutschlands Haushalten und rangieren in der Rangfolge nur zu oft vor den eigenen Kindern oder dem Partner. Für die geliebten Waldis, Hansis oder Minkas ist kein Leckerli zu schade, keine Tierarztrechnung zu hoch – und kein Marmorgrabstein mit Goldlettern zu teuer.

Treadwell wurde zum Opfer seiner Gefühle für die Bären. Dabei machte er es sich nicht einfach. Er hatte sich keine Schmusetiere ausgesucht, keinen Pudel, keine Angorakatze oder keinen Chinchilla, auf die er seine menschlichen Gefühle übertrug. Für einen Exzentriker wie Treadwell musste es schon eines der größten Landraubtiere unserer Zeit sein. Er betonte immer wieder, wie sehr er seine Grizzlys liebe. Vor laufender Kamera äußerte er sogar, dass er am liebsten selbst ein Bär wäre, um das menschliche Dasein hinter sich zu lassen. Er konnte nicht wissen, wie makaber nah er seiner Wunschvorstellung, ein Bär zu werden, kommen sollte.

Allesfresser unter sich

Zoologisch betrachtet gehören die Bären in der Säugetierordnung zu den Carnivora, den Fleischfressern. Alle Carnivora haben sich im Laufe von Millionen von Jahren aus einem gemeinsamen Vorfahren entwickelt. Das vielleicht typischste gemeinsame Merkmal sind die vergrößerten Eckzähne. Dabei spielt es keine Rolle, wie groß die Berge an Fleisch sind, die so ein Fleischfresser verdrückt. Bei manchen, meist kleineren Arten der Carnivora steht sogar pflanzliche Nahrung im Vordergrund, und nur hier und da wird ein Käfer, eine Schnecke oder ein Wurm vertilgt.

Es soll Braunbären geben, deren Kost zu über 90 Prozent aus pflanzlicher Nahrung besteht und die den Namen Beerenbären verdient hätten. Sie weiden mit Hochgenuss Blaubeersträucher ab, und für ein wenig Honig sind sie bereit, sich von Bienen malträtieren zu lassen, bis ihre Nase aussieht wie die Oberfläche eines Seeigels. Oder denken wir an einen Verwandten des Grizzlys, den Pandabären, der ausschließlich eine bestimmte Bambussorte frisst und sein ganzes Leben kein einziges Tier tötet, um es zu verzehren. Damit eignet er sich sicherlich besser als Vorbild für die Teddybären unserer Kinderzimmer als die Furcht einflößenden Grizzlybären.

Ausgewachsene Grizzlys sind seit vielen Jahrtausenden die uneingeschränkten Herrscher der Wälder und Tundren von Alaska und Kanada. Sie stehen an der Spitze der Nahrungskette wie die Löwen Afrikas oder die Orcas und Weißen Haie der Ozeane. Sie sind groß, sie sind bärenstark, und sie sind selbstbewusst. Sie haben keine Angst vor anderen Tieren. Sie haben auch keine Angst vor dem Menschen. Was passiert, wenn ein Grizzly einem Menschen das erste Mal in freier Wildbahn begegnet? Als wen oder was nimmt er ihn dann wahr? Sind wir Beute für ihn? Andreas Kieling, der die Bären kennt wie kaum ein Zweiter, kommt zu einem eindeutigen Ergebnis: »Er nimmt uns nicht als Beute wahr.«

Seine Erklärung klingt bestechend einfach: »Entscheidend ist, dass der Bär uns nicht nur optisch wahrnimmt, sondern auch Witterung von uns aufnehmen kann. Der Bär will uns riechen! Für ihn riecht ein Mensch wie andere Raubtiere oder Allesfresser – auch wenn einige von uns Vegetarier sind. Riecht er uns, dann identifiziert er uns als seinesgleichen.« Er destilliert unsere menschlichen Duftmoleküle aus seiner olfaktorischen Welt und schätzt uns anhand dieses Filtrats ein. Beim Bären isst also nicht das Auge mit, sondern die Nase.

Kieling ist sich aus eigener Erfahrung sicher, dass wir genauso von Wölfen, Eisbären und selbst von Löwen als Allesfresser identifiziert werden. Wir sind für große Beutegreifer einfach nur andere Beutegreifer – und damit erst einmal ein neutrales Wesen. Statistiken belegen dies eindrucksvoll: In den letzten 70 Jahren sind in Schweden lediglich zwei Menschen durch Braunbären ums Leben gekommen. Beide Male waren es Jäger, die einen Elch angeschossen hatten und mit den Bären in eine Konkurrenzsituation um die Beute geraten waren. In Finnland hat es in den letzten 100 Jahren nur einen einzigen registrierten Todesfall gegeben: ein Jogger, der ausgerechnet zwischen eine Bärenmutter und ihre Jungen gelaufen war.

Kieling hat grundsätzlich keine Waffen dabei, und wenn er etwas schießt, dann sind es brillante Bilder aus erstaunlicher Nähe von den großen und als besonders gefährlich geltenden Tieren. Doch niemals vergisst er, dass er keinen Fehler machen darf, wenn er sich ihnen nähert. Er hält Ausschau nach Anzeichen dafür, ob der Bär vollgefressen oder schlecht gelaunt ist. Denn es ist wichtig zu wissen, was ein wildes, gefährliches Tier gerade antreibt und wozu es fähig ist. Vor allem aber gibt er sich nie der Illusion hin, dass ein wildes Tier in menschlichen Kategorien denkt.

Kieling ist sich sehr wohl bewusst, dass es zum Konflikt mit einem Bären kommen kann. In dem Moment, in dem man am Lagerfeuer vor einer verheißungsvoll riechenden Gulaschsuppe sitzt und dem Bären der Magen knurrt, wird er aggressiv daherkommen. Denn ausgehungerte Bären sind wenig wählerisch, und existenzieller Hunger führt zu extremen Situationen. Dazu erklärt Kieling: »Der will aber dann nicht über den Koch herfallen, der will die Gulaschsuppe haben! Genauso verhält es sich, wenn du gerade einen Lachs gefangen hast und dabei bist, den zu schlachten. Bekommt der Bär das spitz, dann will er deinen Fisch haben. Er ist selbstbewusst, er ist größer und nimmt sich, was er will. So sind die Regeln nun einmal. Wenn du den Fisch nicht hergibst, also nicht zurückweichst, dann zeigt er dir, wer hier der Chef ist, und haut dir eine runter. Das kann tödlich sein, ist aber nicht einmal die Absicht des Bären.«

Wer die Spielregeln in der Wildnis nicht kennt, der hat schnell das Zeitliche gesegnet. Man muss in der Art mitspielen, wie es die Bären untereinander ausmachen: Der Stärkere verdrängt den Schwächeren. Ein ausgewachsener Grizzly hat keine Scheu vor dem Menschen. Wer nicht gerade mit Gulasch vollgekleckert ist, komplett nach frisch ausgeweidetem Lachs stinkt oder zufällig auf einen halb verhungerten Bären trifft, der wird nichts zu befürchten haben. Der Bär wird ihn riechen, erkennen und außerhalb seines persönlichen Bannkreises dulden.

Kieling hält die Grizzlys sogar für ausgesprochen tolerant, aber nicht für soziale Wesen. Zu bedenken ist auch, dass es bei den Tieren, genau wie bei uns Menschen, ausgeprägte Charaktere gibt. Was der eine Grizzly duldet, kann beim nächsten ein fataler Fehler sein. Das, was wochenlang wie eingespielt zwischen Tier und Mensch erscheint, kann von einem Augenblick auf den anderen seine Gültigkeit verlieren. Respekt und ständige Aufmerksamkeit sind unabdingbar im Umgang mit wilden Raubtieren.

Brunos Spießrutenlauf

Ein Westeuropäer ist es gewohnt, dass alle wilden Tiere vor ihm fliehen. Meist sieht er sie erst gar nicht – oder erkennt in der Nacht höchstens einmal eine Silhouette beim Weghuschen. *Wir* haben die Wildtiere so furchtsam gemacht, denn ursprünglich waren sie weniger scheu. Alle großen Raubtiere haben wir Menschen nahezu komplett ausgerottet. Wenn dann doch einmal ein größeres Exemplar durch unsere Lande streift, wie vor einigen Jahren der Bär Bruno in Süddeutschland, dann wird zur großen Treibjagd geblasen.

Die ganze Nation verfolgt ein solch spektakuläres Ereignis aufgeregt vom sicheren Sofa aus mit. Die Medien, insbesondere die Sensationspresse, versorgen uns mit spannenden Schlagzeilen, über die sich jeder, vom Schäfer bis zum Bürgermeister, auslassen kann. Es wird klargestellt, dass man doch bitte keinen Bären im Umkreis von 50 Kilometern um sich herum dulden könne, beziehungsweise derartige Tiere am besten erst gar nicht in unserem Land vorkommen sollten. Da müsse durchgegriffen und der Bär zum finalen Abschuss freigegeben werden. Nun, fast jeden Tag sehen wir in einem Tierfilm oder in einer der vielen Zooserien, wie einfach es ist, ein Tier mit einem Betäubungsschuss ruhig zu stellen, um es zu untersuchen oder umzusiedeln. Bruno hätte schlafend in das Bärenreservat in Südeuropa zurückgebracht werden können. Stattdessen wurde er erschossen.

Bruno verdeutlicht uns, wie sehr wir den Kontakt zur Natur verloren haben, aber auch, welche Urängste in uns schlummern. Wir wissen heute nicht mehr, wie wir mit einem wilden Tier umgehen sollen, das selbstbewusst genug ist, sich dem Menschen entgegenzustellen, und sei es aus einem Missverständnis heraus. Wir nehmen billigend in Kauf, dass jedes Jahr Tausende von Menschen im Straßenverkehr sterben. Wenn aber irgendwo auf der Welt ein Tier einen Menschen tötet, dann ist das der Presse nach wie vor einen reißerischen Bericht wert. Dabei wird die unbewusste Angst der Menschen vor gefährlichen Tieren angesprochen und geschürt. Jene Angst, die noch bis vor wenigen tausend Jahren, als der Mensch draußen Tag für Tag um sein Überleben kämpfen musste, ihre absolute Berechtigung hatte.

Man kann von niemandem erwarten, dass er so mit Tieren umgeht und sich so nah an sie herantraut, wie Andreas Kieling das macht. Dafür muss man ein Tierexperte sein. Man muss wissen, wie die Bären ticken, und erkennen können, ob das Tier vielleicht gerade mies drauf, gereizt oder hungrig ist. Kieling kann die Mimik und Gestik der Bären lesen. Beim Bären hat ein Gähnen nicht einfach zu bedeuten, dass er müde ist. »Von wegen, der ist nicht müde, der ist nur unsicher«, sagt Kieling. »Wenn er dann noch häufig einen nervösen Blick in deine Richtung wirft, dann stimmt etwas nicht mit dem Abstand. Dann ist es höchste Zeit, sich schleunigst zurückzuziehen, bevor der Bär seinem Unmut Taten folgen lässt.«

Dieses Verhalten kann man auch bei anderen Raubtieren beobachten. Man wähnt sich in Sicherheit, doch genau das Gegenteil ist der Fall. Ein unsicherer Bär ist nervös, angriffsbereit und wird viel eher zulangen als ein vollgefutterter, entspannter Grizzly, dessen innere Stimme ihm Ruhe und Verdauung verordnet hat.

Die Tierfilmer Oliver Goetzl und Ivo Nörenberg hatten in Norwegen einmal drei männliche Braunbären vor der Kamera, die zu kämpfen anfingen. Die beiden Kameraleute waren begeistert und sind langsam immer dichter herangegangen. Erst im Nachhinein wurde ihnen klar, dass die Tiere nur gekämpft haben, um ihnen zu zeigen: Hey, bis hierher, aber nicht weiter!

Die Bären haben Schaukämpfe für die beiden veranstaltet. Ein Bärenkenner weiß diesen Effekt auszunutzen. Durch das Eindringen in den Bannkreis des Bären kann er diesen reizen, ein Verhalten zu zeigen, das er ansonsten der Kamera nicht bieten würde. Wenn der Bär sich aufstellt und einen Scheinangriff durchführt, dann steigt die Spannung und damit auch die Einschaltquote. Es ist ein schmaler Grat zwischen dem Begeistern der Zuschauer und der naturnahen Darstellung der Tiere. Manche Tierfilmer lehnen es kategorisch ab, die Tiere durch ihre Anwesenheit bewusst zu beeinflussen. Andere wiederum treten wissentlich in Interaktion, um ihnen bestimmte Verhaltensweisen zu entlocken und diese dann zu filmen. Die Charaktere der Tierfilmer sind ebenso vielfältig und schillernd wie die Tiere selbst. Gerade die Vielfalt aber bedingt, dass für jeden Zuschauer etwas Geeignetes dabei ist.

Ein Grizzly, der nur ein paar Beeren frisst oder streunend herumläuft, erscheint dem Zuschauer vielleicht zunächst langweilig. Doch oft ist es gerade der Alltag eines Tieres, der es uns näherbringt. Wir beginnen sie dann mit uns zu vergleichen und nur zu oft erstaunliche Parallelen zu entdecken. Bären sind eben nicht nur die gefährlichen Raubtiere. Schaut man genauer hin, entdeckt man ungeahnte, feinfühlige Wesenszüge. Wenn sie den Bauch voll und Muße haben, können sie sich das Leben richtig schön gestalten. Dann legt sich der Grizzly nicht einfach irgendwohin, sondern schaut vorher ganz penibel, wo ein Stein ist, den er beim Schlafen an die Backe drücken könnte.

Vorsicht aber, wenn es um die Fortpflanzung geht! Wenn die Hormone wallen, Weibchen hochtragend oder in der Nähe ihre Jungen versteckt sind, dann reagieren nicht nur Bären angespannt.

Andreas Kieling geht es darum, den Zuschauern zu vermitteln, wie Tiere wirklich leben. Potenziell gefährliche Tiere stürzen eben nicht automatisch auf jeden Menschen los, um ihn zu töten und zu fressen. Eine verheerende Modewelle schwappt aus den USA zu uns herüber, in der die Tiere entweder nur noch süß und putzig – oder extrem gefährlich, aggressiv, supergiftig oder sogar für den Menschen tödlich sind. Etwas dazwischen scheint es nicht mehr zu geben. Gerade die privaten Sender sind sehr erpicht darauf, mit extremen Aufnahmen eine möglichst hohe Zuschauerquote zu erzielen. Aber auch bei den öffentlich-rechtlichen deutschen Sendern spielt die Quote eine Rolle. Die Tierfilmer kommen nicht darum herum, den Zeitgeist zu treffen und ihre Filme derart zu gestalten, dass ein möglichst großes Publikum angesprochen wird.

Es ist der Mensch, der einem gutmütig erscheinenden Bären Sympathie unterstellt, nur weil der nicht angreift. Der wilde Bär lebt einfach nur seine Bärenexistenz, er ist ein Tier ohne Skrupel und ohne moralische Vorstellungen. Diese Existenzweise beinhaltet unter anderem, dass paarungswillige Männchen die Jungen einer Mutter töten, um diese dann selbst zu schwängern. Ein Verhalten, das so gar nicht in das süße, vollkommen vermenschlichte Bären-

Image passen will, das wir unter anderem durch den Berliner Zoo-Eisbären Knut gewonnen haben.

Die tickende Uhr

Es war bereits der 13. Sommer, in dem Timothy Treadwell, der selbst ernannte Retter der Bären, in die Wildnis Alaskas reiste. Mit den Jahren suchte er immer intensiveren Kontakt zu den Bären. Leute, die ihm begegneten, beobachteten, dass er sich wie ein Bär zu verhalten suchte und die Leute sogar anknurrte. In diesem Sommer gesellte sich während der letzten beiden Monate seine Freundin Amie Huguenard zu ihm. Amie war eine 37-jährige Arzthelferin, die sich bei »Grizzly People« engagierte und eigentlich Angst vor Bären hatte.

Es war der 5. Oktober 2003, als ein Grizzly im Nirgendwo Alaskas über das kleine Camp der beiden herfiel. Man wird nie erfahren, ob es in der Pfanne brutzelnde Eier mit Speck waren, die den Bären anlockten. Oder einfach sein unbändiger Hunger, der ihn vor dem Winter dazu trieb, jenseits seines normalen Beuteschemas noch auf Raubzug zu gehen. Seine Nase fungierte als Navigator, sein Hunger als Motivation. Als er das Zelt entdeckte, nahm die Tragödie ihren Lauf. Als der hungrige Grizzly angriff, gelang es Timothy Treadwell sogar noch, seine Kamera einzuschalten. Das spätere Abspielen des Filmmaterials ergab jedoch, dass der Vorfall nur als erschütterndes Tondokument vorliegt. Es war ihm nicht mehr gelungen, den Objektivdeckel von der Linse zu nehmen.

Nur einen Tag später, am 6. Oktober, wartete Treadwells Freund Fulton vergeblich auf ihn und seine Freundin. Wie jedes Jahr wollte er Treadwell, dieses Jahr zusammen mit Amie Huguenard, noch vor dem nahenden Winter aus der

Wildnis abholen. Fulton war mit seinem Wasserflugzeug gelandet, doch seine Passagiere erschienen nicht zur vereinbarten Zeit. So machte sich der Pilot zu Fuß zum nahe gelegenen Camp des Bärenliebhabers auf. Auf seine Rufe hin blieb alles ruhig, er spürte aber, dass etwas nicht stimmte. Mit gesträubten Nackenhaaren beschloss er, zum Flugzeug zurückzugehen. Da wurde er gewahr, dass ihm ein angriffsbereiter Bär mit gesenktem Kopf folgte. Fulton rannte zum Flugzeug, band es los, startete den Propeller, hob ab und überflog das Camp. Ein tiefes Grauen schüttelte ihn, als er einen angefressenen Brustkorb erblickte, an dem der Bär, dem er soeben noch entkommen konnte, jetzt wieder fraß. Er versuchte den Bären zu verscheuchen, indem er dicht über ihn hinwegflog. Der selbstbewusste Bär ließ sich jedoch nicht davon beeindrucken.

Der deutsche Filmemacher Werner Herzog verfilmte Treadwells Geschichte (*Grizzly Man*, 2005), wobei er sich nicht gescheut hat, auch kritische Stimmen zu Wort kommen zu lassen. Treadwells Videomaterial stand ihm zur Verfügung, und er nutzte es ausgiebig – vor laufender Kamera hatte der Bärenschützer allein in den letzten fünf Jahren über 100 Stunden Material produziert. Das erschreckende Tonmaterial des Bärenüberfalls wird im Film jedoch nicht abgespielt. Mindestens sechs Minuten kämpfte das Paar um sein Leben, wobei Amie Huguenard auch mit einer Bratpfanne auf den Bären eindrosch. Beide wurden letztlich an diesem trostlosen, verregneten Herbsttag grausam getötet, und der Grizzly hat sich an ihnen satt gefressen.

Der Bär war den Rangern kein Unbekannter. Er war früher schon einmal betäubt und mit der Nummer 141 des U.S. Park Service versehen worden. Kurz nach dem tödlichen Zwischenfall wurde er, ein 28-jähriges und damit ziemlich altes Männchen, von herbeigerufenen Park-Rangern erschossen. Nach dem Öffnen des Bären wurden dem Magen die menschlichen Leichenteile entnommen, die insgesamt vier Plastiksäcke füllten. Auch die linke Hand und der Arm Treadwells wurden gefunden. Am Handgelenk befand sich die noch immer tickende Uhr.

11

Am seidenen Faden

Allmählich wird es heller. Ich schalte die Stirnlampe aus, die einen Satz neuer Batterien vertragen könnte. Die Anakonda in unserer Mitte scheint zu schlafen oder zumindest dahinzudämmern. Der Leinenbeutel über ihrem Kopf verhindert, dass ich ihre Augen sehe. Aber es wäre ja eh nicht möglich, an ihren Augen festzustellen, ob sie schläft. Sie kann die Augen nicht schließen, ihre durchsichtigen Lider sind, wie bei allen Schlangen, über den Augen verwachsen.

Doch dann entdecke ich eine kleine Bewegung auf dem massigen Körper. Ich lehne mich vor, schalte die Lampe wieder an und richte sie auf den Anakondaleib. »Was ist da?«, fragt Jörg mich.

»Da krabbelt etwas«, antworte ich. »Eine, nein, zwei Ameisen!«

Jetzt leuchtet auch Jörg die Anakonda ab, und wir entdecken weitere vereinzelte Ameisen, die anscheinend ziellos umherstreifen. Wir beobachten sie eine Weile.

»Die sind harmlos!«, resümiere ich und schalte meine Lampe wieder aus.

»Wieso?«

»Weil sie nicht beißen! Vermutlich liegt die Anakonda

denen im Weg. Die flitzen nur umher. So benehmen sich keine Späher, also ist keine Kavallerie im Anmarsch.«

»Was für eine Kavallerie?«

»Na, die Kavallerie von Treiberameisen, Soldaten, die sich auf alles stürzen, was lebt, egal wie groß! Das hier sind keine Treiberameisen«, erkläre ich Jörg.

Mit Treiberameisen machte ich bereits eine sehr unangenehme Erfahrung: Eines Nachts hatte ich in Bolivien in einem Wald neben der Piste mein Zelt aufgebaut. Ich befand mich längst im Reich der Träume, als ich plötzlich erwachte. Instinktiv spürte ich, dass etwas nicht stimmte. Ich knipste die Taschenlampe an. Ein Blick auf den leise tickenden Wecker zeigte mir: zwei Uhr nachts. Plötzlich wurden mir feine Bewegungen im Haar und dann ein unangenehmes Kitzeln im Gesicht bewusst. Ein Insekt. Nun gut, ungebetener Besuch von Nachtfaltern oder anderen Insekten ist im Zelt in den Tropen keine Seltenheit – ich nehme das ewige Hintergrundgeräusch der Insekten, bestehend aus Zirpen, Schwirren, Rascheln, Summen und Brummen, längst kaum noch wahr. Den Krabbler wischte ich damals kurzerhand aus dem Gesicht. Ich leuchtete um mich. Ein dunkler Fleck zeichnete sich oben am Zelt in einem Lüftungsfenster ab. »Was ist das denn?«, dachte ich verwundert und rieb mir die Augen. Der schwarze Fleck war eine einzige wabernde Masse. Dann kitzelte es auf meinem Arm. Ich sah und begriff: Ameisen! Mit einem Mal war ich hellwach. Das wimmelnde Durcheinander oben am Zelt bestand aus Hunderten, wenn nicht Tausenden Ameisen! Ich leuchtete das Zelt ab und sah sie überall herumkrabbeln. Erneut begriff ich: Treiberameisen! Die machen auch vor echt großer Beute nicht halt und meißeln ihre Klauen in jedes Fleisch, auch in das Fleisch von Zweibeinern, wenn die nicht Land gewinnen. Mein Herz begann zu rasen, als stünde die Ausgeburt des Bösen persönlich vor mir.

Einen großen Berg aus nahrhaften Proteinen hatten die Ameisen in meinem Zelt aufgespürt – mich! Mit einem ersten Biss in meine Hand leiteten sie gerade den Beutezug ein. Ich wurde überfallen, angegriffen! Noch nie bin ich so schnell aus meinem Zelt gekrochen wie damals. Von draußen wurde mir die Tragweite des Angriffs erst richtig bewusst. Mein Zelt stand wie eine Verkehrsinsel mitten im Strom der Ameisen. Ein Drittel des Igluzeltes war mit wuselnden schwarzen Treiberameisen bedeckt. Eines der oberen Lüftungsgitter aus Gaze war von ihnen bereits zerbissen worden. So hatten sie sich Zugang ins Innere verschafft. Ein feines, kaum wahrnehmbares Rascheln erfüllte die Luft. In meiner Fantasie klang es eher wie ein kriegerisches Raunen der angreifenden Ameisen auf der Zeltplane und im abgefallenen Laub.

Ich richtete die Scheinwerfer des Jeeps auf das unter Angriff stehende Zelt. Dann zog ich es an einer freien Seite von dem Ameisengewimmel weg. Wie gut, dass ich keine Zeltheringe in dieser windstillen Nacht benutzt hatte! Der Schlafsack war schnell aus dem Zelt gezogen und ausgeschüttelt. Die verbleibenden Ameisen streifte ich kurzerhand ab. Doch wie sollte ich die Massen von Treiberameisen *in* meinem Zelt wieder loswerden? Plötzlich wusste ich genau, was zu tun war, und holte das Insektenspray aus dem Gepäck im Jeep, das ich wegen moskitoverseuchter Zimmer dabeihatte. Zischend wurde das Zelt von innen und außen eingenebelt. Kläglich verendeten Tausende dieser gefräßigen Raubinsekten. Die Nacht verbrachte ich dann sitzend im Jeep, das Zelt war durch den unerträglichen Gestank des Insektizids unbewohnbar geworden. Noch Tage danach kostete es mich große Überwindung, mich wieder ins Zelt schlafen zu legen.

»Voll krass, dein Abenteuer sollte verfilmt werden, obwohl es ja schon die Ameisen-Horrorfilme *Formicula* und *Phase 4* gibt.« Im ersten Film mutieren Ameisen durch radioaktive Strahlung zu riesigen Monstern, und im zweiten wird eine Gruppe Wissenschaftler in einer Ameisenforschungsstation selbst zum Experiment der Ameisen. Jörgs Augen leuchten, Insekten begeistern ihn über alle Maßen.

»Eigentlich ist es unfair, die Ameisen als Horrortiere darzustellen. Die machen Beute wie andere Tiere auch. Wenn ein Seehund einen Hering fängt, dann kräht kein Hahn danach«, gebe ich zu bedenken.

»Vergiss es, wir sind nicht objektiv, daran kannst du nichts ändern! Angst und Ekel vor Krabblern, glitschigen Schlangen und schleimigem Gewürm stecken viel zu tief in uns drin. Da kannst du machen, was du willst!«

Der Fall des Krabblers

Sie hat losgelassen. Freier Fall. Der Boden ist bereits zum Greifen nah. Acht Beine federn den Sturz ab. Die Erdanziehungskraft meint es gut mit dem kleinen, leichten Tierchen. Die Fallgeschwindigkeit ist vergleichsweise gering, auch ohne Flügel oder aufgespannte Häute. Alles in allem ist der freie Fall selbst keine besondere Herausforderung für diesen Krabbler. Das kommt vor. Hingegen ließ ein Lüftchen, das ihn plötzlich umwehte, alle Alarmglocken schrillen. Der Wind hatte sehr plötzlich eingesetzt. Der mochte den Krabbler erschrecken, aber nicht zum Fallenlassen nötigen. Es waren diese verräterischen Partikel in der Luft, Duftmoleküle, die eine gefährliche Nähe zu einem potenziellen Räuber anzeigten. Und dann der riesenhafte Schatten! Es liegt in der Natur der Kleinen, sich von ungeheuer großen Lebewesen fernzuhalten. Außer vielleicht es bestünde die Absicht, das riesenhafte Wesen zu stechen oder zu beißen, um sich eine Portion seines strömenden Lebenselixiers einzuverleiben. Unser Krabbler aber will weder beißen noch stechen. Er will einfach nur weg. Auf dem Boden angekommen, legt er los und sucht nach einem Versteck.

Kurt Hirschel würde sich selbst nicht als ungeheuer großes Lebewesen bezeichnen, auch wenn er in menschlichen Dimensionen groß und schlank ausfällt. Es ist eine Sache der Relation, ob das Gegenüber riesig oder winzig ist. Im Vergleich zum kleinen Krabbler, einer Spinne, ist er ein Koloss. Vielleicht wäre es für uns Menschen eine ähnliche Erfahrung, wenn wie aus dem Nichts plötzlich ein kolossaler Wal neben einem Taucher das Wasser verdrängte und sein Auge ganz nah an ihn heranbugsierte. Immerhin würde uns der Wal unter Wasser nicht anhauchen, wie Kurt Hirschel es mit der Spinne tat.

Mit dem Ergebnis seines Versuches, der Spinne Leben einzuhauchen, ist Kurt Hirschel ganz und gar nicht zufrieden. Er war entnervt vom reglosen »Auf-dem-Ast-Hocken« der Spinne. Sie sollte endlich beginnen, ein Netz zu bauen, nicht aber sich der Schwerkraft hingeben und das Weite suchen. »Das kann doch nicht so schwer sein«, denkt er, »Netze bauen, das machen die da draußen doch ständig!«

Enttäuschung und eine Prise Frust machen sich in dem Labor und Filmstudio breit, in dem Kurt Hirschel ein einfaches Spinnenbiotop aufgebaut hat: ein paar Äste und Zweige, die in günstigen Abständen für den Netzbau angeordnet waren. Scheinwerfer leuchten die Szenerie optimal aus. Doch die Spinne spielt nicht mit, will einfach nicht beginnen.

Kurt Hirschel steht noch ganz am Anfang seiner Aufgabe. Er beabsichtigt, die Spinnen auf eine Weise zu zeigen, wie sie zuvor noch nie zu sehen waren: In brillanten

Nahaufnahmen will er ihre faszinierenden und vielfältigen Verhaltensweisen im Film kristallklar zeigen. Wissen und Verständnis, neutral und wertfrei vermittelt, sollen dem üblichen Ekel und Abscheu vor Spinnen entgegenwirken. Gewünscht sind »Aha-Erlebnisse« beim sezierenden Anschauen nie gesehener Details. Einen ganzen Film nur über Spinnen, und das zur besten Sendezeit, das hat es noch nie gegeben.

Schwerpunkte des Filmprojektes über die Welt der Spinnen bilden Netzbau, Fangverhalten und Paarung. Mit modernster Optik und bis zu 40-facher Vergrößerung eröffnen sich neue Dimensionen, um die Vielfalt der Formen und Farben im Mikrobereich erkennbar werden zu lassen. Der Film *Leben am seidenen Faden* (1975) soll Bewunderung und Erstaunen erzeugen. Grund für die Faszination gibt es genug in der Welt der Spinnen, allein schon ihre Gewebe stellen Kunstwerke dar, deren Struktur, Konstruktion und Stabilität trotz aller heutigen technischen Möglichkeiten in der Welt des Menschen unerreicht sind.

Laufbahn eines Tüftlers

Kurt Hirschel wird nicht ruhen, bevor er den Spinnen die faszinierenden Details ihrer Spinnerei optisch entrissen hat. Als Erstes wünscht er sich Bilder der unterschiedlichen Seidenarten, denn je nach Bedarf produzieren Spinnen verschiedene Fäden zum Netzbau, für ihre Eikokons, als Fangfäden oder zum Verkleben und Anheften der Fäden. Dabei können sie ausgesprochen fleißig sein: Viele Radnetzspinnen bauen täglich ein neues Netz. Das alte Netz wird zusammengerafft, mit einem Sekret verflüssigt und aufgesogen, ein geniales Beispiel von Recycling. Es gibt sogar einen speziellen Häutungsfaden, an dem sich die Spinnen zum Zweck der Häutung in die Luft hängen. Spinnen, die keine Fangnetze bauen, wie die Vogelspinne, häuten sich in Rückenlage. Das Chitin der gehäuteten Gliedmaßen ist noch zu weich, um ihr Körpergewicht zu tragen.

Produziert wird die Spinnseide in Spinndrüsen im Hinterleib der Spinne. Jede Spinndrüse ist mit einer Spinnspule verbunden, die zu Hunderten auf den beweglichen Spinnwarzen gruppiert sind. Aus den Spinnwarzen wird ein bereits fester Doppelfaden an die Luft entlassen, der von vielen Webspinnen mit einem zähflüssigen Klebstoff zum Anhaften von Beute bestrichen werden kann. Die Spinnfäden bestehen aus wasserunlöslichen Proteinen, deren chemische Struktur und Beschaffenheit je nach Verwendungszweck variieren. Die dünnste produzierte Spinnwolle ist so dünn, dass diese Fäden nur mit raffinierten optischen Hilfsmitteln sichtbar werden – und einer gesunden Portion Geduld und Erfindungsgabe.

Wenn es jemanden in den Siebzigerjahren gab, der für diese knifflige Aufgabe perfekt geeignet war, dann Kurt Hirschel. Im Jahr 1926 geboren, begeisterte er sich schon als junger Mann für Optik und Kameras und wurde Ingenieur bei der Kamerafirma Arnold & Richter (ARRI).

»Schwierigkeiten sind dazu da, um gelöst zu werden.« Diesem Credo folgte er mit Leidenschaft, und bald verfügte er über so viel praktische Erfahrung als Kameramann und Techniker wie kaum ein anderer.

1952 war er als Kameramann und Bordingenieur mit dem Tauchpionier Hans Hass auf dem Segelschiff *Xarifa* auf großer Fahrt gewesen. Die *Xarifa* war zuvor als abgetakelter Kohlensegler unterwegs. Mit großem Aufwand hatte Hans Hass das Schiff für die Expeditionen umgebaut. Ganz Deutschland fieberte mit, Tausende Menschen säumten die Elbe, als die *Xarifa* für neun Monate in die Karibik aufbrach. Unterwegs filmte Kurt Hirschel erstmalig farbig, damals noch eine neue Errungenschaft der Filmerei. Der aus der Expedition hervorgehende Film *Unternehmen Xarifa* avancierte zum Kinomagneten. Hans Hass wurde eine Berühmtheit, ein Leinwandheld der Fünfzigerjahre. Noch heute kommen ältere Damen ins Schwärmen und blühen auf, wenn sie an ihr Idol aus Jugendzeiten, den gut aussehenden Hans Hass denken. Kurt Hirschel dagegen blieb im Hintergrund. Eine zweite große Filmexpedition auf die anderen großen Weltmeere folgte. Unter schwierigsten Bedingungen drehte Hirschel in vielen Ländern und auf vielen Meeren. Auf der zweiten Fahrt erfüllten sie ihren Auftrag zur Finanzierung der Expedition, indem sie Material für ganze 26 Folgen von jeweils 30 Minuten drehten. Die Drehbücher schrieb immer das Abenteuer selbst.

Kurt Hirschel ist ein Tüftler durch und durch. Und noch bevor das Wort »digital« erfunden war, arbeitete er mit einer Unterwasser-Fernsehkamera, mit der aus über 100 Metern Entfernung gut und sicher Videofilme auf die *Xarifa* übertragen wurden. Videorekorder gab es damals noch nicht, und so musste man einen speziellen Bildschirm mit einer Filmkamera aufnehmen.

Nach den Expeditionen gründete Kurt Hirschel Ende 1958 ein eigenes Filmstudio, das er »Labor für wissenschaftlichen Film« nannte. Bald trat er eine Stelle als Kameramann beim Süddeutschen Rundfunk an. Er produzierte unter anderem über 50 biologische Lehrfilme, sorgte also nicht nur für große Fernsehmomente, sondern mit Beiträgen wie etwa über marine Borstenwürmer oder Schlangenseesterne bei ganzen Generationen von Naturbegeisterten auch für entspannte und spannende Stunden.

Sterns Stunde

Bei den meisten Sendungen der gesellschaftskritischen Tier-
serie *Sterns Stunde* war Kurt Hirschel Kameramann. Horst
Stern zeigte nicht die schöne, heile Welt der Tiere, ganz im
Gegenteil, sein Konzept bestand in einer kritischen Mo-
mentaufnahme der Beziehung zwischen Mensch und Tier.
Am bekanntesten wurde der provokante Film *Bemerkun-
gen über den Rothirsch*, der im Jahr 1971 ausgerechnet am
Weihnachtsabend ausgestrahlt wurde und die Jäger zur
Tollwut trieb. In weiteren gesellschaftskritischen Beiträgen
zeigte er, wie Schweine zur Sau gemacht werden und wie,
buchstäblich vom Wahnsinn geritten, Turnierpferde gequält
werden.

Wenn eine neue Folge anstand, traf sich der bekannte
Journalist Horst Stern mit Kurt Hirschel. Er verstand es,
den Kameramann heißzumachen, indem er ihm auf beun-
ruhigend ruhige, dennoch charismatische Weise von seinen
Ideen erzählte. Dann erklärte er ihm, auf welche biologischen Aspekte es ihm besonders ankam, egal, ob es sich
nun um Schwein, Pferd oder Spinne drehte. Drehbücher gab
es nie. Doch Kurt Hirschel war ein genialer Techniker und
Tüftler, eine Koryphäe auf seinem Gebiet. Wenn er eine Vorstellung von einer Filmsequenz hatte und er dazu eine spezielle Ausrüstung brauchte, die es nicht gab, dann baute er
sie sich selbst.

Tierfilmer betreiben oft einen Aufwand für perfekte Aufnahmen, der irrwitzig zu sein scheint. Ich denke an einen
Bachlauf, den Eugen Schumacher, ebenfalls einer der Urvä-
ter des Tierfilms, auf der geräumigen Dachterrasse seines
Ateliers einmal nachbaute. Für seinen Film *Salmo, die Forelle* (1942) hatte er zuvor wochenlang das Leben eines Fo-
rellenmännchens in einem Bach gefilmt. Sein erklärtes Ziel

bestand in Aufnahmen des Balzverhaltens und Ablaichens. Die Sache hatte nur einen Haken, Bachforellen laichen im Winter ab, und als die Tage immer kürzer und trüber wurden, erkannte Schumacher, dass das Licht für den im Bach stehenden Fisch nicht ausreichen würde. Da schleppte er Felsen, Kies und Wurzelwerk vom Bach auf seine Dachterrasse und baute den Bach originalgetreu nach. Wenige Tage später schwamm »Salmo«, wie er die Forelle nannte, bereits in dem künstlichen Biotop und wurde hier langsam an Scheinwerferlicht gewöhnt. Die Forelle fühlte sich in dem sauerstoffhaltigen, strömenden Wasser sichtlich wohl. Dann setzte Schumacher ein Weibchen dazu. Schon nach wenigen Minuten pirschte sich »Salmo« an sie heran und umschmeichelte sie nach allen Regeln höchst entflammter Forellenliebe. Eugen Schumacher gelangen trotz klirrender Kälte so starke Bilder vom Verhalten der Bachforellen. Der riesige Aufwand war belohnt worden. So weit war Kurt Hirschel aber noch lange nicht ...

Horst Stern galt als schwieriger Mensch, dessen Ansprüchen nicht leicht zu genügen war. Als ich mich einmal mit Kurt Hirschel unterhielt, nutzte ich die Gelegenheit und sprach ihn auf die schwierige Zusammenarbeit an. Doch Hirschel winkte ab: »Wir haben über den Film gesprochen; dann sagte er: ›Mach mal!‹, und verschwand. Alle paar Tage oder Wochen haben wir uns getroffen, Material angesehen, weitergemacht, bis das Pensum abgedreht war. Er hat sich da nicht eingemischt, es ist alles automatisch gelaufen. Horst Stern hätte gar nicht helfen können. Der hätte sich nur unendlich gelangweilt und sich krumme Beine geholt.« Insgesamt 13 Filme kamen so ab 1969 für Horst Sterns Serie in den Kasten.

»Mach mal!«, hatte Horst Stern zu ihm gesagt. Kein Problem, Kurt Hirschel ist ein »Macher«, einer, der allen

Umständen zum Trotz die gewünschten Resultate liefert. Aber wie? Welche Spinnenarten sollte er nehmen und woher sie bekommen? Der Film konnte ja nicht einfach nur von unserer heimischen Kreuzspinne handeln, sondern sollte die schillernde Welt der Achtbeiner und die große Bandbreite ihres Verhaltensrepertoires zeigen. Eigentlich gehört Kurt Hirschel zu der Riege der Tierfilmer, die die Tiere am liebsten in der freien Wildbahn filmen. Kein Studiolicht, keine künstliche Situation. Stattdessen: Natur pur. Als er mit Horst Stern den Film über die heimischen Rothirsche drehte, hatten die Tiere keine Ahnung davon, dass »der Hirschel« heimlich in den Einständen der Hirsche herumlungerte und sie ablichtete. Doch oftmals ist es nicht möglich, Tiere zu filmen, ohne dass diese die Anwesenheit des Menschen bemerken. Dann heißt es, einen möglichst großen Abstand einzuhalten oder die Tiere langsam an die eigene Anwesenheit zu gewöhnen. Dies kann dazu verleiten, die Tiere bewusst zu gewünschtem Verhalten zu bewegen, so wie Kurt Hirschel die Spinne durch Anpusten zum Netzbau animieren wollte.

Die Gewöhnung von Tieren an den Menschen kann seltsame Blüten treiben: In den afrikanischen Nationalparks sind einige Raubkatzen so sehr an die Jeeps der Touristen oder Fotografen gewöhnt, dass sie den Schatten der Autos für ein Nickerchen nutzen oder schamlos ihr Liebesleben vor der Stoßstange offenbaren. Auch werden Tiere angefüttert, um sie vor die Linse zu bekommen.

Manchmal geht es nicht anders, als die Tiere einzufangen und mitzunehmen oder sogar zu züchten. Von Menschen großgezogene, halbwilde oder gar zahme Tiere sind alle Male leichter zu filmen als versteckt lebende wilde Gesellen. Kurt Hirschel konnte aber nicht auf zahme Spinnen hoffen, die sich in der Wildnis problemlos filmen lassen.

Also musste er ihnen in seinem Labor eine möglichst naturgetreue Umgebung bieten. In dem Spinnenforscher Ernst Kullmann fanden Hirschel und Horst Stern fachliche Unterstützung. So entwickelte sich eine geradezu symbiotische Zusammenarbeit eines Wissenschaftlers mit zwei Meistern aus der Welt der Medien. Großartige Tiere, ästhetisch perfekte Aufnahmen und ausdrucksstarke Sätze sollten später den großen Reiz des Films ausmachen.

Zudem wurde ein Biologe angeheuert, für den es zur Vollzeitbeschäftigung wurde, die 70 Spinnenarten für den Film zu versorgen und zu züchten. Sogar aus »Down Under« kamen die achtbeinigen Stars per Kurier – Australien ist der Kontinent, der die meisten Gifttiere beherbergt. Jede Spinne musste getrennt gehalten und gefüttert werden, denn viele Arten neigen zum Kannibalismus, bekanntestes Beispiel ist die Schwarze Witwe. Eigene Futterzuchten von mikroskopisch kleinen Springschwänzen bis hin zu Heuschrecken wurden angelegt. Die Spinnen mussten schließlich genügend Stoff zum Aussaugen bekommen. Im Laufe der Zeit entstand ein kleiner privater Krabbelzoo.

Der Biologe hatte einen sehr verantwortungsvollen Job. Er musste immer im Voraus wissen, wann filmrelevante Ereignisse wie Paarung oder Kokonbau bevorstanden. Dann wurde möglichst frühzeitig ein Biotop aufgebaut, in das die Spinnen umgesiedelt wurden. Aufgezogen und gehalten wurden sie in Plastikbehältern. So ein Biotop war schnell aufgebaut, sie brauchten in der Regel lediglich ein paar Zweige aufzustellen. Darüber wurde eine Glasglocke gestellt, damit die Spinnen nicht ausreißen konnten. Netzspinnen bleiben dann am Ort. Als während der Dreharbeiten eine lange geplante Griechenlandreise Hirschels mit seiner Frau Helgard anstand, waren ausgerechnet zu diesem Zeitpunkt Spinnen kurz vor ihrem Schlupf. Andere Leute nehmen ihren Hund mit in den Urlaub – Kurt Hirschel packte seine Spinnen ein. Nachts um halb drei schrillte in Griechenland die Alarmanlage. Der Sensor in der Spinnenbox, die er extra für diesen Zweck konstruiert hatte, meldete Bewegungen. Es war so weit, die Spinnen schlüpften. Sofort war der Bastler hellwach und eilte zu Kamera und Spinnenterrarium. Die Nacht verbrachte er voll konzentriert damit, die Spinnen beim Verlassen ihrer Eihüllen und bei ihren ersten Gehversuchen zu filmen. Ihm gelangen faszinierende Aufnahmen, die ihren Weg in den Spinnenfilm fanden. Kurt Hirschel schmunzelt noch heute über diesen Geniestreich, der ihm so perfekt gelungen war.

Morgentau als Motivator

»Nun mach mal!«, beinahe schon flehentlich richtet Kurt Hirschel seine Worte an die Spinne. Die Kamera steht schon lange bereit. Die Temperatur und die Lichtverhältnisse stimmen. Nur – die Spinne will einfach nicht ihre baumeisterlichen Fähigkeiten zeigen und mit dem Netzbau beginnen. Gehört hat sie ihn, obwohl sie über keine Ohren verfügt. Geräusche nehmen Spinnen über feine Sinneshaare an ihren multifunktionalen Beinen wahr. Neben dem üblichen Krabbeln und dem Tasten riecht sie mit den Beinen. Der Sinn von Kurt Hirschels Worten bleibt ihr jedoch verborgen. Wie mag es wohl für die Spinne klingen, wenn so ein ungeheuer großes Lebewesen spricht? Womöglich kommt nicht mehr als ein dröhnendes Rauschen bei ihr an.

Spinnen lassen sich nicht dressieren. Alle Krabbler machen nur das, wozu sie genetisch veranlagt sind. Beherrscht und gesteuert werden sie von ihrem Instinkt. Nichts anderem. Wenn Sie zu Hause quakende Frösche im Gartenteich oder die Arien einer Nachtigall vor dem offenen Schlafzimmerfenster haben, dann wissen Sie, wie instinktgesteuert Tiere sind. Sobald die Rahmenbedingungen wie Wetter und Jahreszeit stimmen, wird gequakt und geträllert ohne Unterlass. Die Tiere können gar nicht anders. Sie schreien ihr ureigenes Sein in die wilde Welt hinaus. Und, sind wir in unserem Tun dem auf unsere Weise nicht sehr ähnlich? Kurt Hirschel war sicher auch öfter zum Schreien zumute, doch er ist von besonnenem Gemüt.

Geduld ist eine Tugend, die Tierfilmer nicht nur draußen in der Wildnis brauchen, sondern in diesem Fall auch im Labor. Wenn die Spinne nicht will, dann will sie nicht. Kurt Hirschel beginnt zu experimentieren, um den Spinnen möglichst ideale Bedingungen zu bieten. Sie müssen den Instinkt der Spinne ansprechen, sie sozusagen zum Handeln herausfordern. Die Suche nach den passenden Verhältnissen, um das gewünschte Verhalten aus den Spinnen herauszukitzeln, ist oft eine zermürbende Arbeit. Dann diskutieren sie, wälzen Bücher über Spinnen, probieren neue Strategien aus. Gelegentlich bringen und brachten die Spinnen sie an den Rand der Verzweiflung. Habe ich vielleicht nicht an alles gedacht, geht es Hirschel durch den Kopf? Die Temperaturen stimmen, sind eingestellt auf den Lebensraum ihres Vorkommens. Die Lichtverhältnisse bei einer filmgerechten Ausleuchtung passen. Kurt Hirschel erkennt schnell, dass er am besten Lichtquellen nutzt, die wenig Wärme produzieren, da die Spinnen ansonsten in der Hitze geschmort werden. Um eine optimale Luftfeuchtigkeit herzustellen, sprüht er das künstliche Biotop samt Spinne mit einem feinen Zerstäuber ein. Das scheint vielen Spinnen zu gefallen, sie regelrecht zu stimulieren. Sie krabbeln los, und mit ein bisschen Glück beginnen sie endlich, ihre kunstvollen Netze zu weben.

Für den Zerstäuber haben die Tierfilmer einen passenden Namen: »Schrittmacher«. Vielleicht fühlen sich die Spinnen im feinen Wasserstaub wie ummantelt von Morgentau im Sonnenaufgang, den sie in der Wildnis als beste Zeit für den Bau eines Netzes ansehen. Es mag die Feuchtigkeit sein, die sie aufzunehmen begehren, die ihnen bessere Bedingungen zum Netzbau bietet. In die Spinnen können sie nicht hineinsehen, sie versuchen sich aber in ihre Lage hineinzuversetzen und ihren Bedürfnissen zu entsprechen. Viele Faktoren können entscheidend sein, wenn es darum geht, spezielle Verhaltensweisen auszulösen. Neben Luftfeuchtigkeit, Temperatur und Licht spielt auch die Jahreszeit eine Rolle. Manchmal muss man einfach zur richtigen Zeit am richtigen Ort sein.

Bei Begegnungen von Menschen mit Spinnen scheint das allerdings nicht zu gelten. Spinnen sind dann grundsätzlich am falschen Ort.

Athene und Arachne

Das Image der Spinnen ist auf dem Niveau des tiefsten Kellerschachtes angekommen. Bei erstaunlich vielen Menschen ruft der Anblick von Spinnen beklemmende Angst hervor. Sie bekommen eine Gänsehaut, ihre Nackenhaare stellen sich auf. Spinnen werden inbrünstig gehasst. Ähnlich den Schlangen werden sie verteufelt oder vergöttert, lösen Angst oder Faszination aus. Gleichgültig sind sie fast niemandem, jeder hat da sein eigenes spezielles Empfinden. Die Frage »Hast du Angst vor Spinnen?« kennt jeder, sie irritiert nicht.

In der Hitparade der unbeliebtesten Tiere rangieren die Spinnen ganz oben. Die krankhafte Angst vor Spinnen hat es in der Psychologie sogar zu einem eigenen Fachterminus geschafft: »Arachnophobie«.

Der Name für diese Phobie stammt aus der griechischen Mythologie. Arachne war eine talentierte lydische Weberin. Sie forderte die Göttin Athene, die auch Schutzgöttin der Spinner und Weber war, zu einem Wettstreit im Weben heraus. Hochmütig wob sie die Liebschaften der olympischen Götter in ihren Teppich ein. Diese blasphemische Tat machte Athene sehr wütend, und sie haute Arachne die Lade des Webstuhls um die Ohren. Zimperlich waren sie nicht, die Götter, zumal Athene auch die Göttin des Kampfes war. Als die fleißige Weberin ihren Hochmut erkannte, erhängte sie sich in ihrer Verzweiflung. Dies wiederum besänftigte das Herz der weisen Göttin Athene: Sie verwandelte den Strick in einen Spinnfaden und Arachne in eine Webspinne. Der Weberin blieb ein Leben am seidenen Faden, und ihr Name ist nicht nur mit der Angst vor Spinnen verknüpft, sondern bezeichnet auch die Wissenschaft der Spinnen, die Arachnologie.

Es ist schwer vorstellbar, dass bereits unsere Vorfahren, die noch in Höhlen lebten und gerade erst Feuer zur Verfügung hatten, panisch auf diese Achtbeiner reagierten. Beim *Homo sapiens* der westlichen Kultur von heute befindet sich das Image der Spinnen jedoch im Dauertief.

Was aber verursacht die heutigen negativen Gefühle bei den Begegnungen mit Spinnentieren, zu denen neben den Webspinnen auch Skorpione, Weberknechte, Walzenspinnen und Milben gehören? Wieso ertragen wir Szenen im Fernsehen, in denen Löwen Zebras reißen und ihre bluttriefenden Köpfe im Fleisch der Opfer suhlen, empfinden aber höchsten Widerwillen beim Jagdverhalten der Spinnen?

Als Hauptverdächtige kommen die Gifte der Spinnen infrage. Es gibt Spinnen, deren Bisse für Menschen tödlich sind. Als giftigste Spinne der Welt gilt die australische Trichternetzspinne. Ihr Biss kann schon nach Minuten eine tödliche Wirkung entfalten. Die Schwarzen Witwen sind die bekanntesten aus dieser wirklich gefährlichen Kategorie. Es muss an ihrem Namen liegen, dass diese Spinne ihre Berühmtheit erlangt hat, denn kaum jemand kann sie von anderen kleinen, dunklen Spinnen unterscheiden. Lediglich eine wenig beißfreudige Art der Schwarzen Witwen ist auf unserem Kontinent heimisch, wobei sie nur in Südeuropa vorkommt. Sie ist weit weniger gefährlich als die tropischen Arten der Schwarzen Witwen. In Italien wird der Biss der Schwarzen Witwe mit dem Stich einer Biene verglichen. Schmerzen, Fieber und vorübergehende Unbeweglichkeit der Gelenke sind möglich. Stärkere Giftwirkungen können durch allergische Reaktionen auftreten, die im Einzelfall auch einmal zum Tode führen mögen – so wie beim Stich einer Biene oder Wespe. Es soll aber wiederum Menschen geben, die 500 Bienenstiche überlebten. Das ist bei Spinnengiften nicht anders. Wenn Sie in Europa Urlaub machen, brauchen Sie die Giftigkeit der Spinnen nicht mehr zu fürchten als die Giftigkeit von Bienen und Wespen. Deutschlands bekannteste Spinne ist die Kreuzspinne. Ihr Biss soll zwacken, was sicher der Verletzung der Haut zuzuschreiben ist. Ein leichter Schmerz geht dann in ein Jucken über, das nach 15 Minuten wieder verschwindet. Das war es dann auch schon.

Keine Panik!

Seien Sie mal ehrlich: Aller Wahrscheinlichkeit nach kennen Sie niemanden, der von einer Spinne gebissen wurde, geschweige denn durch die Giftwirkung in Schwierigkeiten geriet. Von ungefähr 38 000 beschriebenen Spinnenarten weltweit sind es nur etwas über 30 Arten, deren Gift dem Menschen ernsthaft gefährlich werden kann. Unsere

Spinnen können zwacken, ihre Gifte aber sind harmlos und werden völlig überschätzt. Giftig sind sie fast alle, die einen mehr, die anderen weniger. In der Regel reicht die Dosis, nachdem das Gift durch die beweglichen Klauen injiziert wurde, gerade mal aus, um ein Insekt zu lähmen. Spinnen spielen in der hiesigen Pathologie keine Rolle, es sei denn, sie sind in einer Bananenstaude oder Ähnlichem nach Deutschland eingeschleppt worden. Für den Fall der Fälle stehen Seren zur Verfügung, die den gängigen Spinnengiften entgegenwirken.

Neben den Spinnen haben viele Menschen Abscheu vor Mäusen und Ratten. Dies ist zumindest halbwegs zu begründen: Ratten können kräftig zubeißen. Selbst Mäuse können einem schmerzhafte Wunden zufügen, wie ich aus eigener Erfahrung weiß. Es besteht zudem die Gefahr einer Infektion. Früher haben Ratten die Pest verbreitet. Vor diesem historischen Hintergrund wäre die Abscheu vieler Menschen vor Ratten begründet. Unbeliebt sind auch Stechmücken. Das Heer der Moskitos saugt nicht nur unser Blut, sondern überträgt eine ganze Reihe todbringender Krankheitserreger. Hunderttausende Menschen sterben jedes Jahr durch diese Plagegeister. Aber von einer Moskitophobie habe ich noch nie gehört. Moskitos als Auslöser für panische Angst und Ekel – Fehlanzeige.

Wenn die Ursache für die psychotischen Ängste vor Spinnen nicht in ihrer Giftigkeit liegt, was ist es dann? Psychologen erklären die Paranoia mit einer Kombination aus fremdartigem Körperbau und Verhalten: Spinnen haben acht lange haarige Beine und abstoßend wirkende Mundwerkzeuge. Sie krabbeln schnell, ruckartig, unberechenbar, mittels tastender Fortbewegungsweise. Es reicht oft schon, die Finger einer Hand spinnenartig zu bewegen, um einen Mensch mit Spinnenangst auf die Palme zu bringen. Da wir generell Fremdes instinktiv ablehnen, wird von Psychologen vermutet, dass wir dies umso mehr tun, je weiter Tiere genetisch vom Menschen entfernt sind. Biologen weisen jedoch darauf hin, dass diese Verschiedenheit ja genauso auf andere niedere Tiere zutreffe, die vom Menschen aber nicht mit gleicher Angst oder gleichem Abscheu bedacht werden. Eine ganz ähnliche Wirkung müssten dann zum Beispiel alle Insekten und Krebstiere erzeugen. Das tun sie aber nicht.

Eine weitere Theorie aus der Psychologie besagt, dass die Urangst vor Spinnen, die sich in Jahrmillionen entwickelt habe, genetisch vererbt werde. Dann aber müssten alle Kulturen dieselbe Angst vor Spinnen haben. Dem ist aber nicht so. Es stellte sich heraus, dass die Phobie vor Spinnen insbesondere im Dunstkreis der westlich-christlichen Kulturen verbreitet ist. Sollte etwa, ähnlich wie bei den Schlangen, unser religiöser Hintergrund mitverantwortlich für die Angst vor Spinnen sein? Gräbt man tiefer, treten erstaunliche Ansichten über die Spinnen zutage: Im Christentum wurden und werden sie mit Pest, Tod und Satan in Verbindung gebracht. Noch im 16. Jahrhundert glaubte selbst der bekannte Mediziner Paracelsus, dass Spinnen im Blut menstruierender Frauen entstünden und vom Teufel höchstpersönlich ausgebrütet würden. Das Gift der Spinnen sollen böse Hexen benutzt haben, um Männer ihrer Zeugungsfähigkeit zu berauben. Die Angst vor Spinnen scheint tatsächlich stark in unserer christlichen Kultur verwurzelt zu sein, die von Generation zu Generation (unterbewusst) weitergegeben worden ist.

Wir übernehmen Informationen unserer Vorfahren, auch wenn sie falsch sind. Beispiele dafür gibt es viele. So sollen drei Hornissenstiche ausreichen, um einen Menschen zu töten. Hornissen sind jedoch nicht annähernd so giftig, wie es immer wieder heißt. Als Kinder wurden wir auch vor Libellen gewarnt, weil die angeblich stechen können. Wenn wir das tiefe Brummen der Libellen hörten, liefen wir ängstlich weg. Das war unnötig, denn Libellen können gar nicht stechen.

Umfragen haben ergeben, dass Kinder weit weniger Angst vor Spinnen zeigen, wenn die Eltern ein relaxtes Verhältnis zu diesen Krabblern haben. Umgekehrt lässt es sich statistisch belegen, dass bei Spinnen-Phobikern meist wenigstens ein Elternteil hypernervös bis ängstlich auf Spinnen reagiert. Die Spinnenangst wird folglich nicht genetisch vererbt, sondern das Verhalten wird von den Eltern auf die Kinder übertragen.

Geschürt werden Ekel und Angst durch eine nach Quoten heischende Berichterstattung in den Medien und Horrorfilme über Spinnen, die mit der Realität nichts mehr gemein haben. Wer sich zum Beispiel am Dschungelcamp erfreut und über den Tellerrand des Pseudo-Gruselns schaut, kann beobachten, dass immer wieder Spinnen eingesetzt werden – die den C-Promis nichts tun.

Vogelspinnen zum Kuscheln

Bei den großen, zotteligen Vogelspinnen scheiden sich erstaunlicherweise die Geister. Für einige sind sie das Musterbeispiel einer Spinne, die in Angst und Schrecken versetzt. Andere fürchten sie weit weniger als kleine, flinke Spinnen. Zu Recht, denn die giftigsten sind verhältnismäßig unscheinbar. Tatsächlich ist das Gift der Vogelspinnen nicht annähernd so gefährlich, wie allgemein angenommen wird, und soll von der Giftwirkung her dem Stich einer Wespe oder Hornisse ähnlich sein. Während meiner zweijährigen Zeit als Leiter einer Leguanstation auf der honduranischen Karibikinsel Utila habe ich mehr als 50 Vogelspinnen aus der Station gerettet. Zum Erstaunen vieler Besucher habe ich sie sogar über meine Hände krabbeln lassen. Es ist in Honduras nicht unbedingt üblich, ein Glas über diese fetten Spinnen zu stülpen, ein Blatt Papier unter sie zu schieben, das Glas umzudrehen und die Spinnen nach draußen zu bringen. Nicht ein einziges Mal war dabei eine Vogelspinne aggressiv und hat versucht zu beißen. Das übliche Schicksal der verkannten Tiere sind die Varianten »Vom Pantoffel erschlagen« oder »Vom Staubsaugerrohr eingeatmet«. Wenn eine Vogelspinne im Haus vorstellig geworden ist, sollte man aber nicht denken, die verschwindet schon bald von selbst. Die Weibchen können immerhin bis 20 Jahre alt werden.

Vogelspinnen sind nicht angriffslustig und beißfreudig. Einmal hatte ich in der Leguanstation einen bodenbewohnenden Gecko im letzten Tageslicht gesehen, den ich mir näher anschauen wollte. Als er raschelnd in einer nahen Erdhöhle verschwand, grub ich das Loch mit den Händen ein wenig auf und steckte meine Hand tief hinein, um den Gecko vorsichtig herauszunehmen. Biologen machen so etwas, sie können gar nicht anders. Ich fühlte aber dann mit den Fingern keine Reptilienhaut, sondern haarige, zappelige Beine. Die Vogelspinne hatte ich bereits gegen die Höhlenwand gedrückt. Als ich meinen Fehler erkannte, zog ich reflexartig meine Finger aus der Erdhöhle. Mit einem Biss des kleinen Geckos hatte ich gerechnet. Das war mir egal, er ist zu klein, um meine Haut zu durchdringen. Ich war innerlich auf ihn vorbereitet, doch die Vorstellung, von den kräftigen Kieferwerkzeugen einer Vogelspinne gezwackt zu werden, jagte meinen Puls hoch. Es ist erstaunlich, doch die Vogelspinne hat mich nicht gebissen, obwohl sie sich sehr bedroht gefühlt haben muss.

Ähnlich erging es Mitarbeitern der Station, die in der

Küche Lebensmittel von den Regalen holten oder im Büro nach Ordnern griffen. Vogelspinnen versteckten sich hier gerne. Die Türen der Station hatten unten einen Schlitz, schlossen also nicht dicht, und nachtaktive Tiere wie Mäuse, Skorpione und eben Vogelspinnen verirrten sich des Öfteren ins Innere. Gelegentlich berührten die Mitarbeiter unabsichtlich die zotteligen Achtbeiner, was mit einem kurzen Schrei quittiert wurde. Gebissen haben sie aber kein einziges Mal, sodass ich über die Giftwirkung nicht aus erster Hand berichten kann.

Das Saug-Gelage der Spinnen

Tatsächlich sollten wir die Spinnen als unsere nützlichen Freunde betrachten. Auch wenn eine ganze Reihe von ihnen darauf spezialisiert ist, andere Spinnen zu erbeuten, sind sie doch im Wesentlichen exzellente Insektenvertilger. Ohne die achtbeinigen Spinnen würden uns die sechsbeinigen Insekten um ein Vielfaches mehr piesacken und weit mehr unserer landwirtschaftlichen Erzeugnisse von den Feldern knabbern. Eine beeindruckende Rechnung verdeutlicht dies: Auf einem Quadratmeter naturnahem Waldboden wurden schon bis zu 150 Spinnen gezählt. Wenn jetzt jede einzelne dieser Spinnen in den warmen Monaten eines Jahres im Schnitt zwei Gramm Insekten verzehrt, dann vernichten die Spinnen auf einem Hektar etwa 3 000 Kilogramm Insekten. Drei Tonnen! Eine Hypothese besagt sogar, dass die ursprünglich flugunfähigen Insekten die Möglichkeit des Fliegens entwickelten, um ihrer Verfolgung durch die Spinnen zu entgehen. Gleiches würde für das Hüpfen der Heuschrecken gelten. Dann hätten die Spinnen ihrerseits mit den Fangnetzen, mit denen sie Fluginsekten aus der Luft sieben, nachgerüstet.

Pauschal kann man sagen, dass Tiere mit großen Augen und schönem Fell bessere Quoten garantieren als krabbelnde Spinnentiere, die in der Ekelskala ganz oben rangieren. Aus der Erwägung heraus, dass ein überwiegender Teil der Zuschauer ganz eindeutig Tiere der »Süß-und-niedlich-Fraktion« sehen will, fordern die Redakteure der Fernsehsender ein, dass diese Sympathieträger die Drehbücher der Tierfilme bestimmen – zu Recht. Fakt ist nun mal, es sollen viele Leute erreicht werden. Ein Trick besteht nun darin, zum Beispiel in einen »Waldfilm« mit kleinen Krabbelviechern oder glitschig anmutenden, sich paarenden Unken zur Abwechslung Fuchsbabys, drollige Dachse und putzige Frischlinge einzubauen, die zu passender Musik herumtapsen und Fangen spielen. Es ist dann alles da, wozu der Zuschauer »süß« oder »spannend« sagt. Das Herzblut des Filmemachers selbst mag für Gelbbauchunken in Waldpfützen oder Salamandergeburten schlagen – oder eben für die faszinierende Welt der Spinnen.

Horst Sterns Spinnenfilm *Leben am seidenen Faden* ist einer der wenigen Sonderfälle. Unter deutschen Tierfilmern kam in den Siebzigerjahren die Meinung auf, dass in Deutschland nicht mehr viel Neues zu machen sei, weil alles schon gefilmt wurde. Fremde Länder mit sympathieträchtigen Tierarten wurden zum Ziel. An die unbeliebten Spinnen hatte bisher niemand gedacht. Horst Stern und Kurt Hirschel bewiesen mit ihrer so ganz anderen Blickrichtung, dass das Potenzial für gute Filme in Deutschland noch lange nicht ausgeschöpft gewesen ist. Der Natur- und Tierfilmer Jan Haft erklärte mir das folgendermaßen: »Jeder Naturinteressierte beobachtet, dass selbst ein und derselbe Garten jedes Frühjahr schon wieder anders ist. Die Geschichten, die sich allein daraus ergeben, sind von unendlicher Zahl, und wo man reinsticht, könnte man immer tiefer graben.« Stern und Hirschel haben im tiefsten Keller gegraben, haben hervorgeholt, was bis dato im Sinne der Verkäuflichkeit als Quotengift galt. Wie gesagt: Wer will schon einen ganzen Film über Spinnen sehen?

Spinnenflackern

»Mach mal«, hatte Horst Stern zu Kurt Hirschel gesagt. Wieder und wieder gehen ihm diese Worte durch den Kopf. Viele fantastische Aufnahmen waren ihm bereits gelungen. Aber da sind immer noch die großen Baldachinspinnen in ihrer Zucht, die wunderschöne horizontale Netze weben. Den Bau dieser Netze wollen sie unbedingt in ihrem Film zeigen. Alles Warten aber ist vergeblich, die fangen einfach nicht an mit ihrer Arbeit. Ihnen ist durchaus bekannt, dass diese Spinnen ausschließlich nachtaktiv sind. Sobald aber Licht eingeschaltet wird, ist jede Aktivität vorbei. Die Filmer sehen sich mit einem Dilemma konfrontiert: Licht an, Spinne stoppt; Licht aus, Spinne läuft. So würde das nichts werden.

Dann beginnt Kurt Hirschel mit Licht zu experimentieren. Zunächst setzt er darauf, jede noch so geringe Wärmeentwicklung im Spinnenbiotop zu vermeiden. Ohne Erfolg. Es ist der Zufall, verbunden mit guter Beobachtungsgabe, der ihm zum Durchbruch verhilft. Beim Fotografieren stellt er fest, dass die Spinnen nicht auf ein altes Blitzgerät reagieren, das extrem kurz belichtet. Neuere Geräte belichten länger, dabei stellen die Spinnen ihre Aktivitäten ein. Hirschel beginnt, an Kurzzeitblitzen zu tüfteln. Rund um die Spinnen füllt sich sein Labor mit Stativen, Kabeln und elektronischen Geräten. Er entwickelt riesige Blitzgeräte, die unglaublich schnell hintereinander kurze Lichtimpulse abfeuern können. Es grenzt an ein Wunder, die nachtaktiven

Baldachinspinnen bewegen sich im flackernden Leuchtfeuer, als wären sie von tiefster Finsternis umgeben. Offensichtlich sind sie nicht in der Lage, das Flackern wahrzunehmen. Warum – das ist bis heute ein Rätsel.

Die ganze Sache hat aber einen Haken. Immer wenn die Stroboskope zucken, wird den Filmern speiübel. Sie verstehen nicht, warum ihnen fortwährend schlecht wird. Der Zusammenhang von rhythmischer Lichtflut mit epileptischen Anfällen war zu dieser Zeit noch nicht allgemein bekannt. Immerhin schützen sie ihre Augen mit Spezialbrillen. Doch die Übelkeit bleibt. Ein um Rat gefragter Wissenschaftler weiß Rat. Die Lichtimpulse dringen nicht nur über die Augen, sondern ebenso durch die Schädeldecke ins Gehirn und irritieren es auf gefährliche Weise. Kurt Hirschels Antwort auf dieses biologische Problem ist so simpel wie einfach: Er setzt sich einen Kopfschutz auf. Von nun an tritt keine Übelkeit mehr auf.

Vier Batterien großer Stroboskoplichter erhellen das Set. Rund um die Baldachinspinne zuckt das Blitzgewitter wie in einer dämonischen Szene eines Horrorstreifens. Dieses Lichtinferno rund um die Spinne, die eifrig ihr komplexes Netz aufbaut, wäre wahrlich geeignet, um ihr satanische Eigenschaften anzudichten. Jede Sekunde blitzt es bis zu 50 Mal, die Kameras laufen synchron mit, für jeden Blitz ein Bild. Im Lichtfeuerwerk gelingen dem Spinnenfilmer brillante Bilder von Netzbau, Beutezügen und Liebesspielen der Baldachinspinnen bei Nacht. Kurt Hirschel hat es geschafft! Für jedes Problem hat er eine Lösung gefunden. Ihm ist sein persönliches Meisterwerk gelungen, so wie Leonardo da Vinci sich mit der *Mona Lisa* selbst übertroffen hat.

Der Film *Leben am seidenen Faden* begeistert. Er zeigt uns, wie Spinnen wirklich sind. Sätze von Horst Stern wie:

»Es gehört der Mensch nicht eigentlich zum Lebenskreis der Spinne; weder dient er ihnen zur Beute noch ist er ihr natürlicher Feind. Dass er ihr gefährlichster ist, hat entwicklungshistorisch keine Bedeutung; er betreibt nicht Selektion, sondern wahllosen Mord«, rütteln uns wach, und die einmaligen Bilder Kurt Hirschels wecken in uns Faszination für die Kreaturen, die uns in ihrer Lebensweise meistens als befremdlich und grausam erscheinen. Doch eine Welle der Zuneigung, wie sie beispielsweise den Eisbären durch das Eisbärenbaby Knut zuteilwurde, bleibt den Spinnen weiterhin versagt. Die phobische Angst vor diesen achtbeinigen Krabblern scheint zu tief in unserer Kultur verwurzelt zu sein. Die mörderische Feindseligkeit ihnen gegenüber ist geblieben. Der Film hat an unserer Einstellung gekratzt – immerhin. Es sieht jedoch nicht danach aus, dass die Spinnen in nächster Zukunft von ihrem düsteren Image befreit werden.

12

Das Donnern der Dickschädel

05:46 Uhr

Ich sehe auf die Uhr. Noch eine Viertelstunde, dann ist meine Nachtwache vorbei. Ein langer Filmtag mit der Anakonda erwartet uns. Ich schaue Jörg an, dem noch seine Begeisterung für die Spinnengeschichte anzusehen ist. Von Müdigkeit keine Spur, obwohl er nicht geschlafen hat. Wie macht er das nur? Ich gähne herzhaft. Nicht einmal davon lässt er sich anstecken. Die Anakonda regt sich nicht. Jetzt, bei Tageslicht betrachtet, wirkt sie viel größer als in der Nacht.

»Ich bin ja echt gespannt, wie sich die Anakonda heute verhalten wird, wenn wir sie in Szene setzen«, denke ich laut nach.

»Das wird bestimmt problematisch. Die ist echt ein megamäßiges Muskelpaket«, meint Jörg.

»Und dabei noch lange nicht preisverdächtig!«

Ich hatte ihm erzählt, dass Theodore Roosevelt 1912 einen Preis von 5000 Dollar für eine Schlange von mindestens 30 Fuß aussetzte. Das sind umgerechnet 9,14 Meter. Er selbst war passionierter Jäger und hatte in Südamerika sehr große Anakondas gesehen. 1980 erhöhte die New Yorker Wildlife Conservation Society diesen Preis für eine 30 Fuß lange Schlange auf 50000 Dollar. Hintergrund waren die vielen Berichte über 10 bis 15 Meter lange Anakondas und Pythons. Stein und Bein schworen die Berichterstatter auf die Richtigkeit ihrer Angaben. Keine angebliche Rekordschlange hielt jedoch einer Überprüfung stand. Meistens handelte es sich um nicht nachvollziehbare Sichtungen und Schätzungen. In brasilianischen Zeitungen war sogar einmal von einer 50 Meter langen Anakonda die Rede. Angeblich hat die ein Militärcamp überfallen, wurde jedoch von den tapferen Soldaten getötet. *Den* Schädel hätte ich gerne!

»Die Jagd nach Rekorden bei Tieren ist schon eine merkwürdige Sache«, sinniert Jörg, »gesucht wird immer das einmalige Superexemplar. Und sollte das Rekordtier gefunden werden, geht die Suche von vorne los, denn es könnte ja noch ein größeres Exemplar geben. Eine never-ending Story.«

»Sicher, die Jagd nach Rekorden kann ausarten. Andererseits können Rekorde echt spannend sein. Weißt du etwa, wer im Tierreich der größte Dickschädel ist?«

Weitwinkelkullern

Was ist das? So etwas Merkwürdiges hat er noch nie gesehen. Er wiegt den Kopf, schnuppert vorsichtig daran. Keine Reaktion. Das Weibchen mit ihrem Jungen vor ihm hat kurz auf das merkwürdige Etwas geschaut und es dann achtlos links liegen gelassen. Kein Interesse, wozu auch? Nicht so das Männchen. Gereizt, wie es ist, kommt ihm das Ding gerade recht. Der Koloss wirft den Kopf hin und her, ist bereit. Eine Drohung, die ernst zu nehmen ist, denn mit gut 300 bis 400 Kilogramm bei 2,50 Meter Länge ist nicht zu spaßen. Noch viel weniger zu spaßen ist mit seinen spitzen, nach vorne gebogenen Hörnern. Die Basis der Hörner bilden zwei dicke, verbreiterte Hornplatten über seiner Stirn, die nur einem Zweck dienen: Frontalangriff! Der junge Bulle sieht rot, die Augen weiten sich, das Weiße tritt aus den Augen hervor. Was ihn stört, wird er zermalmen.

Der Moschusochse umrundet das schwarze, ebenmäßig geformte Etwas. Er startet einen Angriff. Er springt vor, den Kopf zum Angriff gesenkt. Seine Vorderhufe stampfen in den Tundraboden. Nur wenige Zentimeter vor dem Gebilde stoppt er. Der Scheinangriff war die letzte Warnung. Sein Widersacher ist ein kleines Kästchen, nicht einmal so groß wie ein Toaster. Hat der Jungbulle etwa das leise Summen der Kamera oder ein LED-Lämpchen leuchten gesehen? Wahrscheinlicher ist, dass die Kamera in der Sonne geglänzt und ihn irritiert hat. Erneut schnuppert er mit seinen breiten Nüstern. Ist das etwas Lebendiges? Egal! Das vermaledeite Etwas liegt ihm im Weg und regt ihn auf. Für seine Masse unerwartet behände springt er wieder vor der Minikamera hin und her. Dann senkt er den Kopf. Sein spitzes Horn saust haarscharf an der Kamera entlang. Dicht daneben ist auch vorbei. Noch immer keine Reaktion vom Kästchen. Es geht darum, sich zu beweisen. Der Jungbulle ist noch unerfahren und muss sich die Hörner abstoßen. Da kommt ihm jede Gelegenheit recht. Nun reicht es ihm aber. Er will sich abreagieren, egal wie.

Mit Schwung stößt er die Minikamera mit der Schnauze zur Seite. Endlich bewegt sich das Ding. Das Überschlagen der Kamera nutzt er sofort für seinen nächsten Angriff. Dieses Mal trifft er, rammt die kleine Kamera mit seiner Stirn in die niedrige Vegetation aus Moosen und Flechten. Das sieht aus wie bei einem Kätzchen, das mit seiner Pfote einen Ball wegdengelt und ihm hinterherjagt, nur in Großformat. Erneut springt er vor dem ihm unbekannten Objekt auf und ab, droht mit Kopfschütteln. Aber der Kamera wachsen keine Beine, sie wehrt sich nicht, quiekt nicht, bewegt sich nicht, liegt da wie ein gähnend langweiliger Gesteinsbrocken. Frustriert wendet sich der Bulle ab, trottet der Herde hinterher.

Die teure Kamera, ob da noch etwas zu retten ist? Jan Haft ist skeptisch. Sorgenvoll kriecht er zu der Kamera hin, um sie zu bergen. Es wäre ein enormer Verlust, wenn sie ab jetzt nicht mehr zur Verfügung stünde. Doch tief in seinem Tierfilmerherz regt sich noch eine zweite Frage: Was hat die Kamera aufgenommen? Sind Jan Haft und dem Team unerwartet kuriose Bilder eines Angriffs aus allernächster Nähe geglückt? Brillant hatten sie die Kamera platziert, sodass die Moschusochsen exakt auf sie zuliefen. Nahaufnahmen mitten unter ihnen, was für eine geniale Einstellung. Das Kamerateam hatte sich unauffällig in einiger Entfernung positioniert und das Vorbeiziehen der Herde aufgenommen, als der Jungbulle unerwartet die Kamera angriff.

Gewagt war dieser Dreh allemal, denn die Kamera hätte platt getrampelt werden können. Nun filmen die Kollegen, wie Jan Haft, am Boden kriechend, die Kamera holt, obwohl der Bulle erst 20 Meter weitergetrottet ist. Schon beim Zurückkommen drückt er die Starttaste. Holla die Waldfee, die Kamera läuft noch, hat keinen ernsthaften Schaden erlitten. Da war doch noch etwas. Der Bulle! Ein aufgeschreckter Blick zurück. Vor lauter Neugierde hat Jan Haft nur Augen für die Kamera gehabt und den Bullen ganz vergessen. Hier in der Tundra gibt es kein Versteck, keinen Baum, hinter den er sich flüchten könnte. Doch der Bulle zieht weiter, kümmert sich nicht um den Mann. Glück gehabt! Wehe dem, der von einem Moschusochsen mit seiner urwüchsigen Kraft erfasst wird!

Das Filmteam schaut gespannt aufs Display der Kamera. Perfekt! Kuh und Kalb laufen nur einen halben Meter an der Kamera vorbei. Dann passiert einen Augenblick nichts. Der Jungbulle ist schon nicht mehr im Sichtbereich der Kamera. Doch plötzlich wackelt sie, dann ist kurz von der Seite die Schnauze zu sehen. Kurz darauf dreht sich das Bild um sich selbst, als der Bulle die Kamera weghaut. Diese Szene, aus dem Blickwinkel zweier Kameras aufgenommen, bringt Jan Haft zwar nicht im Film *Norwegen* aus der Serie *Wildes Skandinavien* unter, dafür aber im *Making of*, welches unter dem Titel *Auf zum Polarkreis* als eigene Filmdoku ausgestrahlt wird.

Der Name Jan Haft steht für Deutschlands produktivste Naturfilmschmiede. Seit er 1996 die Firma »Nautilus TV« gründete, die er im März 2000 in eine GmbH umwandelte und die seitdem »Nautilusfilm« heißt, tragen knapp 40 Filme seine Handschrift. Alleine kann er die vielen Produktionen längst nicht mehr bewältigen. In Zusammenarbeit mit seiner Frau Melanie entwickelte sich ein Unternehmen, in dem heute zehn Mitarbeiter beschäftigt sind. Sie fungieren als perfekt eingespieltes Team. Das ermöglicht es ihm, an mehreren Filmprojekten gleichzeitig zu arbeiten. Ein Filmer, der alleine arbeitet, vereint in sich die Rollen als Autor, Kameramann, Techniker, Produzent, Organisationstalent, Cutter, Finanzmanager und Biologe. Er braucht ein gutes Händchen im Umgang mit anderen Menschen. Es bedarf einer Menge Kreativität, um die Tiere vor die Kamera zu bekommen. Mit seinen Aufnahmen, Texten und der Vertonung muss er den Geschmack von Zuschauern und Redaktionen treffen. Ein Naturfilmer ist eben nicht nur ein Kameramann, der loszieht und Tiere filmt, sondern ein Allroundtalent, das viele Fähigkeiten in sich vereinen muss.

Preishammer

Die Filme von Jan Haft zeichnen sich durch Liebe zum Detail aus. Ihn begeistern nicht nur die Tiere an sich, sondern wie sie eingebunden sind in ihre Umwelt. Auch das wenig bekannte Leben der Kleinen im Gefüge des Ganzen inspiriert ihn: Da setzt sich ein Eichelhäher in einen Ameisenhaufen, um sich mit Säure besprühen zu lassen, damit er so seine lästigen Parasiten loswird. Oder ein Dunghaufen – für den Tierfilmer ist das keine leblose Masse, denn Käfer und Fliegen warten nur darauf, in die wiedergekäute verdaute Masse ihre Eier zu legen. Die Larven und Insekten sind dann wiederum Futter für Vögel und andere Tiere.

Jan Haft zeigt uns die Tiere und Pflanzen – oft unserer nächsten Umgebung – aus einem überraschenden Blickwinkel. Dabei setzt er auf modernste und aufwendige Kameratechnik. Kräne, Minikameras, Zeitraffer und Zeitlupenaufnahmen gehören zu seinem Alltag. Wir bekommen die Natur in vollendeter Ästhetik präsentiert, so, wie wir sie noch nie zuvor gesehen haben. Die Erfolge sind nicht ausgeblieben: 136 Preise (ohne Nominierungen) haben Jan Haft und seine Nautiliden auf Filmfestspielen gewonnen, darunter heiß begehrte Awards im Ausland. Damit sind Jan Haft und sein Team die am meisten ausgezeichneten Naturfilmer Deutschlands!

Seit Wochen wandert das Nautiliden-Kamerateam um Jan Haft schon mit den Moschusochsen mit. Die Tiere akzeptieren die ruhige Anwesenheit der Zweibeiner in ihrer Nähe, ähnlich wie sie Rentiere oder Schneehasen um sich dulden. Sie haben keine große Scheu vor den Menschen. Sie entfernen sich zwar langsam, wenn die Kameraleute sich ihnen nähern, flüchten aber nicht. Klappern und lautes Reden ist bei den Filmern tabu. Ein wachsames Auge ist unerlässlich. Die Tierfilmer achten sehr genau auf die Gemütslage der Moschusochsen. Wenn die zu fressen aufhören, unruhig werden, wittern und zu ihnen hinschauen, dann vergrößert das Team den Abstand. Wenn einer der Muskelberge den Kopf schüttelt, dann ist es für Menschen höchste Zeit, Land zu gewinnen! Den empfohlenen Mindestabstand von 200 Metern halten sie in Absprache mit der Nationalparkverwaltung allerdings schon lange nicht mehr ein. Noch näher kommen sie mit einer ferngesteuerten Minikamera, die ihnen immer wieder selten schöne Weitwinkel-Nahaufnahmen beschert. Ein riesiger Birkenpilz etwa, unter dem in der Bergtundra eine Zwergbirke steht. Dieses Stillleben allein ist Gold wert. Plötzlich schiebt sich die feuchte Schnauze eines Moschusochsen ins Bild, der den Pilz abweidet. Einfach grandios!

Doch die eine entscheidende Aufnahme haben sie noch immer nicht im Kasten. Es geht um das Verhalten, das für eine Tierart charakteristisch ist, sie in unseren Augen fassbar und in ihrer Lebensweise begreifbar macht. Ein Film über Biber, in dem nicht zu sehen ist, wie einer einen Baum umnagt, funktioniert genauso wenig wie einer über Falken, ohne dass der rüttelnd in der Luft steht. Was wäre ein Film über Moschusochsen ohne einen Kampf zwischen zwei Bullen! Brünstige Männchen lassen es so richtig krachen – frontal, kompromisslos. Mächtige Hornplatten und ein dicker Schädel ermöglichen es ihnen, mit einer enormen Gewalt gegeneinander anzustürmen. Jan Haft hat sich fest vorgenommen, dieses prägnante Verhalten mit einer Highspeed-Kamera aufzunehmen. Einen Kampf im Zeitlupentempo zu zeigen, so, wie es noch nie zuvor zu sehen war, wäre der Höhepunkt des Films.

Es ist Herbst. Brunftzeit. Ein frostiger Hauch weht über die Bergtundra. Über Nacht sind die Pfützen zu Eis erstarrt.

Von der Morgendämmerung offenbart sich erst ein flüchtiger Schimmer am Horizont. Eine kleine Gruppe Menschen stapft tapfer durch die dunkle Einsamkeit. Sie sind gut gerüstet, doch haben sie viel zu schleppen. Die Zivilisation haben sie hinter sich gelassen. Pfade gibt es keine. Sie bahnen sich ihren Weg selbst, den des geringsten Widerstandes im Gelände. Es geht bergauf ins Hochland. Sie erreichen die Baumgrenze, nur noch ganz vereinzelt erheben sich zwergwüchsige Bäume über ihre Köpfe. Die Wanderer fühlen sich wie auf einer Zeitreise zurück ins vereiste Europa, als Mammut und Riesenhirsch die Eistundren durchstreiften. Hier im Hochland Norwegens ist die Eiszeit lebendig geblieben. Nur ein großer, typischer Vertreter der Eiszeitwelten hat überlebt: der Moschusochse, ein Paarhufer, der zu den Ziegenartigen gehört und nicht zu den Rindern, wie oft geglaubt wird.

Sie gehen schweigend. Es ist eine Zeit, in der jeder seinen eigenen Gedanken nachhängt. Ihr Marsch erinnert an eine Prozession, deren Reliquie eine hochmoderne Highspeed-Kamera ist, die bis zu 4 000 Bilder in der Sekunde aufnehmen kann. 25 Bilder in der Sekunde ist die normale Geschwindigkeit.

Zu viert ist das Filmteam um halb vier Uhr morgens aufgebrochen. Übernachtet haben sie in einer Herberge nahe des Dovrefjell-Nationalparks, der 200 Kilometer südlich von Trondheim liegt. Ein paar Cracker, ein Kaffee und los. Jeder Einzelne wird gebraucht, um die Kameraausrüstung bergauf zu schleppen. Weit ist der Weg zu den Moschusochsen. Wieder sind sie unterwegs zu ihnen, ihre Erwartungen schwanken zwischen Hoffen und Bangen. Werden sie endlich die ersehnten Aufnahmen bekommen? Es ist nun schon der dritte Herbst, in dem sie einer geglückten Zeitlupenaufnahme eines Kampfes zwischen zwei Bullen hinterherjagen.

Niemand wohnt hier. Das Herz des Nationalparks ist ein einsames Fleckchen Erde, nicht zu vergleichen mit einem deutschen Park. Vor allem im Winter stehen die Moschusochsen hier auf den Hügeln und Bergkuppen, weil da oben der Schnee weggefegt wird. Wenn der Schnee zu tief ist, kommen die Tiere nicht mehr an die Pflanzen darunter heran und müssen hungern. In den Tälern liegt der Schnee bis zu zehn Meter hoch. Da kommen selbst die kräftigen Moschusochsen nicht durch. Sie suchen bevorzugt Hochlagen aus, die miteinander verbunden sind. So können sie im strengen Winter Hügelkuppe um Hügelkuppe kahl fressen, ohne dass sie ins Tal hinabsteigen müssen. Die einzige Straße durchquert den Nationalpark in einer Senke. So sind sie im Winter fast unerreichbar. Zu Fuß ist es für Jan Haft aussichtslos, eine Strecke von fünf bis zehn Kilometern im tiefen Schnee mit Filmausrüstung zu bewältigen. Schneemobile wären eine luxuriöse Variante, sind jedoch viel zu laut und im Nationalpark mit einem großen Genehmigungsaufwand verbunden.

Die Tierfilmer wählten eine ebenso schnelle und viel faszinierendere Variante, um in der Schneewüste der winterlichen Gebirgstundra zu den Moschusochsen zu gelangen: Hundeschlitten. Nach langem Suchen fanden sie in der Ferne eine Herde, die sich im klirrend kalten Wintersturm dicht aneinanderdrängte. Nun kommt der Nachteil der Hundeschlitten zum Tragen: Solange die Hunde laufen, sind sie ruhig; dann hören die Schlittenfahrer nur das Hecheln der Tiere und das Schleifen der Kufen im Schnee. Sobald ein Schlittengespann aber zum Stehen kommt, kläffen die Hunde, als stünde ein Bergtroll vor ihnen. Deshalb musste das Team in größerer Entfernung anhalten, sich die Schneeschuhe umschnallen und zu Fuß durch den Schnee stapfen.

Von Weitem betrachtet bildet die Herde eine Einheit aus zotteligem Fell. Hier, im Gefrierschrank Europas, sind Temperaturen von minus 30 Grad normal. Ohne eine ordentliche Speckschwarte und ein dichtes Fell, das wie ein Vorhang fast bis zu den Hufen an ihnen herabhängt, würden sie erfrieren. Kranke und ausgehungerte Tiere überleben diese extremen Bedingungen auf den Bergkuppen nicht. Die Kälber werden in die Mitte genommen und so vor dem eisigen Wind des subpolaren Winters geschützt. Alles um sie herum ist weiß. Sie wirken so verloren und deplatziert wie von der Eiszeit zurückgelassene Findlinge. Ihre Schnauzen sind weiß von Raureif. Der Zuschauer wird in eine eisige Welt mitgenommen, in der es vollkommen unmöglich erscheint, dass die Moschusochsen dieses extreme Wetter da draußen überleben können.

Als die Filmer an diesem Tag nach sieben Stunden im Schneesturm völlig durchgefroren wieder beim Schlitten ankommen, machen die eingeschneiten Hunde in Schneekuhlen ein Nickerchen. Der Schlittenführer allerdings ist sauer, weil er so lange warten musste.

Die Moschusochsen im Dovrefjell-Nationalpark bilden keinen natürlichen Bestand. Ursprüngliche Vorkommen finden sich nur noch in Kanada und Grönland. Erfolgreich ausgewildert wurden sie in Alaska, Sibirien und Norwegen, von wo aus sie später auch nach Schweden eingewandert sind. Es bedurfte mehrerer Versuche, bis es 1947 gelang, sie in Norwegen wieder erfolgreich anzusiedeln. Der Bestand liegt heute etwa bei 300 Tieren. Vor langer Zeit gab es sogar eine ganze Reihe verschiedener Moschusochsen. Aber nur die eine Art, die an extrem kalte, arktische Tundren angepasst ist, existiert noch heute. Sie machen es allerdings Jägern mit Gewehren zu leicht. Denn sie fliehen nicht, sondern stellen sich in einer Phalanx dem Angreifer gegenüber beziehungsweise stehen im Kreis zusammen und schützen die Kälber in ihrer Mitte. Es kommt jedoch vor, dass einzelne Tiere aus dem Kreis ausbrechen und angreifen. Die Gefahr ist nicht zu unterschätzen, sie können bis zu 50 Stundenkilometer schnell werden. Dennoch, in Skandinavien waren die Moschusochsen vom Menschen ausgerottet worden. Das dicke Fell der Moschusochsen wärmte die Skandinavier, ihr Fleisch machte sie satt. Dies allein aber war nicht der Grund für das schicksalhafte Verhängnis, das zu ihrer Ausrottung in Skandinavien führte.

Duftmarken

Moschus ist jener Geheimnis umwitterte Duft, dem eine geradezu magische Wirkung nachgesagt wird. Wenn sich die Moleküle einmal an die Sinneszellen im Riechorgan angedockt haben, soll der Duft uns Menschen schwach werden lassen für den Rausch der Sinneslust. Fürwahr, ein wertvoller Stoff. Doch welch animalische Abgründe der Menschheit tun sich da auf? Und was hat Moschus mit den Moschusochsen zu tun? Zunächst einmal nichts!

Der Ursprung des als Aphrodisiakum geschätzten Moschus liegt im fernen Zentralasien, wo die Moschushirsche leben. Schon seit dem Altertum wird den Moschushirschen die etwa walnussgroße Bauchdrüse mit rund 30 Gramm Sekret entfernt und getrocknet. Das Sekret wird dabei körnig-pulvrig. Moschus galt als Allheilmittel, wird aber bis heute vor allem in Parfüms verwendet. Erst allmählich schwappte der betörende Duft vor allem mit den Kreuzrittern nach Mitteleuropa über. Ähnliche Duftstoffe anderer Tiere werden heutzutage ebenfalls als Moschus oder »falscher Moschus« bezeichnet. Und hier kommen die Moschusochsen wieder ins Spiel, denn sie sondern einen süßlich riechenden, dem Moschus ähnlichen Geruchsstoff während der Brunftzeit in ihrem Urin ab, ohne jedoch Moschusdrüsen zu besitzen. So gelangten sie zu ihrem Namen, ohne jemals echtes Moschus produziert zu haben. Gleiches gilt für Moschusböcke und Moschusenten. Vergleichbare Duftstoffe werden auch von Bisamratten und Zibetkatzen sowie aus den Pflanzen Gauklerblume und Abelmoschus gewonnen.

Ich frage mich manchmal, ob sich die Parfümkonsumenten jemals bewusst gemacht haben, dass sie sich teilweise mit Bestandteilen aus dem Urin der Moschusochsen einnebeln, und ob sie wissen, dass die Moschushirsche ihr Leben wegen ihrer Drüsen lassen müssen. Immerhin ist den meisten Duftwässerchen alles Anrüchige längst verloren gegangen, denn schon seit 1888 wird Moschus synthetisch hergestellt. Moschusdüfte von Tieren würden heute nicht ausreichen, um den weltweiten Bedarf an diesem Lockstoff zu decken. Parfüm mit echtem Moschus ist jedoch begehrt wie eh und je, nur muss man dafür deutlich tiefer in die Tasche greifen.

Die Moschusochsen im Nationalpark kümmert das alles nicht. Sie stehen unter Schutz. Noch werden sie nicht bejagt und können sich ungehindert vermehren. Es werden jedoch Stimmen in Norwegen laut, die darauf drängen, sie zur Jagd freizugeben. Wenn sie aber angesichts von Bejagung scheu wären, würde es noch weit schwieriger sein, ihre Kämpfe zu filmen.

Bereits in den zwei Jahren zuvor ist das Team unzählige Kilometer quer durch die Tundra hinter den Wiederkäuern hergelaufen. Es kam vor, dass sie tagelang hinter einer Gruppe hergezogen waren, die friedlich Blätter, Kräuter, Gräser, Moose und Flechten abgraste. Anstatt sich zwischendurch die Zeit mit ein paar Kämpfen zu vertreiben, standen die Wiederkäuer jedoch undramatisch in der

Landschaft herum und kauten stundenlang ihre Pflan-
zennahrung. Es kam ihnen nicht in den Sinn, den Tierfilmern vorzuführen, was für Dickschädel sie sein können.
Die kämpfen ja nicht ununterbrochen. Außerdem hat jede
Gruppe eine andere Struktur. Am geeignetsten für das Filmprojekt waren ältere Einzelgänger, die sich zu einer Gruppe
zusammengeschlossen haben. Doch die mussten sie erst
einmal finden und ihnen folgen können. Selbst mit einer
Herde vor Augen, in denen die Haudegen nur so vor Hor-
monen strotzten, wären die Bilder noch lange nicht im Kasten. Denn wenn Moschusochsen gegeneinander anstürmen,
dann dauert das nicht besonders lange. Die Anstrengung
ist sogar diesen Kolossen zu viel. Ein Kampf ist oft schon
nach wenigen Minuten vorbei. Außerdem stehen die Moschusochsen ja nicht immer alle dicht beisammen, sondern
diffundieren in der steppigen Landschaft weit auseinander.

Es war zum Haare-Ausraufen: In beiden Jahren hörte das
Filmteam mehr als einmal die dumpfen Schläge von Horn,
das hinter der nächsten Hügelkuppe laut schallend gegen-
einanderkrachte. Bis sich die Männer aber in Stellung und
die Highspeed-Kamera in Anschlag gebracht hatten, war
der Kampf schon wieder vorüber. Es wurmte sie gewaltig,
wenn sie tagelang mühsam hinter den zotteligen Verwandten der Ziegen hergezogen waren und dennoch nicht im
richtigen Moment am richtigen Ort waren.

Einmal hätten sie es fast geschafft: Sie waren nicht weit
von den Bullen entfernt, die Kamera war aufgestellt und
zum Einsatz bereit. Kurz darauf begannen zwei Bullen mit
dem typischen Vorspiel: Drohend wackelten sie mit ihren
Köpfen, taxierten den Nebenbuhler, um dann plötzlich auf-
einander zuzurasen und sich die Köpfe gegeneinanderzu-
hauen. Die Highspeed-Kamera fügte rasend schnell die Ein-
zelbilder zu einem Film zusammen. Es war zu schön, um

wahr zu sein, doch schon beim Zusammenklappen der Stative wussten die Nautiliden, dass es vergebliche Liebesmüh gewesen war, den Startbutton der Kamera zu drücken. Ein Wolkenmeer verdeckte den Himmel und trübte lustlos alles unter sich ein. Ein Schleier aus Nieselregen vernichtete das letzte bisschen verwertbares Licht. Norwegen da oben im Herbst? Da ist schlechtes Wetter vorprogrammiert, und dann ist das Licht viel zu schwach für Zeitlupenaufnahmen. Bei 1 000 Bildern pro Sekunde ist Sonnenlicht gefragt. Trübes Licht, trübe Gedanken, frustrierende Momente.

Später, wieder zurück in ihrer Filmschmiede in dem kleinen Örtchen Dorfen, würden sie sich die Aufnahmen anschauen, doch sie wussten schon jetzt genau, der große Wurf war ihnen wieder nicht gelungen. In diesem Jahr reiste Jan Haft tief enttäuscht ab, ohne die gewünschten Filmsequenzen eines Kampfes. Das bedeutete nichts anderes, als im nächsten Jahr im Herbst erneut anzureisen und es noch einmal zu versuchen.

Norwegen dreht sich auf dem Erdball der Sonne entgegen. Die hellsten Sterne der Nacht funkeln den Wanderern noch zu. Keine Wolken am Firmament. So soll es sein, denn der Wetterbericht verheißt einen goldenen Herbsttag. Gut! Sie haben eine kleine Gruppe ungefähr gleich starker alter Moschusochsenbullen ohne Herde, die sich im Herbst zu einem vorübergehenden Verband zusammenschlossen, ausfindig gemacht. Bereits zwei Mal waren sie bei ihnen. Eine hochexplosive Stimmung herrschte unter den Bullen, überschwemmt von Testosteron, stehen sie wie unter Strom. Sie sind begierig danach, ihre Kräfte zu messen.

Vom Vortag weiß das Filmteam ungefähr, wo sich die Gruppe aufhält. Und tatsächlich, sie entdecken die Moschusochsen ganz in der Nähe, noch friedlich ruhend. Oftmals kämpfen die Bullen schon in den frühen Morgenstunden, als könnten sie es die Nacht hindurch nicht abwarten, endlich loszulegen. Daher müssen die Tierfilmer lange vor Sonnenaufgang aus den Federn. Jetzt um sechs Uhr morgens suchen sie sich leise einen geeigneten Platz in knapp 100 Metern Entfernung, von dem aus sie die alten Haudegen im Blick haben, und machen sich aufnahmebereit. Man könnte meinen, die Energie der Bullen übertrage sich auf sie selbst, gäbe ihnen an diesem magischen Morgen ein Gespür dafür, dass es heute klappt. Perfekter könnten die Bedingungen nicht sein, heute muss es einfach klappen, die lange herbeigesehnte Aufnahme vom Kampf der brünstigen Moschusbullen zu bekommen.

Jan Haft und sein Team wissen mittlerweile sehr genau, wie Moschusochsen ticken. Eine andere Gruppe mit drei neugeborenen Kälbern hatten sie über zwei Jahre verfolgt und das Heranwachsen der Jungtiere auf Film gebannt. Trotz der neugeborenen Kälber ließen die Kühe sie sehr nahe an sich heran. Vielleicht waren die Muttertiere manchmal genervt von Haft und seiner Truppe, beachteten sie jedoch nicht weiter, nachdem sie die Filmer als harmlose Zweibeiner eingestuft hatten, die ihnen nicht ans Leder wollten. An die brünstigen Bullen dürfen sie sich nicht so nah wagen. Im Kampfesrausch besteht die Gefahr, dass die gegen alles anrennen und auf die Hörner nehmen, was sich in ihrer Reichweite befindet.

Eine kritische Situation entstand im zweiten Jahr, als Jan Haft mit dem Kameraassistenten Felix Pustal einer Herde von gut 15 Moschusochsen folgte, bei denen ein paar sehr große Bullen mit riesigem Gehörn dabei waren. Sie malten sich gute Chancen aus, in dieser Gruppe Kämpfe zwischen den zotteligen Kolossen aufzunehmen. Die Moschusochsenkarawane bewegte sich in einem pittoresken Tal, das ringsherum von steilen Felswänden eingeschlossen war. In seiner Mitte breitete sich großflächig ein Moor aus. Sie waren ein paar Moschusochsen auf den Fersen. Voll konzentriert filmten sie die Tiere vom Rand der Felswand aus. Spannung erfasste sie, als der alte Leitbulle die Jungen aus der eigenen Herde ein bisschen hin und her scheuchte. Mit der Highspeed-Kamera im Anschlag hofften sie auf einen Herausforderer, der sich dem alten Bullen stellte, und auf einen mächtigen Zusammenstoß. Sie waren so sehr mit der Situation vor ihnen beschäftigt, dass sie zu spät bemerkten, dass hinter ihnen eine kleine Gruppe mit einem großen Bullen auf sie zukam.

Es geschah nicht zum ersten Mal, dass sie Moschusochsen in der hügeligen Landschaft erst bemerkten, als die von hinten auf sie zukamen. Unerwartet und ungewollt standen sie dann zwischen den Tieren. Wie Schachfiguren wichen sie sofort seitlich in einen freien Raum aus. Was aber tun, wenn man am Rand des Spielfeldes festsitzt? Nun wiederum befinden sie sich an einer Felswand, und rings um sie herum nähern sich allmählich die grasenden Moschusochsen. Eine Flucht ist ihnen verwehrt. Der Felsrand ist zu unwegsam und würde zu nah an die Moschusochsen heranführen. Halbkreisförmig steht im Abstand von 50 bis 150 Metern die ganze Herde um sie herum. Sie sitzen in der Falle. Schachmatt. Nichts geht mehr. Es gibt keinen Weg an den Tieren vorbei. Bisher waren sie immer ausgewichen, wenn die Hünen der Bergtundra sich in ihre Richtung bewegten. Genau das erwarteten die Moschusochsen jetzt auch.

Irgendwann guckt der große Bulle die beiden intensiv an, geht drei Schritte auf sie zu, scharrt mit dem Huf und schüttelt unwillig den Kopf. Dieses Imponiergehabe müssen die Männer ernst nehmen. Aber was tun? Jeden Moment kann ein Angriff erfolgen. Es ist eine brenzlige Situation. Wenn auf der Waagerechten alle Wege verwehrt sind, dann bleibt nur die Hoffnung auf die Vertikale. Nach unten? Nein, sie sind ja keine Maulwürfe. Langsam, jedes Geräusch und hektische Bewegung vermeidend, beginnen sie rückwärts die Wand hochzukraxeln, um von den Rammböcken wegzukommen. Stück für Stück klettern sie mit der schweren Ausrüstung nach oben. Dabei behalten sie die Tiere im Blick, bis sie eine sichere Höhe erklommen haben. Die Moschusochsen können sie nun selbst mit geballter Wut nicht mehr erreichen. Durchatmen, Dankbarkeit dafür, dass es noch einmal gut gegangen ist.

Ein Unglück kommt selten allein, heißt es, und dies ist ein Tag, an dem dieses Sprichwort hätte geprägt werden können. Die Wiederkäuer halten sich direkt unter Jan Haft und Felix Pustal auf – drei Stunden lang. Als die Herde sich, endlich trollt, dämmert es bereits. Die beiden beeilen sich, die Felswand hinunterzuklettern. Da: ein kleiner Fehltritt beim Abstieg, ein gedämpfter Aufschrei. Jan Haft hat sich den Knöchel verstaucht, kann nicht mehr laufen, geschweige denn seine 40 Kilo Gepäck, Kamera und Rucksack tragen. Zuerst überschwemmen Schmerzen sein Gelenk. Es kommt ihm so vor, als wäre sein Fuß abgebrochen. Kurz darauf spürt er ihn nicht mehr. Sein Kameraassistent Felix Pustal ist zum Glück ein sehr geübter Bergsteiger und topfit. Er schleppt das ganze Gepäck jeweils 300 bis 500 Meter am Stück, stellt es dann ab, kommt zurück und stützt Jan Haft bis zum Gepäckhaufen. Anschließend geht das Spiel wieder von vorne los. Gepäck schleppen, zurückkommen, Gepäck schleppen, zurückkommen, Jan Haft stützen. Glück im Unglück: Die Verletzung von Jan Haft stellt sich als eine Überdehnung der Bänder heraus, die nach ein paar Wochen ausgeheilt ist. Den Dreh aber musste das Filmteam vorzeitig abbrechen.

Erneut machten widrige Umstände einen Strich durch Hafts Rechnung. Ihre Haut hatten sie gerettet, die Verletzung heilte ab, doch das eingegangene Risiko, die Kosten und der Zeitaufwand waren wieder einmal umsonst gewesen. Das sind Zeiten im Leben eines Tierfilmers, die hart sind und nicht nur körperlich schmerzen. Doch ein Jan Haft gibt nicht auf. Im nächsten Jahr versucht er es wieder.

Finale im Blutschnee

Die ersten Sonnenstrahlen finden ihren Weg in die norwegische Hochebene. Auf der gegenüberliegenden Seite beleuchtet warmes rot-goldenes Morgenlicht die schneebedeckten Bergkuppen. Kein Wölkchen verdeckt den seidenblauen Himmel. Blutschnee bildet einen wunderschönen Farbkontrast zu der grün-gelben Landschaft aus Flechten und Moosen. Blutschnee entsteht durch einzellige Algen, die sich mit einem orange-rötlichen Farbstoff gegen die UV-Strahlen schützen. Vom Grund her streben sie mit einer Geißel dem Licht entgegen. Wenn dann der Schnee in sich zusammenschnurrt, bilden sie rote Teppiche aus. Spiegeleis auf den gefrorenen Tundrapfützen schillert dem Team entgegen wie in einer Märchenwelt. Jan Haft schaut sich um. Er nimmt jede Farbnuance mit allen seinen Sinnen auf, als könne er das Licht wittern. Das ist es, wovon Filmer träumen: das perfekteste Licht unter der Sonne, ein Traumblick. Er ist begeistert. Ein erregtes Glitzern setzt sich in seinen Augen fest. Wenn jetzt doch nur ...

Nicht allein in dem Tierfilmer regen sich starke Emotionen. Das Licht belebt ebenfalls die kampferfahrenen Bullen. Sie haben große Pupillen und hochempfindliche Netzhäute, denn im arktischen Winter müssen sie sich in der Tundra eine gefühlte Ewigkeit lang ohne Sonnenlicht zurechtfinden. Mit den Sonnenstrahlen ist ein Ruck durch die Herde gegangen. Katzengleich verengen sich die Pupillen der Moschusochsen, jedoch zu einem horizontalen Schlitz. Die Natur sorgt für ihre Kinder: Das ist eine Anpassung daran, dass ihre Augen im Sommer 24 Stunden Sonnenlicht und im Winter reflektierenden Schnee aushalten müssen – alles ohne Sonnenbrille. Das blendende Licht erinnert sie daran, weswegen sie sich hier zusammengefunden haben. Sie haben etwas zu klären. Wallende Hitze durchflutet ihre Adern. Aus ihren Augen strahlt alles andere als Begeisterung für den überirdisch schönen Morgen. Ganz im Gegenteil, aus ihren Augen blitzt Konkurrenz, Feindseligkeit und Gewalt!

Sieben Uhr. Zwei Bullen kommen sich wie zufällig ins Gehege. Sie starren sich an, und dann platzt einem von ihnen plötzlich die Hutschnur. Gebannt beobachten die Tierfilmer, was als Nächstes geschieht. Sie lesen an den Augen ab, an den Bewegungen, dass es vor Spannung zwischen den beiden nur so knistert, und schalten die Kamera ein. Ein Bulle grunzt herausfordernd. Und dann geht alles ganz schnell. Die beiden werfen die Köpfe nach rechts und nach links, gehen ein paar Schritte zurück, nehmen dann nach vorne Fahrt auf. Kurz vor dem Aufprall heben beide mit dem Oberkörper ab. Ungebremst donnern sie mit den Stirnen zusammen. Die krachen zusammen wie zwei Lkw im Crashtest. Nur – alles ohne Knautschzone. Wuchtig und dumpf dröhnt der Aufprall bis in den letzten Winkel des Tals und kündet davon, dass die Bullen klären, wer hier der Boss der Bergtundra ist und später dafür infrage kommt, Weibchen zu begatten.

Bis zu 20 dieser krassen Zusammenstöße verkraften Bullen während eines Duells. Was sie einstecken, geht auf keine Kuhhaut. Manchmal sinken die Kontrahenten nach einem Aufprall auf ihre Hinterkeulen. Es kommt vor, dass sie sich seitlich mit den Hörnern stechen, gelegentlich mit fatalen Folgen. Die Tierfilmer haben da gerade den härtesten Zusammenprall im Tierreich überhaupt aufgenommen.

Nach gut einer Viertelstunde steht der Gewinner fest, der Verlierer trollt sich davon. Acht Uhr. Die Filmer sitzen im weichen Moos und spulen die Aufnahme zurück. Volltreffer! Sie haben den Kampf aus etwa 70 Metern Entfernung formatfüllend bei bestem Licht und exorbitant schöner Kulisse gefilmt. Was sie aber in der Zeitlupe sehen, ist so fantastisch, dass sie es kaum glauben wollen: Beim Zusammenprall fließen Erschütterungswellen durch das bis fast auf den Boden hängende Fell der Moschusochsen. Die langen Haare schlagen wellenförmig, aber chaotisch und ohne klare Richtung aus wie die Nadel eines Seismografen beim Erdbeben. Die Zeitlupenaufnahme veranschaulicht die ungeheure Wucht, mit der die Männchen ihr Gehörn gegeneinanderrammen.

Drei Jahre waren sie in Skandinavien einem Kampf der Bullen auf der Spur. Heute endlich haben sie es geschafft. Die Mühe, ihre Zähigkeit wurden belohnt. Jan Haft fällt ein Stein vom Herzen. Nun sind es Glückshormone, die die vier Nautiliden euphorisieren, sie in Sektlaune versetzen wie noch nie zuvor. Es gibt allerdings nur Tee aus der Thermoskanne oder Wasser aus einem Bergbach. Den Sekt genießen sie später, als sie mit dieser Aufnahme beim International Wildlife Film Festival in Missoula, USA für diese Sequenz einen von zwei besonders begehrten Filmpreisen – Golden Globes der Tierfilmerei gleichsam – für die beste Einzelaufnahme unter allen Einsendungen gewinnen. Und bei dieser Gelegenheit heimst Jan Haft dann auch gleich die zweite Auszeichnung für eine Zeitlupenaufnahme von balzenden Ohrentauchern im norwegischen Flachland ein …

Epilog

Wie erwartet, begann nach unserer langen Nachtwache der folgende Morgen dann mit hektischen Aktivitäten. Bei einem kleinen Frühstück aus Crackern und Marmelade berieten wir, wie der Tag mit unserer Anakonda am besten zu gestalten ist. Wir wollten das Maximum aus unserem spektakulären Fang herausholen. Zunächst wurde schließlich ich dabei gefilmt, wie ich wissenschaftliche Daten der Anakonda sammelte: Ich vermaß das Prachtexemplar, zählte relevante Schuppen zur Artunterscheidung, ermittelte Farbmerkmale.

Später filmten wir die Große Anakonda im Wasser, was eine besondere Herausforderung darstellte. Wir hatten einen breiten, aber seichten Zufluss entdeckt, ideal für diesen Zweck. Zu viert hievten wir sie in das Flüsschen und entfernten uns ein paar Meter. Jetzt schwamm sie im niedrigen, klaren Wasser, konnte uns aber nicht ohne Weiteres entwischen. Die Kamera fing ausgesprochen schöne Aufnahmen des Reptils in seinem natürlichen Lebensraum ein.

Und dann würden wir die Anakonda bald wieder freilassen. Auf diesen Moment freute ich mich besonders. Für mich gibt es nichts Schöneres, als Tiere in die Freiheit zu entlassen. Die Anakonda hatte uns lange genug für Filmzwecke zur Verfügung gestanden.

Wir sitzen mal wieder im Boot und suchen einen perfekten Platz, der geradezu danach schreit, dass sich genau hier eine Große Anakonda sonnt. Neben mir sitzt Jörg – diesmal schweigend. Unser Filmstar, die Große Anakonda, liegt vor uns auf dem Boden und regt sich nicht. Ich schaue sie an, versuche mir jedes Detail von ihr einzuprägen: ihre enormen Ausmaße, den stechenden Blick, die vielen Narben, die ihr Beutetiere zufügten. Ich rufe mir noch einmal ihre geschmeidigen Bewegungen in Erinnerung, das Züngeln, ihre heftige Gegenwehr, als wir sie einfingen. Immer wieder bin ich erstaunt, wie entspannt sich die Anakonda seitdem uns gegenüber verhalten hat. Ich bin mir absolut sicher, diese gigantische Anakonda und die geschichtsträchtige Nachtwache zusammen mit Jörg werde ich mein Lebtag nicht vergessen!

»Glaubst du, dass eines Tages jemand den Preis für die größte Schlange der Welt bekommen wird?«, fragt mich Jörg plötzlich und knüpft an unser letztes Gespräch über das Preisgeld von 50 000 Dollar an.

»Nein, das wird wohl nichts mehr werden«, antworte ich.

»Wieso?«, will Jörg wissen.

»Der Preis ist seit über 100 Jahren ausgesetzt. Viele Abenteurer, Biologen und Tierfilmer waren unterwegs und haben nach der Rekordschlange gesucht. Alles vergeblich. Der Preis müsste längst eingelöst sein. Die Nichteinlösung spricht Bände. Außerdem breitet sich die Zivilisation rasend schnell weiter aus, die natürlichen Lebensräume gehen verloren und größere Exemplare in Reichweite des Menschen werden fast immer getötet, bevor sie in der Lage sind, Rekordmaße zu erreichen.«

»Kann ich gut verstehen, wer will schon so ein Ungeheuer im Garten haben. Das heißt doch letztlich aber, dass Anakondas keine neun Meter lang werden. Du als Experte: Wie lang können sie denn nun werden?«

»So ist das nun auch wieder nicht richtig. Es existiert zum Beispiel eine Anakondahaut in einem Naturmuseum, die nicht gestreckt wurde und knapp neun Meter misst! Die Schlange wurde 1936 in Brasilien erschossen, nachdem sie ein Rind getötet hatte. So wie es beim Menschen sehr seltene Ausnahmegrößen von über 2,40 Meter gibt, könnten auch Anakondas von über neun Metern Länge durchaus vorkommen. Eine ausgestorbene Riesenschlange mit dem schönen Namen *Titanoboa* soll, nach Hochrechnung der Wirbelgrößen, sogar zwischen 11 und 15 Meter lang gewesen sein. Bisher absoluter Rekord.«

»Dann ist es also doch möglich, dass irgendwann irgendwo im Dschungel so ein Gigant gefunden und der Preis eingelöst wird?!«

»Theoretisch schon, aber die Rekordschlange müsste erst einmal gefangen und lebend dem New York Bronx Zoo übergeben werden. Schwierig! Außerdem verbietet das Washingtoner Artenschutzübereinkommen den Handel und damit Ein- und Ausfuhren. No way! Und welches Land würde freiwillig so eine Weltsensation hergeben?«

»Versucht denn niemand die Rekordschlange, sagen wir mal in den USA, privat zu züchten, mit Nahrung vollzustopfen und aufzupäppeln, bis sie die nötige Länge hat?«, will Jörg wissen. Seine Fantasie und seine Neugier kennen keine Grenzen.

»Schon möglich, und vielleicht klappt es sogar eines Tages. Dennoch wird dieser Preis wohl kaum jemals eingelöst werden.«

»Das verstehe ich nicht ...«

»Der Clou ist folgender: Niemand würde sich den Preis holen, weil eine Rekordschlange heute das Fünf- bis Zehnfache wert wäre. Für viel kleinere Schlangen, hübsche und seltene Farbvarianten, wurden schon über 100 000 Dollar gezahlt. Jeder Zoo würde sich die Finger nach einer riesengroßen Anakonda lecken. Denk nur an den Berliner Zoo. Der Eisbär Knut hat Millionen in die Kassen gespült. Keine Chance, der Preis ist nicht mehr heiß!«

Danksagung

Ich danke dem Bastei Lübbe Verlag und allen beteiligten Mitarbeitern für die Verwirklichung dieses spannenden Projekts über die unglaublichsten Begegnungen mit wilden Tieren.

Die Entwicklung des Buchkonzepts entstand im regen Austausch mit der Agentur Gorus, insbesondere mit Oliver Gorus sowie Bettina Burchardt. Stefan Weigands Analysen und Vorschläge zu meinem Manuskript waren vortrefflich, beseelt von den Inseln der Glückseligkeit, der Gefahren und der Wünsche – was für ein Gewinn für die Agentur und was für ein Glück für mich. Besten Dank für die erfolgreiche Zusammenarbeit.

Dank ausführlicher Interviews erhielt ich einen tiefen Einblick in die Tierfilmerei, den hier erzählten Ereignissen und deren Protagonisten. Mein Credo beim Schreiben bestand darin, die Geschichten so genau und authentisch wie möglich wiederzugeben. Ich hoffe, dies ist mir gelungen. Für die Interviews bedanke ich mich herzlichst bei Horst Ackermann, Ernst Arendt, Dr. Bernhard Blaszkiewitz, Oliver Goetzl und Ivo Nörenberg, Christian Grzimek, Jan und Melanie Haft, Felix Heidinger, Kurt Hirschel, Andreas Kieling, Uwe Müller, Reinhard Radke, Andreas Schulze, Bernd Strobel, Jens Westphalen und Thoralf Grospitz sowie den vielen Personen, die mir in Gesprächen und im Rahmen eines intensiven Schriftverkehrs weitere Informationen geliefert haben.

Für die zur Verfügung gestellten Fotos danke ich Ernst Arendt und Hans Schweiger, Ferne McKenzie (Department of Conservation, Wellington, Neuseeland), Jan Haft, Oliver Goetzl und Ivo Nörenberg, Kurt Hirschel, Andreas Kieling, Klaus Müller, Andreas Schulze, Dietrich von Staden und Henning Wiesner.

Meiner Familie und meinen Freunden danke ich für das Verständnis dafür, dass ich mich im letzten Jahr ziemlich rargemacht habe. Das ist ja nun erst einmal vorbei. Mein besonderer Dank geht an meine Lebensgefährtin Katrin Below, die nie müde wurde, mich zu motivieren, und mir vielfältige Unterstützung und Verständnis angedeihen ließ.

Und Jörg? Vergeblich wird man den Ornithologen Jörg in Bonn suchen. Im Vorwort rätselte er noch über das Nichts vor und nach dem Urknall und kam zu dem Schluss, dass wir nicht existent seien. Mehr als auf uns alle trifft dies auf ihn selbst zu, ob er nun will oder nicht ...

»Das war Speed-Dating mit dem Paradies …
und mit vielen, vielen Mücken«

Bernhard Hoëcker

Bernhard Hoecker/
Tobias Zimmermann
AM SCHÖNSTEN ARSCH
DER WELT
Bekenntnisse eines
Neuseelandreisenden
304 Seiten
mit zahlreichen
Abbildungen
ISBN 978-3-404-60739-6

Einen gigantischen Kauribaum umarmen, entspannt in luftiger Höhe von fast zweihundert Metern auf dem Sky Tower flanieren, ein Bad im blubbernden Schlammgeysir von Hell's Gate nehmen oder als Hilfspostbote für die Halbinseln an den Malborough Sounds Briefe austragen – in Neuseeland gibt es für jemanden wie Bernhard Hoëcker genug zu tun. Und auch wenn die Internetgemeinde die Etappen vorgibt: Er ist zu allem bereit. Zusammen mit Reiseprofi und Wissensquelle Tobias Zimmermann hat er jetzt ein unglaublich unterhaltsames, grandios witziges und unendlich lässiges Entdeckerbuch geschrieben – prall voll mit erstaunlichem Wissen, zahlreichen Fotos und schrägen Illustrationen, die das Neuseeland-Fieber wecken!

Bastei Lübbe Taschenbuch

Andere Kinder waren krank.
Ich hatte Schnupfen.

Carolin Wittmann
ÄRZTEKIND
Aufwachsen mit Risiken
und Nebenwirkungen
288 Seiten
ISBN 978-3-404-60097-7

Caros Vater ist Arzt. Wenn sie eine Spritze bekommen soll, malt er mit rotem, desinfizierendem Zeugs eine Zielscheibe auf ihren Oberarm und wirft die Spritze. Werfen tut nämlich viel weniger weh als die Ankündigung „Das wird jetzt ein bisschen pieksen". Gut, ihr Arztpapa ist ein besonderer, ein anstrengender und manchmal auch besonders anstrengender Mensch. Aber dank ihm hat sie gelernt, die Arschbacken zusammenzukneifen. Vor allem dann, wenn er versuchte, ein Zäpfchen hineinzuschieben. Ja, Caro ist hart im Nehmen. Und das erweist sich als hilfreich, als es ihrem Vater einmal selbst bedrohlich schlecht geht ...

Bastei Lübbe Taschenbuch